高抛低吸

斐波那契四度操作法

（第3版）

魏强斌　何江涛/著

经济管理出版社
ECONOMY & MANAGEMENT PUBLISHING HOUSE

图书在版编目（CIP）数据

高抛低吸——斐波那契四度操作法/魏强斌，何江涛著. —3 版. —北京：经济管理出版社，2021.1
ISBN 978-7-5096-7712-4

Ⅰ.①高…　Ⅱ.①魏…　②何…　Ⅲ.①股票投资—基本知识　Ⅳ.①F830.91

中国版本图书馆 CIP 数据核字（2021）第 021995 号

策划编辑：勇　生
责任编辑：勇　生　刘　宏
责任印制：赵亚荣
责任校对：陈晓霞

出版发行：经济管理出版社
　　　　　（北京市海淀区北蜂窝 8 号中雅大厦 A 座 11 层　100038）
网　　址：www. E-mp. com. cn
电　　话：（010）51915602
印　　刷：唐山昊达印刷有限公司
经　　销：新华书店
开　　本：787mm×1092mm/16
印　　张：19.5
字　　数：360 千字
版　　次：2021 年 8 月第 3 版　　2021 年 8 月第 1 次印刷
书　　号：ISBN 978-7-5096-7712-4
定　　价：98.00 元

读者赞誉（第一、第二版）

对之前购买的股票模拟操作了一下，觉得方法很好，解决了我的很多操作问题。最近也因为该法解套了两只个股。感谢作者。

——泅淇

书的内容有助于完善我的交易系统，操盘思路更清晰了，很适合我的书。

——无锡鲁越

很有用，对初学者是很好的入门书。

——Rocky

书很好，内容很实用，很有技术含量！

——3d3d3

非常好的一本书，写得不错，很实用，从中受益，减少了很多麻烦！

——雪紫茉

好好学习，天天向上，看完就赚钱，好！

——饶浩然

非常有启发，有用！

——Peili

很不错的，很实用！

——股肱大臣

此书很实用，有可读性和可操作性。

——Sixsi

very good！性价比很高的实战性操作技术，有指导性，值得一看。

——系统交易者

炒股的人，可能没有谁没有被套过。套住了怎么办？或割肉，或被动等待，或主动解套自救。书中介绍了一些主动性解套的方法，运用斐波那契数列计算出反弹的高

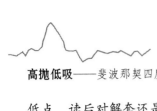

低点，读后对解套还是有所启发的。

——wds 一鸣

很好的一套方法，结合自己的实际能提高交易胜算。实用，有例子，能结合黄金分割、K 线组合、成交量、MACD 分析调整幅度和反弹高度。可看！

——宇之琪

诚如所言，新手在方向上的判断胜率是 50%，高手也好不了多少。关键是位置！此书看似平淡却犹如项链上的那条丝将珍珠串在了一起。可看。

——你不认识 w

值得学习！这本书不厚，但仔细看看会有些收获，有一些买点和卖点的技巧，不错。

——cyh00

good，讲得比较细致，很有特色！

——錦兒銀鐺

本书介绍的实战技术，比较实用，而且易懂。

——Atril

确实超级实用！非常好的一本书，只有好好学习，炒股技术才能不断地更新。想炒好股票，真的需要好好学习和实践。

——澶 ***d

魏强斌出品必属精品！虽然第二版价格比第一版贵，但是内容得到更新与增加，你值得拥有。

——婀栈

魏强斌老师的书，实用性强，值得一读，书籍质量好，开本大。

——涓嫯姵

观点独特，有帮助。中国股市追涨杀跌的特征需要学全高抛低吸。

——Feen

魏强斌老师的书质量是有保障的！干货很多！

——濮瀚嚖绁

讲解详细，适合初学者。好书慢慢品尝。

——David King

非常好的书，通俗易懂，很实用，股友们应该多看看。

——Whnewworld

Satisfied！对股票操作有用！书还不错，内容每次阅读都能重新有所感悟！

——m***7

在图书馆看的这本书，觉得还不错！值得深入学习！恰好双十一搞活动，顺便买了。

——y***9

该书视角独特，简单易行，可以看一看。值得收藏！

——Jince

事例典型，技巧适用！很好，很喜欢！入手两本，准备送人，非常满意。

——阚***9

国内交易类图书中的精品！买了很多本，通俗易懂，很实用，需要慢慢看和领悟，价格划算，总体很超值。学会就厉害了！

——helen69

整体感觉不错，很实用，质量好，内容丰富！好书！买那些骗人的软件不如买书学习更重要。下功夫学习，端正心态，收获不浅。

——sd77

难得的股市解密书！书写得不错，通俗易懂，内容很有启发性，好好研究肯定有收获。值得拥有！

——浣***

内容讲得很好，有特色！书是经典。阅读中，吸收借鉴！

——c***7

值得学习的书！很喜欢，受益匪浅！一个系列的，买全了。

——j***i

书的内容挺好。简单，易懂，有一定基础理解会很快！

——s***7

很实用的一本书！魏老师的书有深度和高度，现在股票书籍泛滥，要入正确的道路，就要学习正确的思路和门径，书是正版，质量好，快递速度快，点赞！

——a***s

对炒股的思路开拓有作用，相当不错，收获很大。这套书非常好，要结合N字结构一起看。

——涓***偷

很好，一定要结合其他两本书看，内容不错！

——u***9

和短线法宝一起买的，有价值！对书的内容极为满意，绝对是一本很有价值的股票类书籍。适合有一定技术基础和炒股实践经验的人，对提高其眼界和能力有十分大的帮助。

——Jimdaxn

魏老师的书，虽然没有那么多实例，但直指交易精髓。有人说作者太啰唆，其实，只有理解作者的苦心，才能体会到交易的真谛，找出赚钱的方法。经过实践检验我觉得魏老师的方法很管用，这本书物超所值。

——Jiefangjun

经典必须好好学习！内容不错，有值得借鉴的地方！

——szy088

满意！图文并茂，实用性强，大局观好！

——潢祺瘨111

好书难得！很棒的书，活动之日购买，性价比很好！接地气，非常实用。

——Tangliqun

好书，值得品读！反复揣摩，让我的绩效有了显著的飞跃！

——zzy7545

非常好的书，醍醐灌顶！非常喜欢！

——wihong3

这本书通俗易懂，从价量空和技术指标上分析股票的买卖点位，值得一读。建议作者增加时间点就完美了。

——Kiha Wong

本书对于短线交易具有很好的指导意义。讲解得很清晰，几个章节都是一套方法理论来讲解，条理性非常清晰，其主要讲的就是四个步骤，在不同的情况下来买和卖。第一步就是利用斐波那契找到买或者卖的点位，第二步就是对应出现标志性的K线，第三步去看成交量是否验证，第四步看KD是否验证。看完一章，后面方法一样，就是情况不一样，理解起来很容易。

——小***虫

书写得很透彻，深入的列举，通俗易懂。好好研读，对自己会有帮助。

——C***g

一套读完了，挺好的，这个方法很适合我。独特的内容从实践中来，对投资理财实战具有指导意义。

——花 *** 瑟

不错！魏强斌的书买完了，每本都有收获，这本是看着最吃力，但收获最大的一本，每次看都有新的体会。

——霹 *** 汉

之前在图书馆看过这个作者的书，很喜欢，一次买了很多他的书，好好深入学习一下。

——闻 *** 山

理论和实践的结合，对应盘面分析及操作，慢慢理解掌握了。对掌握高抛低吸操作方法很有帮助，值得好好学习。

——P*** 风

看了这批书感觉非常实用，照法实践，成效显著。

——j*** 强

斐波那契讲解透彻！！三个层次、四个维度、系统教学，从概率统计上教你塑造、认知！

——s***6

怒赞！思路清晰了不少，对炒股有很大帮助。

——紫川烟雨

实践是检验真理的唯一标准，通过科学合理的方式去试错，能够避免很多致命的危险。书很不错，有实战参考意义，有降价机会继续买。

——jd_188688sri

好书！《题材投机》《高抛低吸》《股票短线交易 24 堂精品课》《短线法宝》四本书能让人坐看 A 股市场风起云涌，捡钱就是情理之中！第一版 2008 年前就看了，第二版 2016 年底就读了，书的内容没得说的，坚持看 18~20 遍，交易并且总结，完全能跨入赢家俱乐部。这次再买是给朋友买的。

——jd_650420129

不错，很实用，很详细！值得认真研读！内容慢慢消化。

——z***1

特别好看的书，非常实用，至于内容，仁者见仁，智者见智吧。

——Hulooloo

这本书从头认真地读完了，感觉比较实用。如果能遵守很好的投资，结合书中讲的在重要的点位做好四个维度的分析，应该可以取得不错的战绩。个人感觉不错，值得一读。

——n***e

绝对经典！会当凌绝顶，一览众山小……

——M***r

内容比较经典，对我的帮助比较大，明显提升了短线交易收益，很值得购买。

——柳 *** 生

很好，对实战交易进行了量化，有干货！

——宁 ***8

好书，有最简洁明了的交易哲学和具体可操作的交易系统！

——七 ***8

很好的书，通俗易懂，分析到位，开阔了投资视野。

——张 ***2

强力推荐！这本书在图书大厦看到过，当时就剩一本了。里面的图很有意思。目前看了一半，感觉不错。实践了一段时间，终于能够逐步在股市上盈利了。

——gook007

导言　成为伟大交易者的秘密

◇ 伟大并非偶然！

◇ 常人的失败在于期望用同样的方法达到不一样的效果！

◇ 如果辨别不正确的说法是件很容易的事，那么就不会存在这么多的伪真理了。

金融交易是全世界最自由的职业，每个交易者都可以为自己量身定做一套盈利模式。从市场中"提取"金钱的具体方式各异，而这却是金融市场最令人神往之处。但是，正如大千世界的诡异多变由少数几条定律支配一样，仅有的"圣杯"也为众多伟大的交易圣者所朝拜。现在，我们就来一一细数其中的最伟大代表吧。

作为技术交易（Technical Trading）的代表性人物，理查德·丹尼斯（Richard Dannis）闻名于世，他以区区 2000 美元的资本累积了高达 10 亿美元的利润，而且持续了十数年的交易时间。更令人惊奇的是，他以技术分析方法进行商品期货买卖，也就是以价格作为分析的核心。但是，理查德·丹尼斯的伟大远不止于此，这就好比亚历山大的伟大远不止于建立地跨欧、亚、非的大帝国一样，理查德·丹尼斯的"海龟计划"使得目前世界排名前十的 CTA 基金经理有六位是其门徒。"海龟交易法"从此名扬天下，纵横寰球数十载，今天中国内地也刮起了一股"海龟交易法"的超级风暴。其实，"海龟交易"的核心在于两点：一是"周规则"蕴含的趋势交易思想；二是资金管理和风险控制中蕴含的机械和系统交易思想。所谓"周规则"（Weeks' Rules），简单而言就是价格突破 N 周内高点做多（低点做空）的简单规则，"突破而做"（Trading as Breaking）彰显的就是趋势跟踪交易（Trend Following Trading）。深入下去，"周规则"其实是一个交易系统，其中首先体现了"系统交易"（Systematic Trading）的原则，其次体现了"机械交易"（Mechanical Trading）的原则。对于这两个原则，我们暂不深入，让我们看看更令人惊奇的事实。

巴菲特（Warren Buffett）和索罗斯（Georgy Soros）是基本面交易（Fundamental Investment & Speculation）的最伟大代表，前者 2007 年再次登上首富的宝座，能够时隔

多年后再次登榜，实力自不待言，后者则被誉为"全世界唯一拥有独立外交政策的平民"，两位大师能够"登榜首"和"上尊号"基本上都源于他们的巨额财富。从根本上讲，是卓越的金融投资才使得他们能够"坐拥天下"。巴菲特刚踏入投资大门就被信息论巨擘认定是未来的世界首富，因为这位学界巨擘认为巴菲特对概率论的实践实在是无人能出其右，巴菲特的妻子更是将巴菲特的投资秘诀和盘托出，其中不难看出巴菲特系统交易思维的"强悍"程度。套用一句时下流行的口头禅"很好很强大"，恐怕连那些以定量著称的技术投机客都要俯首称臣。巴菲特自称85%的思想受传于本杰明·格雷厄姆的教诲，而此君则是一个以会计精算式思维进行投资的代表，其中需要的概率性思维和系统性思维不需多言便可以看出"九分"！巴菲特精于桥牌，比尔·盖茨是其搭档，桥牌游戏需要的是严密的概率思维，也就是系统思维，怪不得巴菲特首先在牌桌上征服了信息论巨擘，随后征服了整个金融界。以此看来，巴菲特在金融王国的"加冕"早在桥牌游戏中就已经显出端倪！

索罗斯的著作一大箩筐，以《金融炼金术》最为出名，其中他尝试构建一个投机的系统。他师承卡尔·波普和哈耶克，两人都认为人的认知天生存在缺陷，所以索罗斯认为情绪和有限理性导致了市场的"盛衰周期"（Boom and Burst Cycles），而要成为一个伟大的交易者则需要避免受到此种缺陷的影响，并且进而利用这些波动。索罗斯力图构建一个系统的交易框架，其中以卡尔·波普的哲学和哈耶克的经济学思想为基础，"反身性"是这个系统的核心所在。

还可以举出太多以系统交易和机械交易为原则的金融大师们，比如伯恩斯坦（短线交易大师）、比尔·威廉姆（混沌交易大师）等，太多了，实在无法一一述及。

那么，从抽象的角度来讲，我们为什么要迈向系统交易和机械交易的道路呢？请让我们给出几条显而易见的理由吧。

第一，人的认知和行为极易受到市场和参与群体的影响，当你处于其中超过5分钟时，你将受到环境的催眠，此后你的决策将受到非理性因素的影响，你的行为将被外界接管。而机械交易和系统交易可以极大地避免这种情况的发生。

第二，任何交易都是由行情分析和仓位管理构成的，其中涉及的不仅是进场，还涉及出场，而出场则涉及盈利状态下的出场和亏损状态下的出场，进场和出场之间还涉及加仓和减仓等问题。此外，上述操作还都涉及多次决策，在短线交易中更是如此。复杂和高频率的决策任务使得带有情绪且精力有限的人脑无法胜任。疲累和焦虑下的决策会导致失误，对此想必每个外汇和黄金短线客都是深有体会的。系统交易和机械交易可以流程化地反复管理这些过程，省去了不少人力成本。

第三，人的决策行为随意性较强，更为重要的是每次交易中使用的策略都有某种程度上的不一致，这使得绩效很难评价，因为不清楚 N 次交易中特定因素的作用到底如何。由于交易绩效很难评价，所以也就谈不上提高。这也是国内很多炒股者十年无长进的根本原因。任何交易技术和策略的评价都要基于足够多的交易样本，而随意决策下的交易则无法做到这一点，因为每次交易其实都运用了存在某些差异的策略，样本实际上来自不同的总体，无法用于统计分析。而机械交易和系统交易由于每次使用的策略一致，这样得到的样本也能用于绩效统计，所以很快就能发现问题。比如，一个交易者很可能在 1，2，3，…，21 次交易中，混杂使用了 A、B、C、D 四种策略，21 次交易下来，他无法对四种策略的效率做出有效评价，因为这 21 次交易中四种策略的使用程度并不一致。而机械交易和系统交易则完全可以解决这一问题。所以，要想客观评价交易策略的绩效，更快提高交易水平，应该以系统交易和机械交易为原则。

第四，目前金融市场飞速发展，股票、外汇、黄金、商品期货、股指期货、利率期货，还有期权等品种不断翻出新花样，这使得交易机会大量涌现，如果仅仅依靠人的随机决策能力来把握市场机会无异于杯水车薪。而且大型基金的不断涌现，使得单靠基金经理临场判断的压力和风险大大提高。机械交易和系统交易借助编程技术"上位"已成为这个时代的既定趋势。况且，期权类衍生品根本离不开系统交易和机械交易，因为其中牵涉大量的数理模型运用，靠人工是应付不了的。

中国人相信人脑胜过电脑，这绝对没有错，但也不完全对。毕竟人脑的功能在于创造性解决新问题，而且人脑的特点还在于容易受到情绪和最近经验的影响。在现代的金融交易中，交易者的主要作用不是盯盘和执行交易，这些都是交易系统的责任，交易者的主要作用是设计交易系统，定期统计交易系统的绩效，并做出改进。这一流程利用了人的创造性和机器的一致性。交易者的成功，离不开灵机一动，也离不开严守纪律。当交易者参与交易执行时，纪律成了最大问题；当既有交易系统让后来者放弃思考时，创新成了最大问题。但是，如果让交易者和交易系统各司其职，则需要的仅仅是从市场中提取利润！

作为内地最早倡导机械交易和系统交易的理念提供商（Trading Ideas Provider），希望我们策划出版的书籍能够为你带来最快的进步。当然，金融市场没有白拿的利润，长期的生存不可能夹杂任何的侥幸，请一定努力！高超的技能、完善的心智、卓越的眼光、坚韧的意志、广博的知识，这些都是一个至高无上的交易者应该具备的素质。请允许我们助你跻身于这个世纪最伟大的交易者行列！

Introduction   Secret to Become a Great Trader!

◇ Greatness does not derive from mere luck!

◇ The reason that an ordinary man fails is that he hopes to achieve different outcome using the same old way!

◇ There would not be so plenty fake truths if it was an easy thing to distinguish correct sayings from incorrect ones.

Financial trading is the freest occupation in the world, for every trader can develop a set of profit –making methods tailored exclusively for himself. There are various specific methods of soliciting money from market; while this is the very reason that why financial market is so fascinating. However, just like the ever–changing world is indeed dictated by a few rules, the only "Holy Grail" is worshipped by numerous great traders as well. In the following, we will examine the greatest representatives among them one by one.

As a representative of Techincal Trading, Richard Dannis is known worldwide. He has accumulated a profit as staggering as 1 billion dollar while the cost was merely 2000 bucks! He has been a trader for more than a decade. The inspiring thing about him is that he conducted commodity futures trading with a technical analysis method which in essence is price acting as the core of such analysis. Never the less, the greatness of Richard Dannis is far beyond this which is like the greatness of Alexander was more than the great empire across both Europe and Asia built by him. Thanks to his "Turtle Plan", 6 out of the world top 10 CTA fund managers are his adherents. And the Turtle Trading Method is frantically well–known ever since for a couple of decades. Today in mainland China, a storm of "Turtle Trading Method" is sweeping across the entire country. The core of Turtle Trading Method lies in two factors: first, the philosophy of trendy trading implied in "Weeks' Rules"; second, the philosophy of mechanical trading and systematic trading implied in fund manage-

ment and risk control. The so-called "Weeks' Rules" can be simplified as simples rules that going long at high and short at low within N weeks since price breakthrough. While Trading as breaking illustrates trend following trading. If we go deeper, we will find that "Weeks' Rules" is a trading system in nature. It tells us the principle of systematic trading and the principle of mechanical trading. Well, let's just put these two principles aside and look at some amazing facts in the first place.

The greatest representatives of fundamental investment and speculation are undoubtedly Warren Buffett and George Soros. The former claimed the title of richest man in the world in 2007 again. You can imagine how powerful he is; the latter is accredited as "the only civilian who has independent diplomatic policies in the world". The two masters win these glamorous titles because of their possession of enormous wealth. In essence, it is due to unparalleled financial trading that makes them admired by the whole world. Fresh with his feet in the field of investment, Buffett was regarded by the guru of Information Theory as the richest man in the future world for this guru considered that the practice by Buffett of Probability Theory is unparallel by anyone; Buffett' wife even made his investment secrets public. It is not hard to see that the trading system of Buffett is really powerful that even those technical speculators famous for quantity theory have to bow before him. Buffet said himself that 85% of his ideas are inherited from Benjamin Graham who is a representative of investing in a accountant's actuarial method which requires probability and systematic thinking. The interesting thing is that Buffett is a good player of bridge and his partner is Bill Gates! Playing bridge requires mentality of strict probability which is systematic thinking, no wonder that Buffett conquered the guru of Information Theory on bridge table and then conquered the whole financial world. From these facts we can see that even in his early plays of bridge, Buffett had shown his ambition to become king of the financial world.

Soros has written a large bucket of books among which the most famous is *The Alchemy of Finance*. In this book he tried to build a system of speculation. His teachers are Karl Popper and Hayek. The two thought that human perception has some inherent flaws, so their students Soros consequently deems that emotion and limited rationality lead to "Boom and Burst Cycles" of market; while if a man wants to become a great trader, he must overcome influences of such flaws and furthermore take advantage of them. Soros tried to build a systematic framework for trading based on economic ideas of Hayek and philosophic thoughts of

Karl Popper. Reflexivity is the very core of this system.

I may still tell you so many financial gurus taking systematic trading and mechanical trading as their principles, for instance, Bernstein (master of short line trading), Bill Williams (master of Chaos Trading), etc. Too many. Let's just forget about them.

Well, from the abstract perspective, why shall we take the road to systematic trading and mechanical trading? Please let me show you some very obvious reasons.

First, A man's perception and action are easily affected by market and participating groups. When you are staying in market or a group for more than 5 minutes, you will be hypnotized by ambient setting and ever since that your decisions will be affected by irrational elements.

Second, Any trading is composed of situation analysis and account management. It involves not only entrance but exit which may be either exit at profit or exit at a loss, and there are problems such as selling out and buying in. All these require multiple decision-makings, particularly in short line trading. Complicated and frequent decision-making is beyond the average brain of emotional and busy people. I bet every short line player of forex or gold knows it well that decision-making in fatigue and anxiety usually leads to failure. Well, systematic trading and machanical trading are able to manage these procedures repeatedly in a process and thus can save lots of time and energy.

Third, People make decisions in a quite casual manner. A more important factor is that people use different strategies in varying degrees in trading. This makes it difficult to evaluate the performance of such trading because in that way you will not know how much a specific factor plays in the N tradings. And the player can not improve his skills consequently. This is the very reason that many domestic retail investors make no progress at all for many years. Evaluation of trading techniques and strategies shall be based on plenty enough trading samples while it's simply impossible for tradings casually made for every trading adopts a variant strategy and samples accordingly derive from a different totality which can not be used for calculating and analysis. On the contrary, systematic trading and mechanical trading adopt the same strategy every time so they have applicable samples for performance evaluation and it's easier to pinpoint problems, for instance, a player may in first, second... twenty-first tradings used strategies A, B, C, D. He himself could not make effective evaluation of each strategy for he used them in varying degrees in these tradings, but systematic

trading and mechanical trading can shoot this trouble completely. Therefore, if you want to evaluate your trading strategies rationally and make quicker progress, you have to take systematic trading and mechanical trading as principles.

Fourth, Currently the financial market is developing at a staggering speed. Stock, forex, gold, commodity, index futures, interest rate futures, options, etc., everything new is coming out. So many opportunities! Well, if we just rely on human mind in grasping these opportunities, it is absolutely not enough. The emergence of large-scale funds makes the risk of personal judgment of fund managers pretty high. Take it easy, anyway, because we now have mechanical trading and systematic trading which has become an irrevocable trend of this age. Furthermore, derivatives such as options can not live without systematic trading and mechanical trading for it involves usage of large amount of mathematic and physical models which are simply beyond the reach of human strength.

Chinese people believe that human mind is superior to computer. Well, this is not wrong, but it is not completely right either. The greatness of human mind is its creativity; while its weakness is that it's vulnerable to emotion and past experiences. In modern financial trading, the main function of a trader is not looking at the board and executing deals—these are the responsibilities of the trading system—instead, his main function is to design the trading system and examine the performance of it and make according improvements. This process unifies human creativity and mechanical uniformity. The success of a trader is derived from tow factors: smart idea and discipline. When the trader is executing deals, discipline becomes a problem; when existing trading system makes newcomers give up thinking, creativity becomes dead. If, we let the trader and the trading system do their respective jobs well, what we need to do is soliciting profit from market only!

As the earliest Trading Ideas Provider who advocates mechanical trading and systematic trading in the mainland, we hope that our books will bring real progress to you. Of course, there is no free lunch. Long-term existence does not merely rely on luck. Please make some efforts! Superb skill, perfect mind, excellent eyesight, strong will, rich knowledge—all these are merits that a great trader shall have to command. Finally, please allow us to help you squeeze into the queue of the greatest traders of this century!

第三版序
斐波那契点位有效的前置条件

不少读者在看了斐波那契点位的相关读物后，忘记了我们反复强调的要结合更多要素来分析和操作。斐波那契点位的有效性取决于许多前置条件。如果你忽视了这些前置条件，那么必然会遭受你预期之外，但却是必然的频繁亏损。同时，你的交易会过于频繁，因为在同一时刻必然有许多股票处于某一斐波那契点位。

在展开讲斐波那契点位有效的前置条件之前，我们必须先聊一聊股票短线的三大要素：逻辑、周期与结构。

逻辑对应着驱动因素；周期对应着心理因素；结构对应着行为因素。因此，我们可以将逻辑当作驱动分析的核心对象；周期当作心理分析的核心对象；结构当作行为分析的核心对象。

斐波那契点位属于结构因素的一部分，结构因素细分为"势""位""态"三个部分。点位基本上属于"位"的范畴，除了斐波那契点位之外，还有江恩点位或者说百分比点位等。

既然斐波那契点位属于结构里面的一小部分，那么想要提高研判有效性就必须加入"势"和"态"等要素进一步过滤信号。成交量和K线是价量形态，可以验证点位信号的有效性。

趋势方面，有些资深的外汇和期货交易者会加入均线来过滤点位信号，比如在60日均线之上采纳做多的斐波那契回调点位信号，在60日均线之下采纳做空的斐波那契反弹信号等。

思路上可以举一反三，这里就没有必要一一赘述。关于趋势分析技术，稍微有点理论素养的交易者都会列出一大堆，你可以根据反馈来确定什么是最佳的模型和参数。

我们反复强调要重视市场反馈的重大价值，记住下面这段话：

"反馈是最高的神灵，

反馈是最好的老师，

反馈是最坚固的盟友，

反馈是最神圣的恩典！"

书本和他人的教诲是一种启发，启发你进行新的试验，而真正想要进步，就必须重视试验样本的反馈。

要想成功运用斐波那契点位进行预判，就不能单单只采用这一项技术，必须结合其他结构性手段，这是斐波那契点位有效的第一个前置条件。

第二个前置条件是逻辑。点位隐藏着股价波动的比率，但是股价波动的绝对幅度和方向却往往是由逻辑决定的。一个波段可以上涨 1 倍，也可以上涨 0.236；一次回调可以是 0.382，也可以是 0.764。有时候斐波那契延伸点位根本阻挡不了股价上涨，有时候只是带来小幅回调，但有些情况下却会见顶，这其中的差别就在于逻辑的差异。

如何看逻辑？最简单的方法就是判断"题材性质"。

什么是题材性质呢？题材的生命力和影响力！是一次性利多，还是持续性利多？是一次性利空，还是持续性利空？是最后一次利多？还是最后一次利空？

无论是股票市场，还是外汇市场，"连续剧式题材"总是能够带来持续的走势。业绩持续走强的基础稳固，这是持续性的还是一次性的？甩卖资产，这是持续性的还是一次性的？国家产业大政策逐步落地，这是持续性的还是一次性的？

结构上完善了、系统了，逻辑上明白了、清晰了，是不是就能够利用点位交易法赚钱了？还有最为重要的一个前置条件，那就是周期。

周期再进一步来讲就是市场情绪和赚钱效应。市场情绪可以从指数的波动看出来，赚钱效应可以从板块轮动和涨停效应来把握。同样一只股票，无论多么强势也不可能持续摆脱市场情绪和赚钱效应的影响。看对了股票，却买在了错误的时机上，这个不仅仅是点位的问题，忽略了周期也是关键。情绪退潮初期进场，必然是风险高的交易。冰点进场是一门艺术，但更是一门科学。

交易的艺术成分之所以存在，那是因为科学还未建立起来。

大方向正确，你坚持走下去才有意义。要想在股票短线上真正有所成就，必须遵循"逻辑、周期、结构"的大原则去努力。

魏强斌

北马累环礁

2020 年 12 月 22 日

第二版序
超越技术之道：我们的股票短线交易框架

《高抛低吸》的第一版是2008年出版的，那时候还有很多东西没有写出来，现在趁再版的机会把绝大多数心得都毫无保留地写出来了。在交易第一线战斗已经十多年了，遇见过很多高手，不过遇到不入门的人占了绝大多数。在交易的路上南辕北辙的人都有一个特点，那就是"不识货"，真正有底气的高手何必怕你学了去呢？真本事不怕你学，说出来你的历练不够，也体会不到。真正的有心人自然会学到一些"早该"学到的东西。《高抛低吸》讲的东西很简单，但是这是一种让你短线落地的工具。为什么很多人看了很多技术分析书籍，看了很多做短线的书籍，却下不了手呢？书上讲得太多，要落实到进场和出场，落实到具体的执行上却不知道如何去做。太多的行情判断经验和规则让我们无所适从，但是从理论到实践最关键的一步是如何开头。看涨形态太多，见顶形态太多，记都记不过来，更不用说用出来。本书是基于实战经验的化繁为简之作，如果说《股票短线交易的24堂精品课》是力图让你拥有系统思维的话，那么这本书就是让你有霹雳手法。系统的思维固然非常重要，但是如果你总是畏首畏尾，胸中诗书万卷，下笔却写不出半句来，那又有什么意义呢？

《高抛低吸》就是落地之作，让你能够将系统的思维着力于一点上运用，随着你的实践和完善，再从这一点发散开去，丰富开去，这一招背后你会发现很多内涵。全身之力，聚集于一拳而出，这全身之力源于《股票短线交易的24堂精品课》，这一拳就是《高抛低吸》。本书属于术的层面，却承载了道的精神。术落实到技术分析层面，落实到具体的进场点和出场点，最终我们要超越这一简单的术，但是没有这一载体，没有术，哪里又会得道呢？

股票短线交易的技术框架建立在两大理论基础上，第一是N字结构理论，这是《短线法宝》讲授的内容，第二是斐波那契四度理论，这是《高抛低吸》讲授的内容。斐波那契四度理论并不是简单地用斐波那契点位预测价格目标，还需要结合其他一些

因素，特别是 K 线形态。光有技术还不行，还需要有灵魂，这就是《题材投机》这本书讲授的内容。A 股任何短线技术最终都要由"题材"来统率。要用好技术、抓住热点题材，就需要有系统的思维，这就是《股票短线交易的 24 堂精品课》涉及的课程，要分析大盘、板块以及个股，就要涉及驱动层面、心理层面和行为层面。

易学的运用讲求"象、数、理"兼容，股票短线课程体系恰好也体现了这样的兼容（见图 0-1），《短线法宝》主要围绕 N 字结构展开，这个就是市场的"大象"，也是市场的微观之象，N 字结构是一个全息的市场结构，任何时间框架皆可见到，贯穿所有价格运动。所以，《短线法宝》讲的是我们这个体系中"象"的方面。

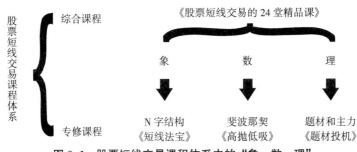

图 0-1　股票短线交易课程体系中的"象、数、理"

《高抛低吸》主要围绕斐波那契技术展开，斐波那契比率市场中各种运动的数学关系，任何波浪与其他波浪之间存在的比率关系几乎都可以经由斐波那契比率来度量。高抛低吸的说法有点"庸俗"，虽然不能免俗，但是我们还是觉得这个标题很好地体现了斐波那契比率的意义，那就是预测局部甚至全局转折点。所以，《高抛低吸》传授的主要是本书中"数"的内容。

市场的运动是一种现象，无论是形态还是比率都是一种现象，驱动这种现象的原因是什么呢？对于个股而言，就是题材和主力，《题材投机》这门课程就是围绕"题材"和"主力"两个关键因素展开的。易学的根本在于"理"，象和数都是理的载体。在股票短线交易体系中，形态和比率都是载体，主导它们的是具体的题材和主力。题材提供一个格局，主力借用和运作这个格局。所以，《题材投机》讲的是行情的灵魂，讲的是"理"，"理"统辖了形态和比率。但是，离开了技术形态和比率，"理"是无法去把握的，离开了价格的运动，盈亏也无从谈起。

我们还可以从另外一个角度来理解我们的课程体系（见图 0-2），市场分为三个层次：大盘、板块和个股。做股票短线，必须综合考虑这三个层次的动向，这是《股票短线交易的 24 堂精品课》着重讲授的技能范畴。任何市场运动都是由驱动因素通过心理因素引起的，最终体现为行为因素。《题材投机》着重讲授了"驱动分析"和"心理分析"的内容，也就是"题材"和"主力"。就个股而言，"驱动分析"的核心是"题材"，而"心理分析"的核心是"主力"。《短线法宝》和《高抛低吸》则着重讲授了"行为分析"的内容。

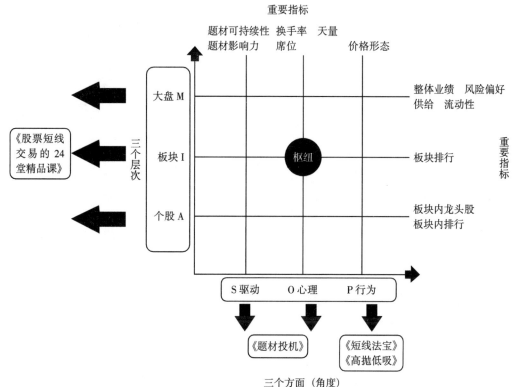

图 0-2 股票短线交易的技术框架

技术之道是什么？就是"斐波那契比率"和"N 字结构"，如何超越技术之道？那就要结合"题材"和"主力"去理解价格运动。要从大盘、板块和个股的角度去理解价格运动，这就是超越技术之道。然而，对于入门者而言，对于"饱读诗书者"而言，怎么入手呢？还是先从最容易落地的进出场入手去实践和反思，这就是本书讲授的内容。

作 者

2016 年 3 月 18 日

前　言
短线交易需要把握主宰股市的神秘比率

　　形态和比率是分析市场行为现象的两个要素，形态的技术广为人知，从各种反转形态到持续形态，从简单的 K 线形态到大型技术形态，基本上每个交易者都会不少形态分析，对于比率的运用却较为陌生。

　　本书以宇宙的生长比率 0.618 为核心组织起来，以 0.618 为主的斐波那契比率就是主宰股市的神秘比率，本课程将斐波那契操作法、K 线战法、成交量研判和震荡指标使用融为一体。本书提供的"斐波那契四度操作法"不同于国内已有的任何股票操作体系，我们不炒剩饭，不炒冷饭，我们呈现的是原创的精品，实战的精髓！

　　本书主要有以下四个特点：

　　第一，以斐波那契比率作为核心利器。目前，A 股市场上能够熟练应用斐波那契比率进行股票操作的人士屈指可数，做到炉火纯青的斐波那契股票操作者更属于凤毛麟角。本书以中国内地 A 股的真实个案为例，详细深入地介绍了如何利用斐波那契比率来选择进场点和出场点。作为斐波那契交易法的专著，本书更为突出的特点是将斐波那契交易法与蜡烛图（K 线），以及成交量结合起来使用，起到综合研判的作用，这无论是在中国内地，还是海外都是绝无仅有的。

　　第二，将心理和观念解套放在极其重要的位置。不少投机客亏损和被套的最根本原因是他们一直被错误的观念所主导，在错误的观念下形成了错误的态度和习惯，进而采取了错误的操作行为。虽然错误的操作偶尔会带来盈利，但是长久下来肯定是亏多赚少。人的天性使得股民在浮亏时总是抱着股票不放，盈利时总是急不可待地卖出，这样做的结果就是"截短利润，让亏损奔腾"，长期下来肯定是一个极差的风险报酬率，结果可想而知。这就是一种我们需要克服的心理状态，与此相应的就是我们需要厘清的不少观念，很多操作股票多年的老股民还经常被套，长年的交易绩效也不佳，他们懂得的操作技巧和策略一套又一套，但是为什么实际结果却让人大失所望呢？关

键的一点就是他们的错误观念始终在主导着操作，错误观念驾驭下的操作策略和技巧肯定是与预期难以相符的。

第三，系统化。系统化的第一个方面体现在全书介绍的短线操作以斐波那契、K线、成交量和SDKJ四个维度来研判。这些维度都是完全独立的，也就是说不存在共线性关系，所以能够提供最大量的信息，信息之间没有重叠。现在不少证券类书籍介绍的研判方法将几个同类型的技术指标一起使用，其实这样做的意义不大，而且容易误导交易者，比如MACD和均线、KDJ和RSI等，因为MACD和均线都属于趋势指标，KDJ和RSI都属于震荡指标。系统化的第二个方面就是全书从股价的四种典型走势来剖析相应的短线交易策略，许多涉及股票短线交易策略都不具有普适性和特殊性，所谓的不具有普适性，就是说这一方法能够适应的情景十分有限，上百次短线交易实践也许就能用上一次；所谓的不具有特殊性，就是说这一方法似乎什么情景都适合，其实对于具体的短线交易实践没有实际指导意义。本书介绍的方法既具有普适性，又兼顾了特殊性，所以不仅能保证满足股票短线交易者的各种需求，也能保证一定的简洁性和完整性。系统化的第三个方面就是全书主要分为六个策略，每个策略都是四个类似的步骤，大家按部就班就能搞好短线交易研判。

本书的第四个特点是实战性。本书的所有例子都来自于任意选取的A股走势实例，我们选取的是序号靠前的少部分A股，大家可以将这些原理推广到所有A股以及B股、H股和其他金融产品，比如期货、黄金、外汇、权证等。本书的任何一个原理都按照股票顺序截取了三个以上的例子，大家可以自己参照每个操作策略的详细步骤进行验证，也欢迎对"斐波那契四度操作法"提出自己的宝贵意见，这种方法不仅能够提供解套所需要的完备策略，而且也能指导一般的股票交易实践。

本书提出的"斐波那契四度操作法"属于我们自己研发的金融交易系统，希望读者能够在实践和理论上升华这一理论体系，同时希望大家能够尊重我们的知识产权。

目　录

人类的大脑并不像电脑一样机械地工作，它总是在进化的过程中不断找出思维和决策的捷径，利用情绪和习惯来过滤信息，从而缩短分析时间，这就是大脑的运作方式。但是这样的做法却往往使得人类的认知出现偏差，这些偏差使得股票投资者往往是博弈的输家，所谓的股票市场上的赢家，往往是那些能够驾驭自己非理性一面，并且能够克服认知偏差的自胜者。

分析个股并不能让我们很好地把握其走势，还需要结合大盘来分析。所有的个股都或多或少地受到了大盘的影响，龙头股和强势股看似独立于大盘的走势，其实是因为其势头足够强劲以至于抵消了大盘的负面影响。斐波那契四度操作法不仅用于个股走势和点位的判断，更可以用来判断指数的趋势和波段。

调整买入法的关键：第一步，最好能够大致确认市场继续上升的可能性较大，当然这不是必须的；第二步，当股价走势符合四个维度的条件时坚决地逢低买入或者加码买入，通过在调整时买入来增加获利空间和加码扭亏为盈。

第四课　趋势持续中的买入点（2）：升破买入法

对于空仓的炒家而言，调整买入点一般是第一建仓点，而升破买入点则往往是第二建仓点，或者说加仓点。对于被套炒家而言，之所以被套是因为在阶段性高点买入。如果想要解套，就必须首先采用向下摊平解套法，也就是调整买入法。此后随着股价的上升你可以很快抹平亏损，用加码得到的盈利来抵消被套筹码的亏损。但是这样的操作还是表明我们处于防守位置，要想乘胜追击，将盈利扩大，就有必要接着采用第二招，这就是升破买入法，也就是向上摊平法。

第五课　趋势持续中的卖出点（1）：反弹卖出法

中肯而言，我们的短线策略都是以整体研判作为依据的。毕竟，短线交易是一个系统工程，但是某一项技巧和某一点知识是无法胜任的。市面已经有的那些所谓短线交易策略，大多沉醉于一招半式，殊不知任何一次被套都是由于操作者整体失误造成的。治病贵在标本兼治，而且又要以治本为主。反弹卖出方法可以单独使用，也可以与调整买入法一起使用，首先利用调整买入法逢低建仓或者加码摊平成本，然后利用反弹卖出法兑现利润或者减少原有筹码的亏损，获得新筹码带来的盈利。

第六课　趋势持续中的卖出点（2）：跌破卖出法

　　　跌破卖出法是不得已之法，相当于"壮士断腕"，好比丢车保帅之举。其目的是避免损失无限制地扩大，及时退出亏损的交易，是出场之法中的下下策，但也是最后的防线。跌破卖出需要的是果断，为了避免浮动亏损扩大，需要及时兑现实亏，只有少数炒家能够做到这一点。

第七课　下跌趋势潜在反转处的买入点

　　所谓抄底和摸底就是扩展点位的具体功能。如果抄底，特别是大底，直接关系到下跌趋势的反转点确认。斐波那契向下扩展点位可以列出潜在的反转点，如果我们能够结合价量形态以及题材，再加上必要的止损，那么长期下来盈利的概率就会很高。斐波那契向下扩展点位相当于比率，也就是"数"，而 K 线形态和 N 字结构，则相当于"象"，如果再考虑个股是否处于"最后一次利空兑现"格局或者是"持续利多开始"格局，则可以有相当大的把握去抄底。

　　四度斐波那契模型只是一个最基础的框架，加上题材之后就成了五度斐波那契模型，用 S 代表题材，用 F 代表斐波那契点位，用 K 代表 K 线为主的形态，以 V 代表成交量，以 KD 代表动量指标。当然，大盘本身有自己的五度斐波那契模型，板块也有自己的五度斐波那契模型。但是，饭要一口一口地吃，路要一步一步地走，如果加上 S 和大盘，板块的话，那么一般人根本无法掌握，所以我们本门课程从基础的四度斐波那契模型入手。

第一课

无形的心法

第一节　人类天性中的祸根

　　长期股票交易的绩效不佳，买卖股票屡屡被套，如果你属于其中的一员，则你的问题可能不在于你的具体操作，**根本的原因是你的观念和天性中固有的祸根**。行为金融学的建立正是为了解答这一谜题：为什么我们内在的天性通常倾向于让我们成为金融市场上的输家？

　　人类的大脑并不像电脑一样机械地工作，它总是在进化的过程中不断找出思维和决策的捷径，利用情绪和习惯来过滤信息，从而缩短分析时间，这就是大脑的运作方式。但是这样的做法却往往使得人类的认知出现偏差，这些偏差使得股票投资者往往是博弈的输家，所谓的股票市场上的赢家，往往是**那些能够驾驭自己非理性的一面，并且能够克服认知偏差的自胜者**。

　　在本章中，我们会深入了解导致股票交易者决策失误和被套的原因，只有找出"病根"才能做到"对症下药"。为什么如此多的股票交易者不能很好地获利？最为关键的一个原因不是他们不懂所谓的技巧，而是他们懂得太多的

观念决定态度，态度决定行为，行为因应情景的变化而产生结果。情景不能完全掌控和预制，因此行为是我们对结果干预的唯一手段。

利用对手盘的非理性，觉察和化解自己的非理性。

刻意练习，不断反思总结，坚守纪律，才能成为一个真正的博弈大师。

觉察带来超越，超越愚昧和糊涂。

自以为是的最大后果就是未经系统分析就匆忙入市操作。

当不承认人类认知能力的天生缺陷和局限性时，你就会不设定止损。有一种特殊的止损方式叫分散资金，最大的亏损就是品种上投入全部资金。

技巧和策略，但是仍旧是股市博弈永远的输家，其实根本上还是因为他们为"心魔"所困。今天，我们就来解除本书读者们的心魔，要想解套，首先必须在观念和心理层面上觉醒，否则再好的技术也会糟蹋在一个**拙劣的工匠手上**。太极拳的精髓在于有形的招式与无形的心法相结合，本套策略的关键也在于"斐波那契四度操作法"与心智上的觉悟结合。要觉悟，就要懂得我们此前是如何的**"愚昧和糊涂"**。

人类在正常情况下或者说在绝大多数情况下高估自己的能力和信息的完整性。行为金融学家发现，过分自信是股票交易者的通病，他们会高估自己的股票操作水平，低估证券投资的风险，同时夸大自己把握股价走势的能力。股票交易是一项十分复杂的工作，其难度较大，没有人能够谈得上轻易胜任，但是就是在这样复杂和高难度的任务上，几乎绝大多数交易者都表现出了**自以为是的一面**。

股票交易是一项十分艰难的工作，因为其中涉及随时变化的信息的收集和处理。过分自信的股票交易者们总是高估了信息本身的准确性和自身的信息研判能力，这样必然导致错误的交易决策，自然胜算率很低，进行的交易都是错误的交易。更为重要的是，由于不少投资者对自己的买卖决策十分有信心，所以他们总是倾向于**不设定止损点，不为自己的交易留下退路，不为自己的决策留下足够的容错空间**。他们认为自己的决策几乎不可能犯错，既然自己的决策如此正确，为什么要设定止损点呢？他们认为设定止损点是对自己的判断没有信心的表现，也说明判断存在问题。他们生怕一旦设定止损点就会引来市场真正的报复，他们很怕"不幸言中"，他们忌讳止损点就像忌讳"不吉利的话语"一样。由于投资者的过度自信，使得他们没有设定合适的止损点，从而在市场往不利方向发展的时候，不能极快地退出，最终坐看亏损的不断扩大，由浅套入深套，这就是过分自信导致交易者不预设止损点带来的被套。要避免这种被套，就要做到留够安全空间，或是设定明确的

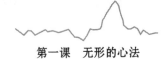

退出标准。

　　过分自信的股票交易者还有一个特点就是频繁交易，过于频繁的交易往往使得投资者面临三个方面的困境：第一个困境是投资者用于分析决策的单位时间减少了，**自然使得决策的质量下降**，从而使得每次交易的风险增加，这往往就容易导致被套；第二个困境就是投资者在频繁的交易中很容易陷入亏损和盈利的快速变化中，情绪很容易受到影响，情绪的两极化波动肯定会对交易决策和执行产生很大的影响，**非理性的交易过程往往使得交易者陷入被套的尴尬境地**，而且交易者也面临着精力上的匮乏和疲倦，这也会对交易者的绩效产生消极影响；第三个困境是频繁的交易会带来大量的交易成本，损失本金的同时也损失了这些本金将带来的复利，所以频繁交易的机会成本是非常高的，即使短线交易的技术很高，也难逃资金的慢性损耗，长期下来虽然股票没有被套，但是资金却走入了死套。

　　根据行为金融学家对世界范围内主要资本市场股票交易者的统计，持股**周转率高**的投资者普遍比持股周转率低的投资者绩效更低，这就从统计数据上支持了上述结论。同时，我们在自己的股票交易过程中发现，男性投资者比女性投资者更为自信，所以他们的交易更为频繁，而且整体交易绩效确实逊色于女性投资者，虽然女性投资者的盈利和亏损都不大，但是男性投资者的整体亏损却比较大。一个更为详细的自信度排列是这样的：单身男性的自信度高于已婚男性，已婚男性的自信度高于已婚女性，已婚女性的自信度高于单身女性。所以，在股票投资中，单身男性的交易频率是最高的，交易频率最低的是单身女性。

　　过分自信的交易者还会低估自己承担的投资风险，他们倾向于买入那些高风险的股票，比如 ST 股票和小公司的股票，同时他们的持股要么过度分散，要么过度集中。由于不少交易者都习惯通过网络来获取信息和交易建议，并且通过网络来快速进出，这些都让交易者们觉得自己对局

　　分析的时间与决策质量有显著正相关关系。

　　短线交易与频繁交易还是应该做出区别的，频繁交易与非理性交易应该画上等号。

　　周转率、胜算率、风险报酬率，如何最优化三者，如何平衡三者，是所有交易者职业生涯中时刻面临的问题。

手持终端，比如手机和平板电脑的兴起使得交易者离市场越来越近，情绪波动越来越大，身体和眼睛越来越糟糕，交易绩效越来越差。

人类现在的行为还是此前生存环境中进化而来的，根本不适应现在的生存环境。

面对现实和面对自己都不容易，谁做到这两点谁就能成长，谁就能最终成功。

势的把握很到位。所以，**网络交易使得不少交易者更加自信，更加频繁地交易**，往往是思考不多、不深、不全面就匆匆买入。国外的行为金融学专家对一些老股民进行了长达数年的跟踪统计，他们发现这些老股民在采用电话交易的时候，年回报率为 18%，而在采用了互联网交易后其年回报率只有 12%，下降了 1/3。当交易者接触互联网后，他们对自己的交易更自信了，交易流程也更便捷了，但是带来的交易绩效却大大下滑了，被套成为家常便饭，在 A 股市场上这样的例子遍地都是。

人类为了对抗各种灾难，必然发展出顽强的自我意识系统，以便在面临困难时仍然可以坚持下去，这就是进化到现在的"过度自信"。进化使得人类追求自豪，同时回避遗憾。自豪就是自己取得了成功，而成功是对生存有利的，进化机制会促使人类产生正面的情绪来奖励这种行为的再次出现。而后悔则是因为自己没能获得本能够取得的成功，所以**进化机制会促使人类产生负面的情绪来抑制这种行为的再次出现**。追求自豪，回避遗憾，这是人类经由几十万年进化得到的天性，但是却又造成了人类在股票市场上的失败。追求自豪，使得交易者倾向于卖出那些刚刚获利的股票，这样就可以让自豪感被留足，盈利被截短了；回避后悔，使得交易者倾向于保留那些陷入浮亏的股票，这样就可避免刚一卖出股票回升的后悔局面。同时，留足亏损的股票不卖出，也能够不伤及交易者的自豪感，因为在不少交易者看来，浮动亏损不是实际亏损，甚至算不上亏损；尽早卖出那些盈利的股票，也能够让投资者避免后悔，因为如果此后股价下跌，则交易者不会因为继续持有而扭盈为亏。**追求自豪，回避遗憾（后悔）的人类天性，使得交易者们往往卖出盈利的股票**，持有亏损的股票，长期下来，每只赚钱的股票都是小赚，而每只亏钱的股票都是大亏，也就是"截短利润，让亏损奔腾"，其交易平均亏损大于平均盈利，风险报酬率非常差，这样的操作方式正是导致绝

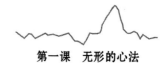

大多数交易者被套的关键。

　　根据行为金融学家的研究，那些上涨的股票通常具有更高的成交量，而那些下跌的股票则通常具有更低的成交量，这从另外一个方面证明了绝大多数交易者倾向于"截短利润，让亏损奔腾"！那些大涨的股票（不包括一些无量涨停的庄股）通常具有**较高的换手率**，交易者对这类股票的持有期限普遍较短，而那些大跌的股票（不包括无量跌停的庄股）通常具有较低的换手率，交易者对这类股票的持有期限普遍较长。国外一位名叫欧第恩的行为金融学家发现，平均而言交易者卖出赚钱股票的可能性要比卖出赔钱股票的可能性高 50%。行为金融学家哥林布拉特和克罗哈吉则发现，如果前一周股市是大涨的，则本周的抛售就较大，不论是老交易者还是新交易者都具有这种倾向，而且机构投资者也不例外。另外，他们还发现，如果前一周股价是大跌的，则交易者继续持有股票的可能性更大。

> 换手率高的股票，平均持仓成本也高，游资也喜欢操作这样的股票，因为进出容易，抛压轻。

　　其实，不仅在股票市场上有这种倾向，在房地产投机市场上也有这种现象，中国房地产一路高歌的时候，像深圳这些地方的成交量是非常高的。但是某段时间内随着宏观调控和政府住房新政策的出台，深圳房价开始大跌，但是成交量却并不大，消息报道说很多人捂盘惜售，不愿意低价卖出，硬撑，除了开发商，不少个人投机者都不愿意在降价后卖出。美国波士顿的房产市场统计显示，面临亏损的房产投机者倾向于将卖出价定在高于市场价的 30%左右，而没有面临亏损的房产投机者则能够接受比较接近市场的现实价格。面临亏损的房产投机者通常都会设定一个较高的不现实价格，其结果就是进一步被套。股市上的情况也是如此，大家可以从本书后面的实际操作章节看到，成交量随着股价的上涨是放大的，而股价下跌时成交量也是缩小的，当然有放量下跌的时候，但这是市场极度恐慌的暂时现象，或者是庄家和机构出逃的表象。总体而言，股价下跌时的成交量是小于股价上涨时的成交量的，**当成**

股价高位的天量往往是主力在出而，散户在进，当然也有其他情况。

交量不能再小时，就是股价的底部，当成交量不能再大时，就是股价的顶部，"天量天价，地量低价"大概就是这个道理吧，从图 1-1 中可以明显地看出这一特征。

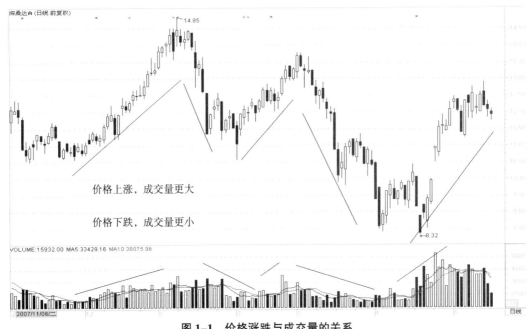

图 1-1　价格涨跌与成交量的关系

如果股价处于上涨趋势，那么真正的卖点只有一个，那就是上涨趋势末端，而买点则有很多。如果股价处于下跌趋势，那么真正的买点只有一个，那就是下跌趋势末端，而卖点则有很多。

从基本面来讲，好公司和好股票会继续保持向上的趋势，这是由基本面因素的稳定性决定的；从技术面来讲，**股价的运行具有惯性，上涨的股价会继续上涨**。所以，交易者卖出的上涨股票通常还会上涨，而持有的下跌股票通常还会下跌，至少概率上讲是更大的，所以长期下来肯定是亏大钱赚小钱，如果死不认输的话就会陷入深套的境地。一个散户被套往往就是由于这个原因，散户倾向于将一种可能带来高回报的股票卖出，而继续持有那些容易带来较大亏损的股票，这表明人类的天性使得股民们往往与财富最大化策略相悖。股民们倾向于将市价与买入价对比来做出决策，如果市价高于买入价，则他们倾向于卖出来获得自豪，规避后悔；如果市价低于买入价，则他们倾向于继续持有来维护自豪，规避后悔。同时通过将决策的责任推

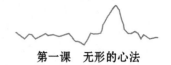

给他人，被套的股民可以减轻自责，比如将股票亏损的责任归咎于政府干扰、黑嘴股评、庄家操纵、朋友的推荐等。**这样做的时候，他们可以维护自己的自尊，同时后悔的程度也会轻些。**

另外，一般的交易者还有另外一个特点，那就是倾向于将现价与买进价进行比较，以此来判断是否应该继续持有还是卖出了结。当现价高于买进价时，他们为了维护自尊和避免遗憾，都会急于卖出；而当现价低于买进价时，他们为了维护自尊和避免遗憾，都倾向于继续持有。他们**以现价和买进价的关系来决定是否应该继续持仓，而不是以市场向上的概率来决定是否应该继续持仓。**

一般股票交易者的心态总是与财富最大化策略相悖的，具体而言就是他们的买卖方向往往是与市场趋势相反，这主要是由于上述原因造成的，这就是根植于他们天性中的祸根。图 1–2 是网民对股票交易者，特别是散户心态的形象展示。

> 欺骗自己相当于治标不治本。

> 行为金融学将这种行为定义为"锚定"，采用了错误的参照系，必然导致错误的决策。

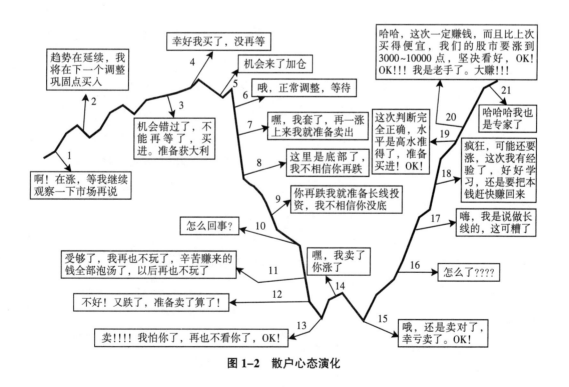

图1–2 散户心态演化

除了上述这些让股民被套和亏损的人性弱点之外，还存在其他一些人性的弱点会危及股票操作，这就是"赌资效应""蛇咬效应""翻本效应"和"群体效应"，以下就来看看这四个效应中隐含的人性弱点。

首先，来看"赌资效应"。当一个赌棍赚了一笔钱或者是若干笔钱之后，他往往会由于这些钱是"赚来的"，得来比较容易而大肆挥霍，或者是在赌局中任意下注，这都使得他很容易就将这些赚来的钱回吐出去。一个股票交易者也会有同样的心理状态，当他在某只股票上获利甚丰时，就会对此后的操作扬扬自得，从而介入一些风险较高，潜在回报被高估的股票，最后的结果往往都是本金的巨大亏损。所以，**赚来的钱不太容易守住就是这个道理，正因为赚钱后的投资者比较浮躁，自视甚高，所以此后的操作屡屡被套，乃至深套割肉基本都在预料之中。**股市的钱很难赚，其中一个原因就是交易者倾向于将那些容易赚来的钱很快回吐给市场。

其次，来看"蛇咬效应"。成语有"一朝被蛇咬，十年怕井绳"，不少最初操作就遭遇亏损的新手通常都受到这种效应的影响。由于惧怕持续亏损和再度被套，他们很长一段时间都处于犹豫不决和高度紧张的状态。正是这种紧张使得他们错过了不少赚钱机会，从而也就错过了弥补亏损的机会。当他们因为错失无数良机而懊悔不已的时候，**也就是他们决定采取行动的时候，而此时又往往是不明智的时候，结果好不容易鼓起勇气买入，却在最糟糕的价格入场。**

再次，介绍每个人都深刻体会过的"翻本效应"。当一些股票交易者亏损之后，他们往往急切地想要翻本。根据资金管理的法则，由于本金已经下降了一些，所以介入的资本也要相应地降低，但是绝大部分散户却在本金下降后增大了持仓的比率。在本金下降、操作不顺、心情急躁的时候，这些散户抱着急于翻本的心理不断**加大仓位，同时提高交易频率，其结果可想而知。**

浮躁这个词有点抽象，"专注"是对治浮躁的良药。

当市场氛围和媒体舆论极度乐观的时候，你往往可以获得勇气，但是这个时候却是最危险的时候。

情绪让我们屡屡违反科学的仓位管理原则。交易中最不需要的就是情绪，因为情绪是人类几百万年在丛林生存当中进化出来的防御机制，这种机制并不适合金融市场的生存。

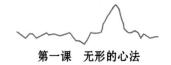

最后，向大家介绍"群体效应"。人是社会性的动物，比其他动物更容易受到群体的影响。不少股民喜欢到交易大厅凑热闹、听意见，而另外一些股民则喜欢上 BBS，到财经网站查看消息和股评，即时通信设备，比如电话和网络聊天软件使得股民之间的相互影响被放大了好几倍。**当交易者互相影响时，往往是感性压倒了理性，群体将歇斯底里放大到了极限。当交易者之间的特点和素质、文化背景，以及性格非常相似的时候，越是容易陷入误区。**

口随大众，心随精英。大众可以作为情绪指标，但是却不能作为操作指南。

要想成为一个成功的股票投资者或者交易者，就必须认识到人性中存在的这些弱点，这样才能为成功解套、避免被套打下坚实的基础。下面一节，我们就向大家介绍规避这些人性弱点的具体方法和策略，这是奠定正确交易基础的开始，信念和心态的合理化是一切股票交易的起点，也是任何具体交易策略，包括本书要介绍的"斐波那契四度操作法"能够得到正确运用，并且发挥最大效用的关键。

第二节　怎样规避获利悖论

要想获得股票交易成功，要想成功地操作，要做到的第一点就是**规避人性的心理弱点**，本章介绍的五大策略能帮助你战胜心魔，重塑交易心理，成为真正的股市高手。

你的心理弱点给对手盘创造了盈利机会，对手盘的心理弱点给你创造了盈利机会。

每个交易者都想获得丰厚的利润，但是他们为此采取的策略和行动却阻碍了他们取得成功，也就是说他们为了**利润最大化而采取的行动本身却阻碍了利润最大化这一目标**。为什么会存在这一"获利悖论"呢？根源在于人类认知能力存在缺陷，这些缺陷在前面已经有所介绍了。这里我们就来讲讲如何规避或者战胜这些缺陷，这就是五大策略：认识到人性的缺陷、明确自己的投资目标和风险收益偏好、将自己的股票买卖策略定量化和具体化、适度地分

一段时间"吸引力法则"非常流行，其实你想吸引的东西，往往因为你的行为而受到排斥。这些行为看起来是朝向目标的，其实是让你南辕北辙。

散持股、维持一个良好的股票投资外环境（见图1-3）。

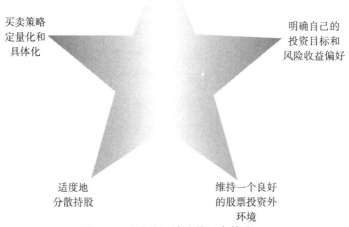

图1-3 对治认知缺陷的五个策略

第一个策略是认识到人性的缺陷。知人者智，自知者明，一个成功的股票交易者一定对自己、对人性有深入的了解和把握，他知道自己的弱点在哪里，自己的缺陷在何处。但是，不少散户却认为成功的交易者之所以成功并不是由于他们能够很好地处理自己的缺陷，而是由于成功的交易者没有缺陷。持续亏损和被套的股民肯定是没有自知之明的股民，**持续亏损和被套是由于对人性的缺陷认识不清**，稀里糊涂地买进和卖出，随着情绪的波动进行买卖，长期下来交易绩效自然乏善可陈。很多交易者对于我们在第一节提到的各种心理缺陷都有某种程度上的体验，这让他们觉得这是稀松平常的事情。正是由于如此"平常"，所以使他们认为股票买卖的成功并不在于此。在他们看来"成功"是与"复杂"和"不平常"结合在一起的。其实，大道至简，股民持续亏损的祸首和盈利的法宝全在这**简单和平常的"常识"**之中。要想深入认识这些人性的缺陷，必须反复阅读本课的第一节，只有这样才能见到内心的非

你不知道你是你，所以你是你！

简单而被众人忽略的"常识"往往有可能是真理。

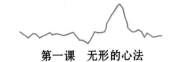

理性，才能算真正认识到制约交易者获利的关键。"书读百遍，其义自见"，认真执行好这一策略是一切操作措施的起点，也是决定能否真正摆脱持续亏损和被套的关键所在。

　　第二个策略是明确自己的投资目标和风险收益偏好。每个市场有自己的特点，每个品种有自己的特点，每只股票肯定也是不同的，行业不同，板块不同，技术走势不同，带来的风险和收益组合也存在大大小小的差异。更为重要的是，每个股票交易者能够动用的资金不同，能够承受的风险不同，能够花费到股票分析上的时间不同等。**无论是市场，还是交易者都存在特殊性和个性，**所以交易者如果不了解这些差异，贸然用别人的策略来达成自己的交易目标，那往往是牛头不对马嘴的，甚至是南辕北辙的。一个以短线盈利为目的的交易者却按照抓长线大牛股的方法去操作，要么是这个股民因为不能承受暂时亏损而退出，要么就是只获得一点蝇头小利就急不可耐地退出了。

　　很多交易者在没有对自己的资金充裕度和风险承受能力进行了解的前提下就贸然采用了一些市场上时髦的方法进行操作，他们认为赚钱的策略到了谁的手上都能赚钱，他们的投资目标只有一个，那就是"赚钱"。**这些交易者将股票买卖的方法绝对化了，将投资目标简单化了，**所以他们往往成为股市大户和机构的猎物。那么，如何明确自己的投资目标和风险收益偏好呢？第一，交易者要用闲钱来投资，不要拿养命钱来赌博，所以你要找到一种投资方法或者是资金管理方法与自己手头的闲钱数目相匹配。第二，知道自己可以接受的损失的上限，如果不能接受每次 2% 的损失则不要进行股票投资，同时需要记住的是不要进行自己不能承受的投资，比如某种股票买卖技巧可能带来 30% 的月度回报率，但是也可能带来 20% 的单笔亏损，作为一个理性的投资者首先要问自己能不能承受高达 20% 的亏损，接着才是考虑这种方法带来的潜在盈利。但是，不少散户并不是这样考虑的，他们选择一种股票买卖方法时只考虑

知己知彼，才能找到适合自己的具体策略，进而不断完善，持续获利。

矛盾有普遍性，还有特殊性，没有适合一切市场和个人的具体策略。

这种方法能够带来的收益，对于风险往往是在使用后才开始重视，此时往往已经折损大半资金。第三，知道自己能够胜任的持股时间，不少股民都倾向于短线获利，但是他们本身的操作素养却达不到短线获利所要求的水平，所以他们为了获利应该采取持有更长时间的买卖策略。越是菜鸟，**越是倾向于短线，但是短线相比长线而言需要的操作心理素质更高，因为短线更容易受到情绪的影响**。不知道自己能够胜任的持股时间，这是交易者容易被套的一个原因。如果你知道了自己有多少闲钱可以用于交易，知道了自己可以承担的损失的上限，知道了自己能够胜任的持股时间，那么你持股被套的概率就极小了。但是，做到这些还不够，还需要接下来三个策略的补充。

第三个策略是将自己的股票买卖策略定量化和具体化。很多交易者今天学 KDJ，明天又用布林带，这次做单根据金叉买入，下次做单又根据超卖卖出。**每天做单，采用的策略都不一致，甚至每次买卖采用的策略都存在差异，长期下来绩效表现非常不稳定**，自己也不知道哪些策略好，哪些策略差，更谈不上提高和改进，懵懵懂懂地交易，自然也就没啥长进。人脑是比电脑强，但并不意味着相机抉择比系统交易强，因为人的情绪会极大地影响交易操作，所以相机抉择往往都是非理性的产物。如果一个交易者在买卖股票时没有明确的标准，那么他的交易就容易陷入随意的境地，自然也就容易受到心理缺陷的影响，从而陷入被套。现在市面上不少股票书都热衷于介绍一些模棱两可的信号，比如一些所谓的涨停形态等，其实这些形态的确认往往是行情走出来之后才能做到的，之前根本无法确认，因为定义不准确，这就是大多数股票书都是"事后诸葛亮"的原因。如果我们对特定股票买卖策略进行了定量化，则使用过程中我们就能做到客观和前后一致，同时也就很容易知道这个策略的绩效到底如何，并且能够通过微调来提高这一策略的绩效。但是，如果你仅仅有一个**定性化的买**

短线对各方面的要求其实都比中长线更高，高频交易例外。

当你的方法处在持续变动中时，你就无法获得足够的反馈样本，自然也就无法提高了。正确的做法应该是采用一贯的操作策略，获得足够样本之后，再做改进或者放弃。

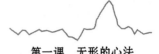

卖策略则很难达到上述效果和要求。

　　第四个策略是适度地分散持股。巴菲特强调集中持股，但是也是相对集中，他没有将所有的资金都投入到一两只股票上。通常而言，内地的散户们都是采用技术分析方法，但是这种方法更多地根据人的心理规律和概率理论来操作。无论是心理规律还是市场本身的运行都倾向于一定的随机性，所以如果我们咬定某只股票会涨，某只股票会跌，是非常不明智的做法。**既然不能断定某只股票必定怎么样，我们就应该增加持股数量，通过适度地分散持股来规避风险。但是，过度分散持股又会影响股票交易者的绩效，因为交易者的精力照顾不过来，同时因为买卖股数相对较少，交易手续费也提高了。**

　　第五个策略是维持一个良好的股票投资外环境。我们都是人，受到外部的影响是不知不觉的，潜意识的力量如此强大，而外部环境往往是通过潜意识作用于表意识，我们经常是环境的奴隶，但是我们并不自知。很多散户之所以处于亏损的境地，之所以屡屡深套割肉，最为关键的原因是他们与失败者在一起，受到一个负面环境的影响。孟母三迁强调了环境的重要性，但是这种影响并不是只对成长中的孩童才有作用，**任何一个人都受到了环境的制约和影响**。巴菲特将自己隔绝于一个小镇，约翰·墨菲也强调要独处一室。一个成功的股票交易者需要远离市场和大众的喧嚣，这就是维持一个良好的股票投资外环境的准确含义。"远离市场，远离大众就是珍惜资本！"

任何东西只有定量之后才能很好地检验和改进。定量有个程度上的差异，可以根据自己的情况选择。

我们身边的题材投机高手基本上单只个股动用资金不超过 15%，一般在 5% 左右。

股市有风险，最大的风险是自己的非理性。

第三节　统摄一切财富的两大公式

　　无论是股票投资还是股票投机，都受到两个财富公式的主宰，只有投资者和炒家完全遵循这两个财富公式，懂

财富公式其实是三个，我们分别称为盲利公式、凯利公式和复利公式。盲利公式告诉我们机会在哪里；凯利公式告诉我们如何根据具体的机会来配置仓位；复利公式告诉我们正确重复上述行动，坚持下去的结果是什么。

得更好地利用这**两个财富公式**，才能最大化地积累起自己的个人财富。

这两个财富公式一个是复利公式，另一个是凯利公式。下面我们就来一一介绍这两者的内容和运用。

复利公式为 $FV_n = PV \times (1+r)^n$，其中，FV 是总财富，PV 是本金，r 是财富单位时期或者单次交易的收益率，n 是时期数或者交易次数。从这一公式可以发现，如果单位时期或者是单次交易的收益率越高，则总财富越大，这表明寻找高收益机会是财富最大化的必然之举。而持有高收益率资产的时间越长，或者是进行高收益的次数越多，也是财富最大化的必然之举。复利公式告诉我们财富最大化的三个要领，这是股票投资和投机中都需要遵循的道理：

第一条要领是起始资金要充足，这涉及 PV；

第二条要领是寻找高收益的资产和交易，这涉及 r；

第三条要领是持有高收益资产尽可能长的时间，或者是增加高收益交易的进行次数，提高周转率，这涉及 n。

我们接下来谈对股票投机更为重要的凯利公式。凯利公式是一个应用在投机和赌博中的财富最大化公式。经过改良适用于股市投机的凯利公式如下：

寻找高收益的交易标的涉及盲利公式。具体而言，题材投机当中就涉及什么样的题材可以带来高收益。

$$f^* = \frac{bp - q}{b}$$

其中，f* 代表现有资金应进行下次投注的比例，b 代表风险报酬率，p 代表胜算率，q 代表输的概率（一般等于 1 – p）。风险报酬率是报酬除以报酬得到的比率，通常以历史平均获利除以平均亏损得到。

例如：若一个游戏有 40%（p = 0.40）机会胜出，风险报酬率为2：1（b = 2），这个赌客便应每次投注（2 × 0.40 – 0.60）/2 = 10%的资金。

如图 1-4 所示，在 B 点入场，止损放在 C 点，盈利目标根据历史统计大致在 A 点，其风险报酬率就是以 BC 段长度除以 AB 段长度。大家可以参照这个方式来估算风险

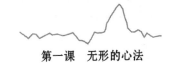

报酬率，同时以自己交易的历史胜率代入公式，这样就可以得到当下交易所需要的资本分配额了。**凯利公式是投机者资本管理的最有效方式，**如果投机者能够运用好这一公式，就可以很好地摆脱被套的尴尬境地。

斐波那契框架提供了具体的进场点和出场点，而这些点位则是凯利公式计算仓位时要具体用到的。

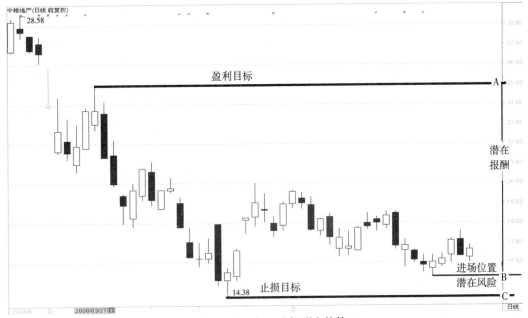

图1-4 点位与风险报酬率估算

第四节 防守线的上下：金字塔加仓与金字塔减仓

很多交易者在进行股票买卖时都不太重视进场位置的选择，而对于出场的控制则一无所知，这就是绝大多数交易者持续亏损和被套的直接原因。不知道如何选择具体的进场位置，不知道如何管理出场，**不知道如何加仓和减仓，这就是绝大部分交易者长期买卖股票失败的最直接原因。**大家可以扪心自问，你在买进某只股票的时候是否对具体的进场时机和位置了如指掌，对什么情况下增加买入量，什么情况下逐步卖出非常清楚。如果一个股票买卖者对于

进、出、加、减四个字，没有几个人想明白了，当然也就七亏两平一人赚了。其实，真正持续赚钱的人不到1/10。这就是忽略了这四个字后的残酷现实。

什么情况下进场，什么情况下出场，什么情况下加仓，什么情况下减仓都不清楚的话，怎么能够保证他在特定的情况下能够采取正确的决策和操作，难道真正等到情况出现的时候，他们就能"眉头一皱，计上心来"？

很多股票交易者最为关心的问题不是在"什么时机和价位买入和卖出某只股票"，而是关心哪只股票是黑马，哪只股票能成为超级大牛股，哪只股票能够成为涨停股。其实，**对于一个技术派交易者而言，具体是对短线炒家而言，买卖什么股票并不是唯一重要的事情，同样重要的是在什么价位和时间去买卖。**不少短线客一味地在打听所谓的"好股票"，他们认为只要买入那些能够上涨的股票就能赚钱，但问题是股票的上涨是阶段性和波浪式的，而且肯定有一个持续时间，如果你在错误的价位和时机进入，而且资金承受风险的能力恰好也不能胜任这段股价走势，则无论股价最终是上涨还是下跌，你都是输家。所以，一个好的短线客必定能够选择恰当的进入和退出时机，根据**上涨概率的变化及时调整仓位**，在股价上涨途中，如果继续上涨的概率变小了，则股票交易者就应该减仓。但是在股价上涨途中，如果继续上涨的概率变大了，则股票交易者就应该增仓，继续买入，不过买入的量应该比前次买入的量更少。

先立于不败之地，而后求胜！一个理性的交易者一定会在具备良好防守的情况下买入，本节就专门向大家介绍防守线和金字塔操作手法，如果你能深入而牢固地掌握这两个概念，并能够结合具体实践予以运用，则你持续亏损和被套的概率非常微小，除非没有涨跌停板，或者无法买入和卖出。炒股持续亏损和被套首先是观念上的问题，也就是说因为陷入一些错误的信念和心态导致了持续亏损和屡屡被套，再者就是操作手法上的习惯性错误带来的直接性影响。

不确认具体的进场位置和进场时机，只是醉心于寻找

题材告诉你应该买什么板块和个股，而斐波那契点位和N字结构则告诉你如何去管理你的仓位，如何"进、出、加、减"。

上涨概率跟大盘、题材、主力、点位、形态有关。这么多相关因素，你不可能一下子全部掌握，只能各个击破，本门课程当中你着力掌握的是点位和比率的因素。

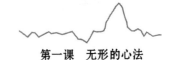
所谓的"必涨的股票"，这就是绝大多数散户持续亏损和被套的关键，甚至也是某些大投资者持续亏损和被套的关键。要改变这一恶性局面，就要学会利用"帝娜仓位管理模型"，这是帝娜私人基金在股票，以及黄金、外汇和期货买卖时所需遵循原则的示意图。我们一般会选择在支撑线（一般又标注为"s-line"）附近买入某只股票，前提是这只股票至少要跌到该支撑线附近。假设其他所有条件不变，**支撑线表明一旦股价在此位置，则上升的概率就大于下跌的概率，所以支撑线可以成为我们买入股票时据以立足的防守线**。我们可以凭借此线建立起防守，当市场按照我们预期向好的方向发展时，我们就背靠此线加量买入，让利润奔腾；当市场按照我们预期往坏的方向发展时，我们以此线作为逐步撤退的基准，及时限制亏损的扩大，截短损失。通过以支撑阻力线作为防守线，我们可以做到"让利润奔腾，同时让亏损截短"。

凯利公式中的风险报酬率，或者说盈亏比率，与支撑阻力线的关系非常密切。胜算率其实在某种程度上也与支撑阻力线密切相关。

下面我们就来仔细看看"帝娜仓位管理模型"（见图1-5），通过认真学习和掌握，以及实践这一模型，你就能更好地进行股票短线炒卖，同时控制好风险，极大地降低被套的可能性。

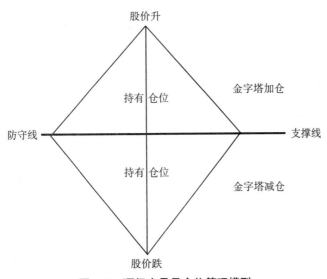

图1-5　顶级交易员仓位管理模型

在进行股票炒卖的时候，我们首先要对潜在的买卖对象价格走势有一个粗略的分析，最为关键的一点是找出现价（市价）附近的支撑位置，这个支撑位置就是我们进可攻退可守的防守位置。假设其他条件相同，当股价位于支撑线之上的较近位置时，价格上升的概率要大于价格下跌的概率，所以我们可以通过在支撑线附近介入来控制风险，提高胜率，防止被套。对于支撑线的确认存在很多的方法，比如根据前期高点和低点，前期成交密集区等。我们在本书接下来的章节将要告知大家的是"斐波那契比率分析法"，通过这一准确可靠，而且更为系统和简洁的方法来确认股价运动中的支撑线。当然，你也可以在此基础上增加其他的支撑线确认方法，不过其结果必然是使得交易策略显得过于复杂，为此付出的成本往往远远大于其能够带来的收益。一个简单而完备的交易策略更容易使我们持续丰厚地盈利，同时避免持续亏损和被套的尴尬结局。

在确认了离现价最近和最有效的支撑线之后，我们就需要等待回调到或者升到此支撑线的恰当时机介入，如果股价如我们预料的一样不断上升，则我们就需要采用**"金字塔加仓"**操作法，随着股价上升，我们需要采用数目递减的加码方法，比如在支撑线附近买入了 50 手某股，则等待价格上升了一些之后再买入比 50 手更少的 30 手某股，如果股价继续上涨，则再买入 10 手某股，依次类推。不过在卖出的时候则需要先卖出 50 手，甚至更多，然后如果股价进一步下跌的时候卖出 30 手，甚至更多。如果股价跌到进场或者加码买入的支撑线之下，则需要卖出，假如持有 50 手某股，则应该先卖出最大的份额，比如 35 手，如果价格继续下跌，则逐步卖出剩下的部分，这就是"金字塔减仓操作法"。在"帝娜仓位管理模型"中，大家可以直观地看到上述操作原则和手法，通过支撑线上加码，支撑线下减码我们可以扩大利润，缩小亏损，避免被套。更为重要的是，通过逐步调整仓位的形式来适应市场的逐步变化，

对于一般的操作而言，加码一次即可，不用刻意弄得非常复杂。

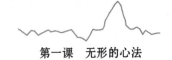
避免全部买进和卖出后遭遇市场的回调或者反弹，可以减轻后悔情绪的折磨。

下面我们就通过两个具体的实例来说明，如何利用"帝娜仓位管理模型"来提高炒股的报酬水平，同时降低炒股的风险，规避持续亏损和被套的窘境。

第一个例子是沙河股份，图1-6是其日线走势图。我们在图中标注了一个"仓位管理模型"，A点处是最近的股价低点，构成一个有效的支撑线位置，我们以此作为"防守线"，当股价跌到此支撑线时，我们考虑在B点介入。在交易计划中，我们假定如果股价由B点回升上涨，则每次上涨10%就递减加仓一次；如果股价由B点继续下跌，跌破支撑线，则我们递减减仓。这样的操作就构成了一个菱形操作示意图，我们形象地称之为"钻石藏宝图"。在沙河股份这个例子中，由于股价由B点不断上涨，所以我们是递减加仓的，也就是采用了金字塔加仓操作。

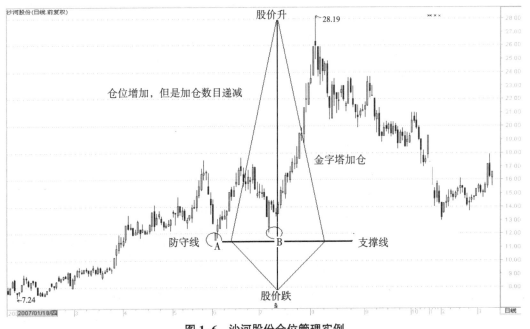

图1-6　沙河股份仓位管理实例

第二个例子是长城开发（见图1-7），首先确定一个离现价最近的支撑位置，假如在交易决策之前市价位于B点附近，则我们以前期波段低点A的水平延伸线作为支撑线。找到了支撑线，也就找到了防守线。如果根据其他技术指标特征，我们觉得股价趋势向上可能性较大，而现在又有合适的位置作为介入点，那么我们就可以买入，于是我们在B点附近买入，如果价格按照预期上升，则我们采用金字塔加仓操作法，如果价格如预期下降，则我们采用金字塔减仓操作法。此后，价格下降，跌破了支撑线，也就是防守线，于是我们开始按照金字塔减仓法进行操作，首先卖出绝大部分的仓位，然后逐步递减式地卖出。如图1-7所示，该图中放置了一个"帝娜仓位管理模型"，我们可以结合长城开发的实际股价走势来具体把握金字塔减仓操作的要义所在。

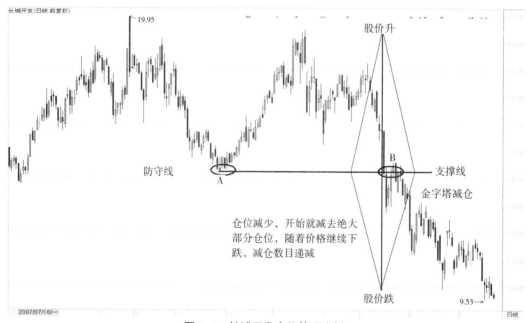

长城开发(日线 前复权)
19.95

股价升

防守线
A
B
支撑线
金字塔减仓

仓位减少，开始就减去绝大部分仓位，随着价格继续下跌，减仓数目递减

股价跌
9.53

2007/07/16/一
日线

图1-7　长城开发仓位管理实例

我们已经从理论和实务两个层面具体而深入地介绍了"防守线和金字塔操作法"的要点。根据我们多年的操作经验，可以这样归纳我们的认识：防守线涉及入场和出场的核心，这是技术分析的最大功能所在，也就是说，技术分析的主要目标是寻找防守线，找到一个准确的进场点，而金字塔加仓和减仓操作法则是技术操作法获利的关键。**在胜率高的时候最大化仓位，在胜率低的时候最小化仓位，根据市场运行概率的变化相应地调节仓位，这就是资金管理的精髓所在。**如果一个股票炒家既能够把握住准确的进出场位置，又能恰当地运用仓位管理最大化利润、最小化风险，那么市场要套住这样的高手是难上加难的。要想彻

市场运行的概率要从大盘、板块、主力、题材、技术点位和形态等多个角度去综合判断，刚开始比较机械，慢慢积累经验之后，就可以更快速地形成判断。

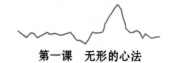

底摆脱股票持续亏损和被套的尴尬局面，必须从观念和心态上除去导致被套的人性弱点，同时在操作层面上牢记"帝娜仓位管理模型"的要点。如果一个股票炒家能够很好地把握这一点，则无论如何也可以避免持续亏损和股票被套，同时获得令同行羡慕的业绩，过去我们是这样做的，现在我们也是这样做的，未来我们还会这样做。过去我们取得了令人欣喜的交易成绩，现在我们仍旧业绩不凡，将来我们也会一如既往地取得佳绩。暂时的成功很简单，在资本市场也见惯不惊，但是持续的成功绝对不是靠运气能够解释的。同样，连续的失败也不是运气使然，根本上还是与没有采用正确的操作策略有关。要想在股票市场上持续成功，一定要按照本课各小节介绍的内容来执行，这样才能让你摆脱必然失败的命运！

第二课

大盘指数趋势与波段分析

第一节　指数下跌目标位确认方法（1）：
向下回调点位

分析个股并不能让我们很好地把握其走势，还需要结合大盘来分析。所有的个股都或多或少地受到了大盘的影响，龙头股和强势股看似独立于大盘的走势，其实是因为其势头足够强劲以至于抵消了大盘的负面影响。**斐波那契四度操作法不仅用于个股走势和点位的判断，更可以用来判断指数的趋势和波段。**从本小节我们会利用斐波那契四度理论来预判大盘指数的走势，从这些例子当中我们可以发现技术走势的"数"层面多么有规律。当然，指数的走势是由"形态"和"比率"两个方面构成的，"形态"主要就是 N 字结构，而"比率"主要就是斐波那契比率。如果说"形态"是"象"，那么"比率"就是"数"，而主导"象"和"数"的则是"理"，这就是指数的"题材"和"主题"了。个股有个股的题材和主题，大盘指数也有大盘指数的主题和题材。本门课程专注于"比率"的介绍，对于除"数"之外的内容不做展开，只做联系提点。

斐波那契四度理论可以帮助我们研判波段的幅度，无论大盘指数的波段还是个股的波段。

指数的点位确定方式有四种情形，任何一个具体的指数走势都可以纳入这四个情景进行预判。本小节要介绍的情形是"向下回调点位"（见图 2-1），指数此前有一波显著的上涨，然后出现了下跌，这个时候我们想预判指数最可能在哪些点位止跌回升。AB 段是上涨波段，而 B 点开始就是调整波段，关键是预判 C 点会在哪一价位出现，这就要用到斐波那契回调线谱，也可以称为斐波那契回撤线谱。为什么称为线谱呢？因为重要的回调点位并不止一条，至少应该算上 0.382、0.5、0.618 这三条。将 AB 段作为单位 1，以 B 点作为起点，也就是 0 点，BC 段有可能是 0.382 倍 AB 段，0.5 倍 AB 段或者是 0.618 倍 AB 段，当然还有其他可能倍数，但是前面三者可能性最大。

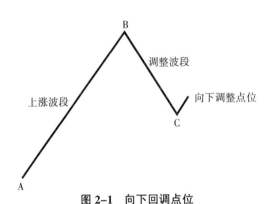

图 2-1　向下回调点位

制作图的简要介绍大家可以参考本书的最后部分，其实每个软件制作图方法都有差异，大家自己琢磨几次即可掌握，关键是要明白 A、B、C 三点的关系，AB 是上涨波段，**也就是斐波那契度量的单位 1**。B 点也是 BC 段的起点和零点，分别按照 0.382 个、0.5 个、0.618 个单位从 B 点往下画出三个点位，这就构成了一个斐波那契向下回调点位。0.382 代表着从 B 点向下回调了 0.382 倍 AB 的长度，0.5 代表着从 B 点向下回调了 0.5 倍 AB 的长度，0.618 代表着从 B 点向下回调了 0.618 倍 AB 的长度。

大盘指数向下调整时在什么地方最有可能止跌回升，

搞清楚哪一段是单位 1 是非常重要的，再者是搞清楚 0 点是哪一点。

从技术上来讲我们要从四个维度展开，第一个维度是上面提到的斐波那契点位，第二个维度则是 K 线。为什么要用 K 线呢，为什么不只用斐波那契点位呢？这个问题的关键在于斐波那契点位不止一个，每一个都有极大的可能成为事实上的止跌回升点位，所以我们还要从中筛选出最有可能的那一个。而 K 线可以很好地达到这一要求，因为 K 线是一种局部形态，可以帮助我们识别局部的多空力量对比，识别真正的阻力和支撑。在我们的"势位态"市场行为理论中，"势"属于宏观层面，"位"属于中观层面，而"态"则属于微观层面。斐波那契点位属于中观层面的"位"，而 K 线属于微观层面的"态"，两者结合起来使得我们对市场运行的动向更加清晰。

　　除了上述两个维度之外，还有成交量和动量两个维度。价量从来是一体的，相互验证，一起解读才有意义。波段的高点往往对应着成交量的阶段性天量，至少在天量附近，而波段的低点往往对应着成交量的阶段性地量。当然，指数处于低点的时候，成交量的巨量偶尔也会出现。异常的成交量对应着波段的高低点，这就是更为一般的规律。

　　动量反映了阶段性的情绪变化，我们可以用 SKDJ 或者 KD 来验证，两者基本上是同一个指标，只是名称有差异而已，动量指标里面的震荡指标有很多，基本上与超买和超卖、金叉和死叉有关。当市场情绪极端高涨的时候，成交量容易成为阶段性天量，而震荡指标也处于超买死叉状态，看跌反转 K 线出现在某一斐波那契点位，这就是斐波那契四度理论的典型看跌情形。当市场极端看淡的时候，成交量容易成为阶段性地量，而震荡指标也处于超卖金叉状态，看涨反转 K 线出现在某一斐波那契点位，这就是斐波那契四度理论的典型看涨情形。

　　回到"指数向下回调点位"这种情形中，我们将分别从上述四个维度展开研判。基于实际案例的研判比抽象的理论模型更有意义，我们将介绍三个例子，依次为上证指

严格来讲，震荡指标反映了市场情绪的变化。

数、沪深 300 指数和创业板指数。这里的例子主要给出一些具有普遍意义的典型，列出它们四个维度的特征，而并非展示分析过程本身。所以，下面的例子都是列出特征为目的，并非事前的分析。

先看上证指数的例子，上证指数在 2014 年 9 月从 A 点上涨到 B 点，这是一段显著的上涨，从 B 点开始指数出现了回落。以 AB 为单位 1，以 B 点作为起点，向下画出三个关键点位（见图 2-2）。价格先后触及了 0.382 和 0.5，在当时我们并不知道最终是停留在哪一点位，这就需要从其他维度进行筛选了。

图 2-2　上证指数向下回调点位斐波那契维度实例

上证指数在 0.382 和 0.5 两个点位都有锤头 K 线（见图 2-3），说明这两个点位都有很强的支撑，那为什么 0.382 没有成为最终起作用的支撑点位呢？这就需要从第三个维度去分析了（见图 2-4），指数跌到 0.382 点位处，还是放量下跌为主，关键是放量了，而指数跌到 0.5 点位处出现了**阶段性地量**，这代表抛压减轻了不少。两个点位之

阶段性地量与窒息量是我们课程当中经常提到的成交量形态，也是重要的变盘点。

间还有一个观察维度，这就是 KD 指标角度（见图 2-5），指数跌到 0.382 处，并未出现"超卖金叉"，而指数跌到 0.5 点位时出现了"超卖金叉"。

图 2-3　上证指数向下回调点位 K 线维度实例

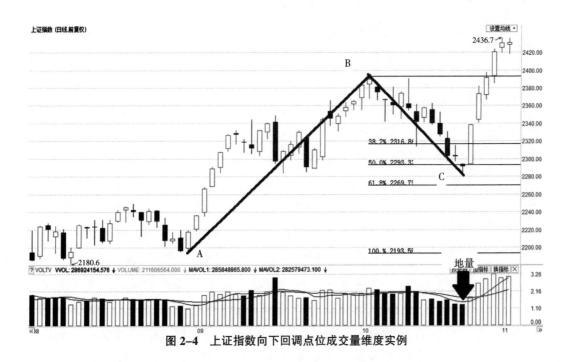

图 2-4　上证指数向下回调点位成交量维度实例

图 2-5　上证指数向下回调点位 KD 维度实例

为什么不只根据斐波那契点位操作？国内外不少传授斐波那契策略的书籍基本上就是这样做的，最多加上动量指标。但是实践告诉我们，这样去操作是行不通的，至少要加上 K 线形态和成交量。

上述案例展示了指数"向下最可能回调点位"的普遍特征，第一个特征是容易在 0.382、0.5、0.618 三个点位止跌，这个是**斐波那契点位维度的特征**；第二个特征是止跌点位处容易出现看涨反转 K 线形态，这个是 K 线维度的特征；第三个特征是止跌点位处对应的成交量，这个成交量是阶段性地量（异常量，少数情况也可能是阶段性天量），这个是成交量维度的特征；第四个特征是止跌点位对应的 KD 指标处于超卖金叉状态，这个是动量（KD 指标）的维度。

很多交易者可能会认为这不过是我们找的一个特例而已，那我们就再来看两个例子，一个是沪深 300 指数，一个是创业板指数。沪深 300 指数与沪深 300 股指期货关系密切，如果能够高效率地判断出沪深 300 指数的走势，对于操作股指期货也有很大的价值。沪深 300 指数 2012 年第一季度出现了持续上涨，从 A 点涨到了 B 点，然后出现了显著回调，这次回调的止跌点位于 0.618 斐波那契点位，也就是说 BC 段等于 0.618 倍 AB 段，这是指数向下回调点位在第一个维度呈现出来的规律和特征（见图 2-6）。

图 2-6 沪深 300 指数向下回调点位斐波那契维度实例

沪深 300 指数向下回调点位的第二个维度特征是看涨孕线恰好出现在 0.618 这个点位上，看涨孕线是一个典型的看涨反弹 K 线形态（见图 2-7）。

图 2-7 沪深 300 指数向下回调点位 K 线维度实例

某些时候，阶段性地量不会出现，而是显著缩量或者是天量。

沪深 300 指数向下回调点位的第三个维度特征是第二地量出现了，也就是**异常缩量**对应着止跌点（见图 2-8）。

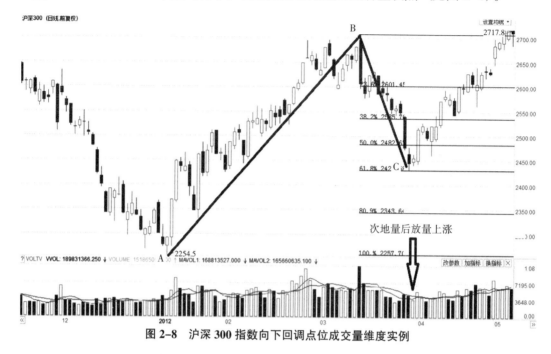

图 2-8　沪深 300 指数向下回调点位成交量维度实例

沪深 300 指数向下回调点位的第四个维度特征是止跌回升点对应着 KD 指标的"超卖金叉"（见图 2-9）。

图 2-9　沪深 300 指数向下回调点位 KD 维度实例

　　"向下回调点位"的四维度特征无论是在上证指数还是
沪深 300 指数上都是相同的，那么在代表小盘股的创业板
指数呢？创业板指数 2014 年第三季度从 A 点上涨到了 B
点，然后股价出现了回调。回调的止跌点位位于 **0.382 斐
波那契点位**（见图 2-10），这是第一个维度的特征。

> 牛市中，指数较难见到
> 0.618，除非是在开始上涨的
> 阶段。

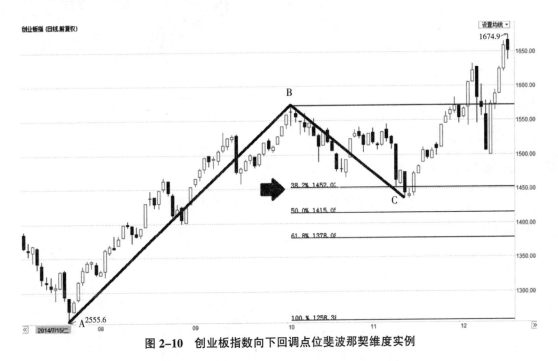

图 2-10　创业板指数向下回调点位斐波那契维度实例

　　回调点位出现了**早晨之星**，这是一个看涨反转 K 线形
态（见图 2-11），至少由三根 K 线组成，第一根 K 线是实
体较大的阴线，最后一根 K 线是实体较大的阳线，中间是
处于形态低位的一根到三根的星体线。这个早晨之星出现
在 0.382 点位处，这就是对特定斐波那契点位的确认。特
定斐波那契回调点位出现看涨反转 K 线形态，这是第二个
维度的特征。

> 早晨之星很好地展示了多
> 空力量的转换过程。

　　创业板指数的回调止跌点到对应的成交量是**阶段性地
量**（见图 2-12），这是第三个维度的特征。

> 阶段性地量的阶段怎么定
> 义？可以用 30 个交易日来衡
> 量，也可以用 15 个交易日来
> 衡量，这个看个人的偏好。

图 2-11　创业板指数向下回调点位 K 线维度实例

图 2-12　创业板指数向下回调点位成交量维度实例

　　创业板指数回调止跌点对应着 KD 指标的超卖金叉状态，这是第四个维度的特征（见图 2-13）。

图 2-13 创业板指数向下回调点位 KD 维度实例

我们分别列举了上证指数、沪深 300 指数、创业板指数的实例来展示向下回调点位的四个特征。上涨走势之后出现了回落，你可以用这四个维度的特征来预判指数最可能的止跌回升点位。

第二节 指数下跌目标位确认方法（2）：向下扩展点位

大盘指数持续下跌，如果我们想要抄底或者抢波段的反弹，在什么点位胜算率比较高呢？一般而言，大盘指数持续下跌之后的止跌反转点位具有什么样的共同特征呢？本小节我们将围绕上述问题展开，指数持续下跌的目标点位确认就是本节的主要内容。指数一般至少要经过两轮下跌才会大幅反弹或者反转，所以我们以最近两波下跌作为考察对象，AB 段是下跌波段，然后是**股价反弹 BC 段**，此

BC 段往往是 AB 段的斐波那契倍数，可以参考反弹点位测算的相关内容。

后从 C 点开始继续下跌，并且跌破 B 点位，然后我们要估计 D 点最可能在什么点位出现（见图 2-14）。将 AB 段作为单位 1，将 C 点作为起点，或者说零点，CD 段的长度往往为 AB 段的斐波那契倍数，常见的倍数为 0.382、0.618、1.000 和 1.618。

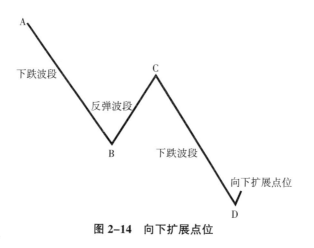

图 2-14 向下扩展点位

该点位极少数情况下也对应低位的放大量，甚至天量状态。

确定 D 点位我们不仅要从斐波那契维度出发，还要结合 K 线形态、成交量情况，以及 KD 指标的状态。向下扩展点位 D 的四个维度的共同特征为：斐波那契向下扩展的特定倍数，看涨反转 K 线形态出现在斐波那契点位处，**该点位对应成交量地量较多**，该点位对应的 KD 指标常常处于超卖金叉状态。我们还是通过三个主要指数来展示这四个共同特征，依次为上证指数、沪深 300 指数、创业板指数。

首先我们看上证指数的向下扩展点位的特征。第一个维度是斐波那契点位（见图 2-15），上证指数 2015 年 6 月开始从 A 点下跌到 B 点，然后反弹到 C 点，此后继续下跌，见底企稳处对应 0.618 点位。

再看第二个维度，也就是 K 线形态的维度（见图 2-16），上证指数两波下跌之后的企稳点处有不少看涨反转 K 线形态，比如倒锤头和光头中阳线，这是指数向下扩展点位的

第二个共同特征，也就是在斐波那契向下扩展点位处出现**看涨反转形态**。

看涨反转形态属于"象"的范畴，而斐波那契向下扩展比率属于"数"的范畴，这背后的基本面属于"理"的范畴。本书不谈基本面怎么去分析，但是具体交易的时候一定是要考虑的。

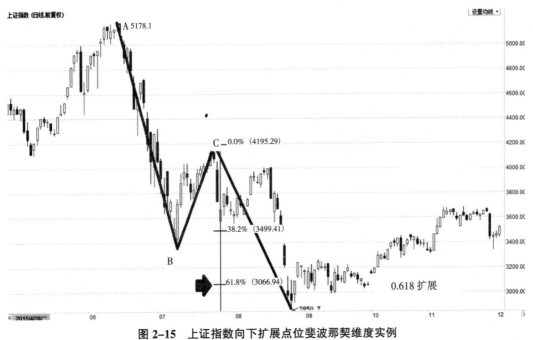

图 2-15　上证指数向下扩展点位斐波那契维度实例

图 2-16　上证指数向下扩展点位 K 线维度实例

第三个维度是成交量特征（见图 2-17），指数向下扩展点位对应成交量是显著缩量的，这表明抛压减轻，市场交投不活跃，这是指数向下扩展点位的第三个共同特征。

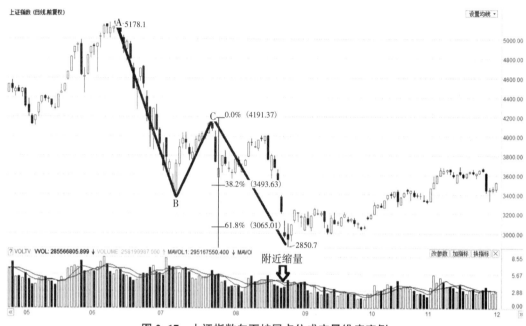

图 2-17　上证指数向下扩展点位成交量维度实例

第四个维度是震荡指标的状态，具体而言是 KD 指数的状态（见图 2-18），上证指数向下扩展点位对应的 KD 指数处于"超卖金叉"状态，这是指数向下扩展点位的第四个普遍特征。

上面以上证指数为例展示了指数向下扩展点位的四个特征，也许大家觉得这不过是特例而已，为了打消大家的疑虑，我们再展示两个案例，分别是沪深 300 指数和创业板指数。

沪深 300 指数从 2013 年初开始持续下跌，AB 是下跌第一段，BC 是反弹行情，从 C 点开始继续下挫。第二波下跌的反转点恰好在 1.618 向下扩展点位处，具体而言就是以 AB 作为单位 1，以 C 点作为起点，向下扩展，第二波下跌的长度是第一波长度的 1.618 倍（见图 2-19）。第二波下跌当时消息面主要是因为"钱荒"，这相当于**"题材"**，而下

题材是"理"，比率是"数"，形态是"象"，理主导象、数。

跌的比率关系是符合斐波那契扩展点位的，这相当于"比率"，从这个具体的例子可以看出"题材"和"比率"是如何"配合"的。

图 2-18　上证指数向下扩展点位 KD 维度实例

图 2-19　沪深 300 指数向下扩展点位斐波那契维度实例

长影线是一种非常有价值的形态信号。

沪深 300 指数下跌的反转点位处出现了长影线的 K 线形态，我们称之为**"探水杆"**，这表明下档支撑非常强大。在向下扩展点位处出现看涨反转 K 线形态，这再度印证了第二个维度的普遍特征（见图 2-20）。

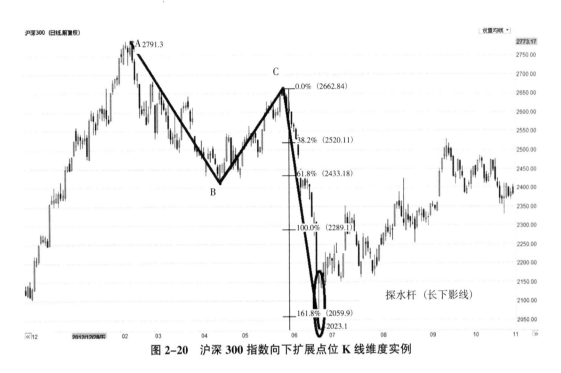

图 2-20　沪深 300 指数向下扩展点位 K 线维度实例

持续下跌的恐慌中，敢于大量买入的肯定是聪明的大资金。散户认为是底的点位不是底，而散户认为不是底的地方往往肯定是底。

沪深 300 指数向下扩展点位对应的成交量形态比较奇特，并非常见的阶段性地量或者显著缩量，而是天量（见图 2-21），快速下跌过程中出现天量，谁在大量卖，谁在大量买。**恐慌的市场情绪中，敢买的难道是散户吗？**沪深 300 指数向下扩展点位对应的成交量形态是天量，这是一种少见的特征，不过也是第三维度的一个典型。

沪深 300 指数向下扩展 1.618 倍这个点位对应的 KD 指标处于超卖金叉状态，这就是第四个维度的普遍特征（见图 2-22）。

我们再来看创业板指数的例子（见图 2-23），创业板指数从 2015 年 6 月开始急速下跌，这轮下跌与去杠杆关系密切。从 A 点跌到 B 点，然后因为国家大力稳定市场出现

了急剧的反弹，反弹到 C 点之后再度下跌，形成第二波下杀。第二波下跌跌到 0.618 倍点位出现反转，具体而言就是以 C 点作为起点，向下扩展了 0.618 倍 AB 段。

图 2-21　沪深 300 指数向下扩展点位成交量维度实例

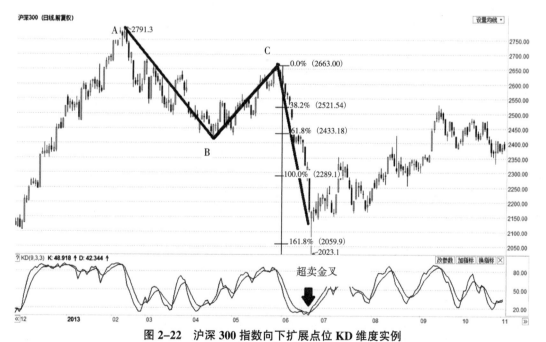

图 2-22　沪深 300 指数向下扩展点位 KD 维度实例

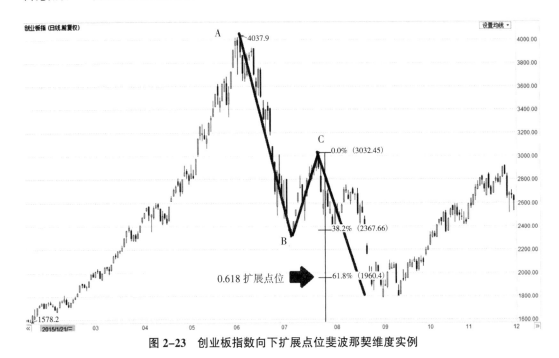

图 2-23　创业板指数向下扩展点位斐波那契维度实例

创业板指数在向下扩展点位处对应的形态是一个双底（见图 2-24），双底内部也有不少看涨反转 K 线形态。在斐波那契向下扩展点位处出现看涨反转形态，是第二个普遍的特征。

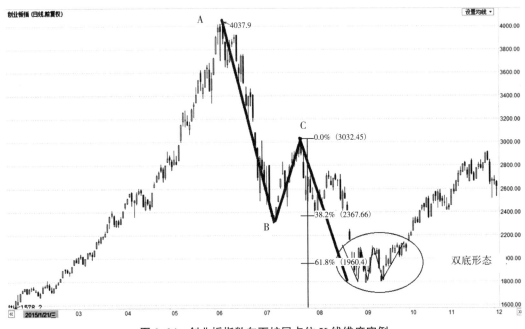

图 2-24　创业板指数向下扩展点位 K 线维度实例

对应**双底形态**的成交量呈现出下跌缩量、上涨放量的特征，这也是一种双底独特的成交量特征（见图2-25）。

斐波那契点位附近出现大型形态也是可能的，并不一定要用K线形态。

图2-25 创业板指数向下扩展点位成交量维度实例

创业板指数向下扩展点位对应的 KD 指标呈现出"超卖金叉"状态（见图2-26），这是第四个维度的普遍特征，

图2-26 创业板指数向下扩展点位 KD 维度实例

表明局部情绪开始由极端悲观逐渐转好。

大盘指数向下扩展点位从四个维度去确认：第一个维度是斐波那契扩展点位；第二个维度是观察斐波那契扩展点位附近是否出现看涨反转 K 线状态；第三个维度是观察反转形态附近是否有成交量显著缩小的特征；第四个维度是观察点位附近是否出现了 KD 指标超卖金叉状态。如果满足了这四个特征，那么指数见底的可能性极大。

第三节　指数上涨目标位确认方法（1）：向上反弹点位

反弹如果超出前期高点，则变成向上扩展，这个时候就要用向上扩展点位去度量潜在反转点或者调整点了。

指数上涨的目标点位有两类确认方法，第一类确认方法涉及"向上反弹点位"，第二类确认方法涉及"向上扩展点位"。本小节先介绍第一类确认方法，下一小节介绍第二类确认方法。

向上反弹点位出现在反弹中，指数先有一段下跌，我们定义为 AB 段（见图 2-27），然后股价反弹，反弹波段的高度 BC 往往与 AB 段呈现斐波那契倍数关系。将 AB 段对应的价格幅度定义为单位 1，则 BC 段的高度为 AB 段的 0.382 倍、0.5 倍、0.618 倍。我们在已知 AB 段的情况下，

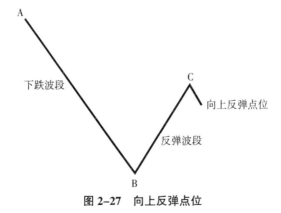

图 2-27　向上反弹点位

以 B 点作为零点，可以得出三个关键点位，然后在这三个点位上选择一个最可能的反弹结束点。

　　确定向上反弹点位的方法还是从四个维度特征展开，第一个维度是斐波那契反弹点位线谱；第二个维度是看跌反转 K 线形态；第三个维度是对应成交量是阶段性天量或者显著放量；第四个维度是对应 KD 指标处于超买死叉状态。下面我们分别从上证指数、沪深 300 指数和创业板指数三个实例来展示这一点位的四个普遍特征。

　　上证指数 2015 年 6 月从 A 点开始下跌，下跌到 B 点，然后出现了反弹，这波反弹的高度我们可以通过四个维度来确定。第一个维度就是斐波那契回调线谱，这里准确来讲是反弹线谱，股价在 0.382 点位处受阻（见图 2-28）。

图 2-28　上证指数向上反弹点位斐波那契维度实例

　　价格出现在某一点位，并不意味着就会在这里出现反转，还需要其他三个维度来确认。上证指数从 B 点开始反弹，反弹到 0.382 点位附近出现乌云盖顶 K 线形态（见图 2-29），这就让反弹结束的信号更加明确，但是还不够。

图 2-29　上证指数向上反弹点位 K 线维度实例

抢反弹要在向下扩展点找，逢高卖出要在反弹点找。

上证指数反弹高点对应的成交量显著放量，**高位放量如果被跌破，则主力出逃，散户接货的可能性很高**（见图 2-30）。反弹高点显著放量，这是第三个维度的普遍特征。

图 2-30　上证指数向上反弹点位成交量维度实例

　　反弹高点 C 对应着 KD 指标的超买死叉状态，这是第四个维度的普遍特征（见图 2-31）。这表明市场情绪乐极生悲，因为震荡指标反映了局部的情绪变化，与 K 线形态、成交量形态和斐波那契点位结合起来可以帮助我们很好地确认反转点。

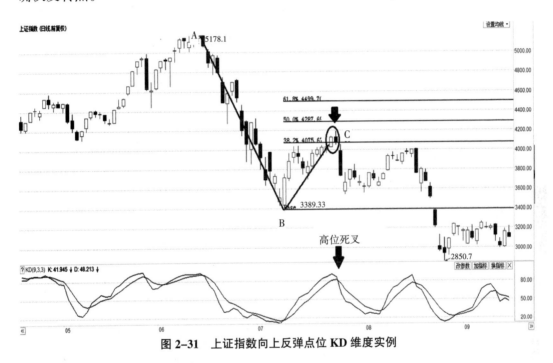

图 2-31　上证指数向上反弹点位 KD 维度实例

　　再来看沪深 300 指数的例子，该指数 2013 年 2 月从 A 点下跌，形成下跌波段 AB，然后从 B 点开始反弹，反弹恰好在 0.618 点位处止步，C 点成为反弹的高点（见图 2-32）。

　　在 0.618 点位处出现了复杂的**黄昏之星** K 线形态（见图 2-33），具体而言就是两颗星体出现在大阳线和大阴线之间。黄昏之星属于看跌反转形态，在向上反弹点位中出现看跌反转形态的概率很高，这是第二个维度的普遍特征。

　　沪深 300 指数反弹的高点恰好在 0.618 点位，相应的 K 线形态为黄昏之星，而黄昏之星对应着阶段性天量（见图 2-34），这表明高位有人走了，有人进了，这么大的量，肯定一方是主力。高位天量表明市场处于极度乐观的状态，

黄昏之星和早晨之星是镜像形态，可以对照理解，成交量的特征可以对比。

在这种情况下谁会卖出，谁会买入？主力更冷静还是散户更冷静。

图 2-32　沪深 300 指数向上反弹点位斐波那契维度实例

图 2-33　沪深 300 指数向上反弹点位 K 线维度实例

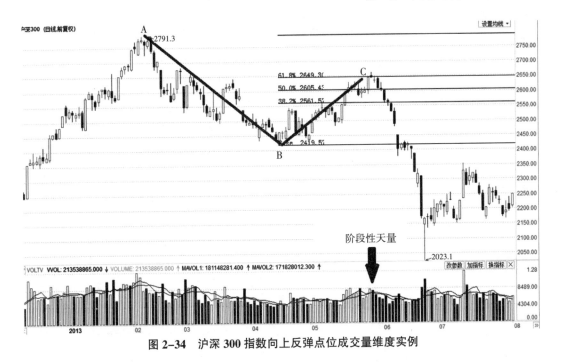

图 2-34　沪深 300 指数向上反弹点位成交量维度实例

沪深 300 指数反弹高点对应的 KD 指标处于超买死叉状态（见图 2-35），市场情绪乐极生悲，这是向上反弹点位在第四个维度的普遍特征。

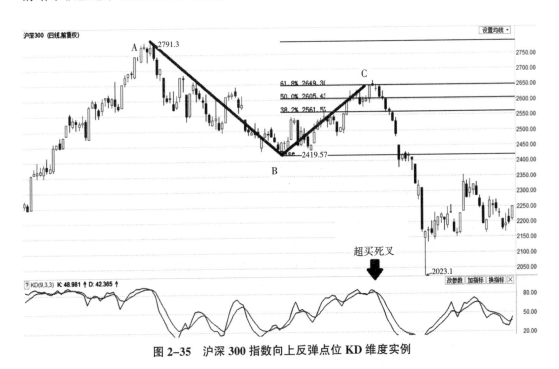

图 2-35　沪深 300 指数向上反弹点位 KD 维度实例

最后看创业板指数的实例，该指数从 A 点快速下跌，到 B 点止跌反弹，在 C 点触及 0.382 点位，这是第一个维度的普遍特征，反弹高点在某一斐波那契回撤点位受到阻力（见图 2-36）。AB 段的价格幅度为单位 1，B 点作为起点，向上投射出三个关键点位，反弹的价格容易在这三个点位受阻。

图 2-36　创业板指数向上反弹点位斐波那契维度实例

创业板指数在 0.382 点位处出现了乌云盖顶形态，这是一看跌反转 K 线形态，确认了 0.382 点位的阻力作用（见图 2-37）。向上反弹点位出现看跌反转 K 线形态是第二个维度出现的普遍特征。

黄昏之星对应的成交量形态是**天量**（见图 2-38），这是第三个维度上的普遍特征，表明有大资金在活动，要么是在买入，要么是在卖出。高位放量一旦被跌破，则主力出货的可能性较大。

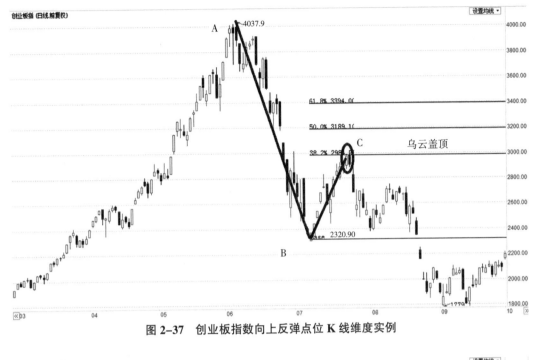

图 2-37　创业板指数向上反弹点位 K 线维度实例

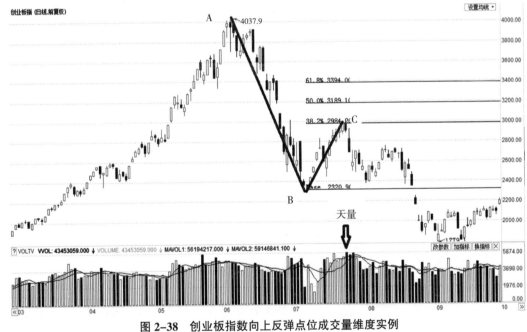

图 2-38　创业板指数向上反弹点位成交量维度实例

　　向上反弹点位对应的 KD 指标处于"超买死叉"状态，这表明局部市场情绪过度乐观，这是向上反弹点位在第四个维度的普遍特征（见图 2-39）。

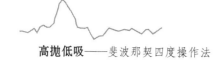

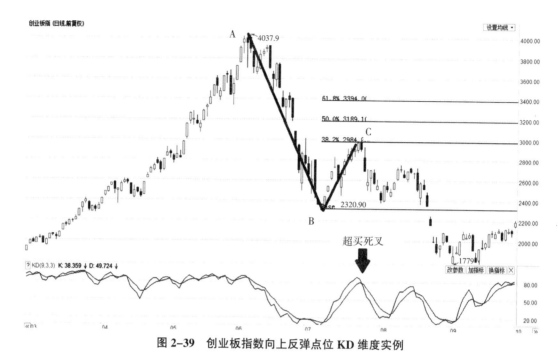

图 2-39　创业板指数向上反弹点位 KD 维度实例

最后，总结一下向上反弹点位确认的四个普遍特征：第一个特征是价格出现在斐波那契三个关键反弹点位；第二个特征是关键点位附近出现了看跌反转形态；第三个特征是对应该看跌反转形态的成交量呈现阶段性显著放量，往往是天量；第四个特征是对应该看跌反转形态的 KD 指标处于超买死叉状态。

第四节　指数上涨目标位确认方法（2）：向上扩展点位

向上扩展点位往往对应着"最后一次利多"题材，这是一种较为微妙的格局。所谓利好兑现，一般就是指这种格局。我们在《题材投机》一书中介绍了六种格局，可以与斐波那契四度操作法结合起来使用。

大盘指数持续上涨之后，什么情况下出现反转下跌呢？除了驱动层面的重大变化之外，技术点位上也有不少普遍的规律，这是本节要介绍的内容。指数的持续上涨至少有两波，我们要度量大盘可能的调整开始点或者反转下跌点，可以利用本小节传授的方法，这就是"向上扩展点位"。我们先

看模型（见图 2-40），指数从 A 点到 B 点这是第一波上涨，然后出现调整，AB 段是上涨波段，BC 段是调整波段，然后指数从 C 点开始向上上涨，那么 D 点会在什么价位出现呢？如果我们将 AB 段的价格幅度定义为单位 1，以 C 点作为零点，那么 D 点位于 0.382、0.5 或者 0.618 三个扩展点位的可能性非常大。

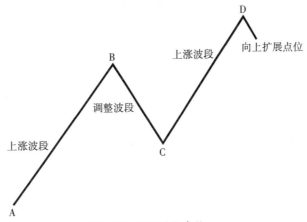

图 2-40　向上扩展点位

　　向上扩展点位具有四个普遍特征，一旦上涨过程中出现了这四个特征，则大盘调整或者反转的可能性非常大，这个时候如果能够结合驱动面来分析则成功率更高。关于大盘驱动面和心理面的系统分析方法请参考《股票短线交易的 24 堂精品课》一书的上册的相关部分，本书不再赘述。下面我们以上证指数、沪深 300 指数和创业板指数的实例来展示"向上扩展点位"的四个普遍特征。

　　上涨指数 2015 年初从 A 点上涨到 B 点，然后从 B 点回调到 C 点，此后开始快速上涨。以 AB 段价格幅度作为单位 1，以 C 点作为零点，最终指数在 0.618 点位处见顶反转，持续下跌（见图 2-41）。向上扩展点位出现在斐波那契扩展点位，这是第一个普遍特征。

　　上证指数在 0.618 向上扩展点位处出现了小双顶、吊颈线和看跌吞没等看跌反转形态（见图 2-42），进一步确认了 0.618 处的阻力。在斐波那契向上扩展点位处出现看跌反转 K 线形态，这是第二个维度上的普遍特征。

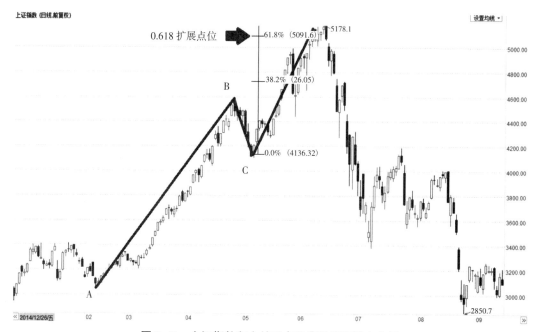

图 2-41 上证指数向上扩展点位斐波那契维度实例

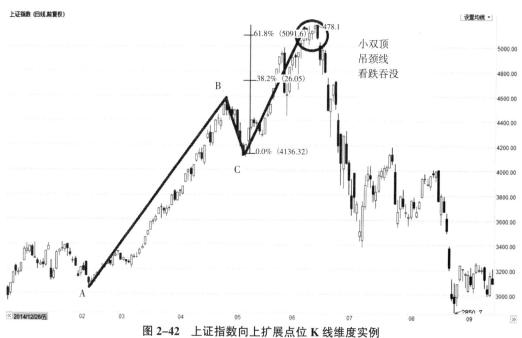

图 2-42 上证指数向上扩展点位 K 线维度实例

点位代表着比率，将其与价量形态和题材结合起来观察，我们就可以很好地把握主力资金的动向。

上证指数的反转 K 线形态对应着成交量的天量（见图 2-43），当时的市场情绪极度乐观，各种配资交易十分热闹，在这个位置上散户是非常乐观的，但是谁在大量卖

出呢？这就是聪明的资金了。反转 K 线形态对应着显著放量，这是向上扩展点位在第三个维度的普遍特征。

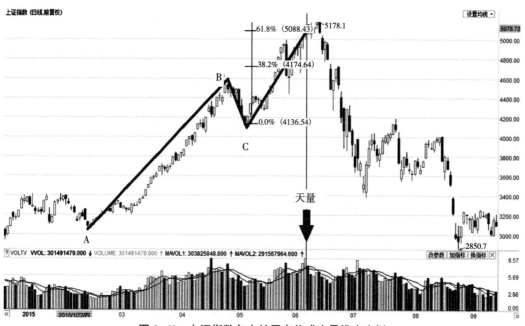

图 2-43　上证指数向上扩展点位成交量维度实例

　　上证指数向上扩展点位的反转 K 线对应的 KD 指标出现了顶背离和超买死叉，这是**动量和情绪上的见顶状态**（见图 2-44）。指数后面一个高点高于前面一个高点，但是对应的震荡指标（动量指标）的第二个高点却低于前面一个高点，则代表上涨势头衰竭。反转 K 线对应的 KD 指标处于超买死叉，这是向上扩展点位在第四个维度上的普遍特征。

　　我们再来看沪深 300 指数的实例，该指数 2013 年 8 月从 A 点上涨到 B 点，然后回调到 C 点，最后从 C 点开始新一轮上涨。以 AB 段价格幅度为单位 1，以 C 点作为零点，最终价格在 1 倍向上扩展点位处反转向下（见图 2-45）。

　　沪深 300 指数在向上扩展 1 倍点位处出现了十字星和看跌孕线，这些看跌反转形态出现在向上扩展点位处是第二个维度的普遍特征（见图 2-46）。

　　背离涉及两个变量的比较，可以是两个技术指标，也可以是一个技术指标，一个心理面指标或者技术面指标，还可能是两个金融指标。一般的背离是指价格和动量的背离。

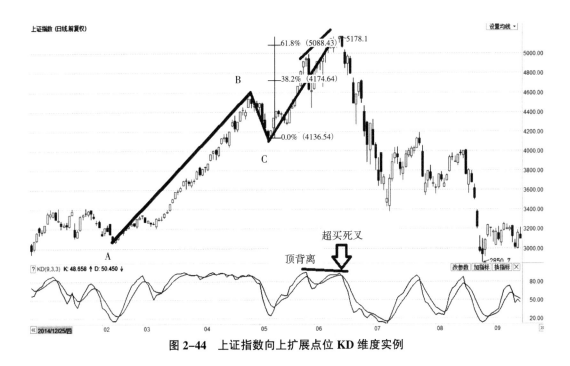

图 2-44 上证指数向上扩展点位 KD 维度实例

图 2-45 沪深 300 指数向上扩展点位斐波那契维度实例

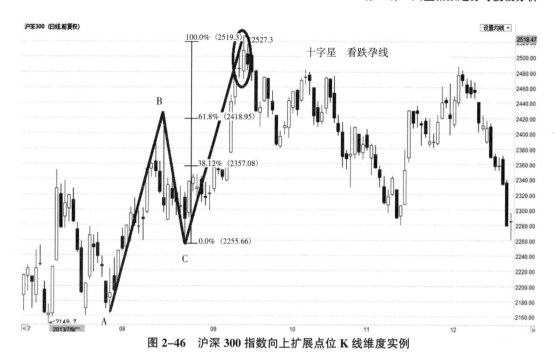

图 2-46 沪深 300 指数向上扩展点位 K 线维度实例

十字星对应的成交量是阶段性天量（见图 2-47），这符合了第三个维度的普遍特征。

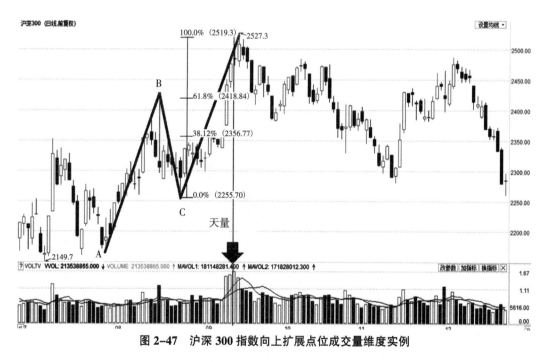

图 2-47 沪深 300 指数向上扩展点位成交量维度实例

看跌反转 K 线对应的 KD 指标处于超买死叉状态（见图 2-48），这展示了向上扩展点位在第四个维度上的普遍特征。

图 2-48　沪深 300 指数向上扩展点位 KD 维度实例

最后我们来看创业板的实例，该指数 2014 年 5 月从 A 点上涨到 B 点，然后回落到 C 点。以 AB 段价格幅度为单位 1，以 C 点作为零点，向上投射斐波那契扩展点位，价格最终在 0.618 点位处反转下跌（见图 2-49）。指数在某一斐波那契向上

图 2-49　创业板指数向上扩展点位斐波那契维度实例

扩展点位处反转或者回调是第一个普遍特征。

　　创业板指数在 0.618 向上扩展点位处出现了黄昏之星形态，这是一个看跌反转形态，这是第二个维度的普遍特征（见图 2-50）。

图 2-50　创业板指数向上扩展点位 K 线维度实例

　　创业板指数这个高位的黄昏之星对应着**阶段性天量**（见图 2-51），这是向上扩展点位在第三个维度上的普遍特征。

　　黄昏之星对应着的 KD 指标处于超买死叉状态（见图 2-52），这展示了向上扩展点位在第四个维度上的普遍特征。

　　最后，我们来归纳一下向上扩展点位的四个普遍特征，简言之，当指数持续上涨过程中出现了上述四个普遍特征时，则指数调整或者转折向下的可能性非常大。第一个特征是价格触及某一向上扩展斐波那契点位；第二个特征是在点位附近出现了看跌反转 K 线形态；第三个特征是该看跌反转 K 线形态对应的显著放量，最好是天量；第四个特征是该看跌反转 K 线形态对应的 KD 指标处于超买死叉状态。

黄昏之星代表多空转换，天量代表主力进出，两者结合起来，你能推断出什么？

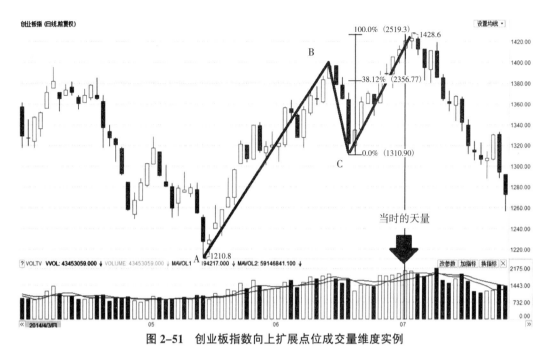

图 2-51　创业板指数向上扩展点位成交量维度实例

图 2-52　创业板指数向上扩展点位 KD 维度实例

大盘是个股操作的前提，这点大家不能忘记，所以本门课程将大盘放在个股前面做介绍。

通过本课的四个小节，相信大家对于研判大盘的波段转折点已经有了一些技巧，这些技巧帮助我们在预测**大盘波段走势方面具有更强的准确性**，但是光靠技术指标要达

到一个非常高的胜算率也是不行的，应该结合驱动分析和心理分析。较准确地预判
大盘的波段走势对于操作个股提供了很好的前提，因为大盘是个股操作的安全垫，
没有大盘的支持，个股操作起来的风险系数就比较高了。后面的课程我们将转向个
股的斐波那契四度操作法，大家应该牢记的是个股的操作必须以大盘的波段走势作
为前提，因此大盘指数的分析是非常重要的。

趋势持续中的买入点（1）：调整买入法

第一节　向下摊平与调整买入

　　股票下跌之后基本有两种情况，第一种是此后股价上升的可能性较大，第二种是此后股价继续下跌的可能性较大。对于第一种情况，我们应该利用回落的机会买入。通过买入或者增加持仓量，从而利用此后的上升趋势。随着股价再度回升，原有仓位的盈亏逐渐持平，而新增仓位则带来盈利，所以这种买入方法可谓一箭双雕。通过利用市场本身的趋势静待原有仓位自动解套，同时又不失时机地主动增加仓位，从而获得丰厚的盈利。在本课中，我们将从四个维度来剖析调整买入法，此后的三种买入方法也是按此原理展开。中肯而言，我们的经常策略都是以整体研判作为依据的。毕竟，股票短线交易是一个系统工程，单靠某一项技巧和某一点知识是无法胜任的。市面已经有的那些所谓短线交易策略，大多沉醉于一招半式，殊不知任何一次大亏或者深套都是由于操作者整体失误造成的。治病贵在标本兼治，而且又要以治本为主。所以，无论是本课的调整买入解套法，还是此后三课的短线交易策略都是以治本为主。下面就让我们解开"斐波那契四度操作法"这一短线交易策略的流程之谜吧。

　　在面临股价回落，**甚至股票被套时**，我们首要需要问的一个关键问题是市场的趋势向上还是向下。更为准确的问法是，市场究竟是向上的概率大些，还是向下的概率大些。如果市场向下的概率大些，则我们的进场策略就是逢低买入，也就是见

对于严守止损规则的交易者而言，被套要么是因为 T＋1 制度来不及止损被套，要么是因为还未达到止损点。

调整买入法适合初次进场，也适合向下摊平的加仓。升破买入法则主要适合初次进场和加仓追买，也就是向上摊平。

这里介绍的三种主要规则和三种次要规则用起来可操作性不那么强，需要长时间的经验积累。给大家一种最简单的趋势判断方法，N 字结构。向上 N 字结构出现，趋势定义为上，向下 N 字结构出现，趋势定义为下，在没有相反 N 字结构出现之前，趋势不变。

在严守止损的情况下，向下摊平是按照计划在操作，而不是单纯为了降低平均持仓成本。

位进场，相应的是我们的解套之法应该是加仓解套，也就是通过买入增加持仓量，从而利用此后的再度上涨来降低亏损，完成解套。如果市场向上的概率较大，则我们可以采用两种策略来买入或者加仓摊平，第一种策略就是本课将要谈到的调整买入法，第二种策略就是下一课将要谈到的**升破买入法**。

首先，我们需要判断目前的趋势向上的概率大不大。

其次，我们从斐波那契调整线、K 线、成交量和 SKDJ 四个维度来把握具体的调整买入时机。

最后，一旦我们较为正确和妥善地完成了上述两个步骤，则我们就可以顺利地完成短线交易的任务，这是一个自然而然的结果。

在这里，我们首先来分析一下目前趋势继续向上的概率大不大。

关于**趋势的判断有三种主要规则和三种次要规则**，我们结合实际例子来一一说明。

趋势判断的三种主要规则如下：

第一，根据 K 线此前一段走势中的实体大小来判断。如果此前出现的 K 线阳线实体都比较大，则表明市场继续向上的概率较大。那么，当股价回落的时候，我们就可以根据斐波那契四度理论提供的四维调整买入信号进场交易。而如果此前在波段高点买入被套，则**此时如果想要解套，则可以考虑调整买入，也就是向下摊平**。

第二，根据 K 线此前一段走势中两种类型的数量比例来判断。如果此前一段走势中出现的阳线数量明显多于阴线的数量，则表明市场继续向上的概率较大。那么，当股价回落的时候，我们就可以根据斐波那契四度理论提供的四维调整买入信号进场交易。而如果此前在波段高点买入被套，则此时如果想要解套，则应该考虑买入解套法，具体而言就是调整买入法。

第三，根据价格走势的高低渐次原则来判断。所谓高低渐次，是指如果高点越来越高，而低点也越来越高，则表明趋势向上；如果高点越来越低，而低点也越来越低，则表明趋势向下。将高低渐次原则简化一下，则是 N 字原理，也就是说，价格突破前高表明趋势向上，价格跌破前低表明趋势向下。

上述趋势判断方法有一个前提"趋势存在且持续"，如果在趋势转折点，那么上述方法就会失效。要真正预判趋势，还需要结合个股的题材、主力动向和大盘的走势，单靠技术分析只能确认趋势、跟随趋势。

趋势判断的三种次要规则如下：

第一，根据波段的升降时间来判断，通常而言，在趋势上的波段持续时间更久，则更为肯定的是幅度更大。如果向上的波段持续时间更久，且幅度更大，则表明市场继续向上的概率比较大。如果此前在波段高点买入不得已被浅套，则此时如果想要尽快解套，则应该考虑买入解套法，而且调整买入解套法的解套速度要快于升破买入解套法，但是成功率却低于升破买入解套法。

第二，根据更大的时间框架上的价格走势来判断。如果在日线图上操作股票，那么要判断目前的趋势，则可以看周线图甚至月线图。越大的时间框架，其代表的价格走势越具有趋势的意义。因此，通过观察周线和月线上的个股走势图，我们可以更好地确定个股的趋势。

第三，根据趋势技术指标来判断，最为有效和常用的趋势指标是移动平均线，除此之外，还有 MACD 等基于移动平均线的趋势指标。当据以判断趋势的技术指标显示此后股价继续上升的可能性较大时，则应该继续持股。此时，如果在高位买入不得已被浅套，则应该采用回调买入法来摊平成本。

我们已经完整地介绍了三种主要的趋势判断方法和三种次要的趋势判断方法。下面，我们就向大家传授如何寻找具体调整买入时机的方法。调整买入解套法的时机把握

SKDJ 和 KD 在绝大多数软件上都是一个指标，名称区别而已。

主要从四个方面入手：斐波那契分析、K线分析、成交量分析和SKDJ分析四个维度。这里需要强调的一点是，无论你此前判断的方向如何，此时寻找具体进场时机和位置的重要性更大。位置比方向更具有实践意义，因为方向的预测往往不是那么准确，一个新手对方向判断的成功率为50%，而一个老手未必比这个高。那么，为什么一个成熟和富有技巧的交易者能够持续在市场中生存和获利呢？关键一点就是他们重视并且善于寻找到有利和恰当的进场位置和买入时机。下面，我们就来介绍在调整买入法时采用的进场时机分析技术。

第二节　维度一：调整买入时机的斐波那契分析

浅套是因为外界的原因导致来不及止损，止不了损或者是还没有到止损位。深套则说明你完全违背了短线操作的纪律。当然，极少数情况下会出现连续跌停，无法出场而深套的情况，这时也可以用调整买入法摊平。要从本金安全的角度来对付这种情况，就必须分散资金操作。

当我们准备逢低买入或者逢低加仓时（波段高位买入**股票不得已被浅套后**），根据趋势分析，发现此后继续上升的可能性比较大，则我们就应该首先进行斐波那契分析，查看价格是否到达某一关键位置，是否已经企稳，从而初步确认进场买入的时机（见图3-1）。如图3-2所示，A点是我们第一次买入的位置，此点是上升趋势中的一个波段的高点，买入后股价下跌，我们被套，但是根据分析趋势仍旧是向上的，所以我们寻找价格在某一斐波那契位置企稳的迹象，终于价格在B点附近的斐波那契回调线处企稳，于是我们寻求进一步的证据来确认B点附近是调整买入的恰当时机，这就涉及从K线、成交量和SKDJ三个角度的进一步分析了。在本小节，我们主要介绍如何利用斐波那契分析初步确认调整买入的时机。在接下来的三个小节中，我们将要介绍其他三个维度，并且在最后一个小节将这些分析综合起来给出一个完整的分析示范。

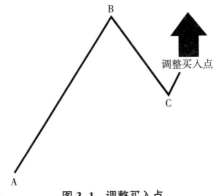

图 3-1　调整买入点

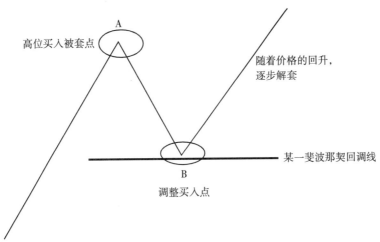

图 3-2　调整买入点和向下摊平解套

股价在上升趋势中的回调一般会在斐波那契的特定回调线止步，然后重拾上升势头。那么什么是上升趋势中的斐波那契回调线呢？如图 3-3 所示，价格从 A 点上升到 B 点，A 点是此波段的最低点，B 点是此波段的最高点，然后价格从 B 点开始往下，并且在 C 点处继续发展，也就是说 C 点并不固定。我们以 B 点为斐波那契分割的起始点，以 A 点为斐波那契分割的终止点，将 AB 线段总长度设定为 1，然后以 B 点为 0，A 点为 1 进行分割，分割比率为 0.236、0.382、0.5、0.618、0.809 等，通常使用斐波那契分割比率的市场分析人士认为 0.382、0.5 和 0.618 是最为常用的分割比率，因为市场往往在回调到这些位置时企稳然后回升，但是根据我们的统计结果，0.809 也是不可忽视的，在 A 股市场上上述五个比率都容易出现，如果一定要指出最有效的止跌比率，则是 0.618。

高抛低吸——斐波那契四度操作法

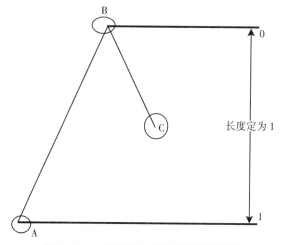

图 3-3　上升趋势中的斐波那契回调线

实际运用中可以化繁为简，只采用 0.382、0.5 和 0.618 三个点位。0.236 点位在大波段之后的回调可以用，0.809 则可以运用于小波段之后的回调。

　　下面我们在一个真实走势上做出上升趋势中的斐波那契分割。图 3-4 是上证指数的日线走势图，AB 是一个上升波段，A 点是这个上升波段的最低点，B 点是这个上升波段的最高点，以 B 点为 0，A 点为 1 做斐波那契分割，**得出了 0.236、0.382、0.5、0.618、0.809 五个分割位置**，这里我们可以大致看到上证指数在从 B 点回落后在 0.5 附近两次

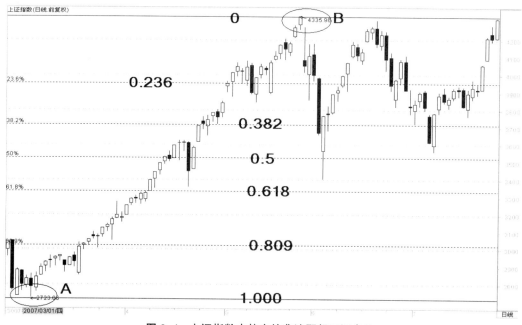

图 3-4　上证指数走势中的斐波那契回调点位

获得强劲支撑，此后反弹回升，一直上升到 6000 点附近。从图 3-4 中我们就掌握了具体的斐波那契在上升趋势中的回调分割的计算方法。接下来我们就讲讲如何具体运用 0.236、0.382、0.5、0.618 和 0.809 五个斐波那契分割位置确认调整买入点的方法和实例。

　　在图 3-4 中，我们展示了上涨趋势中回调后做出的斐波那契分割线，A 点是上涨波段的起点，B 点是上涨波段的终点，以 AB 段为单位长度 1 做分割，B 点是 0，A 点是 1，分割得到 0.236、0.382、0.5、0.618、0.809 几条分割线，这些线与 1.000 和 0 这两条线一起构成了整个上涨回调斐波那契分割线的基础。

　　下面，我们就从 0.236 分割线开始给出具体的实例，通过实例了解如何利用斐波那契分析法掌握具体的进场时机。图 3-5 是万科 A 的日线走势图，假如交易者在上涨趋势中的 B 点附近买入，此后价格回调被浅套，但是当价格回调到 0.236，也就是图 3-5 中的 C 点位置附近时获得支撑，然后我们能够结合其他技术指标一同确认，则可以在此处附近加码买入，通过向下摊平来降低持仓的平均成本，当价格回升时，C 点买入的仓位开始获利，这极大地降低了 B 点被套仓位的亏损程度，随着价格的不断回升，整个持仓扭亏为盈，股票也就解套了。如果此前未被浅套，则可以在 C 处开立底仓，也就是初次买入。

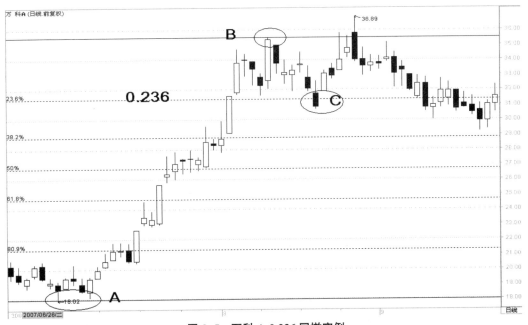

图 3-5　万科 A 0.236 回撤实例

0.382 是比较好的买入机会，部分强势股会在第一波上涨之后回调到 0.382，然后开始第二波上涨。

图 3-6 显示了深发展的一段时期内的日线走势，该股从 A 点上涨到 B 点，然后开始回调，我们以 AB 段做斐波那契分割。如果此前的趋势分析认为该股还有继续上涨的可能性，**那么当股价回落到 C 点时确认了支撑，则可以逢低买入**。假如交易者在 B 点附近买入被套，而且根据趋势分析得出结论，股价继续下跌的可能性非常小，则可以等待股价在某一斐波那契位置出现止跌特征。在此例中，股价在 C 点，也就是 0.382 位置附近止跌企稳，我们就可以在此加仓买入，向下摊平持仓成本，随着此后股价的回升，我们被套的该股仓位自然也就解套了。

图 3-6　深发展 A 0.382 回调实例（1）

图 3-7 显示了另一个上涨趋势中回调到 0.382 获得支撑的例子，这还是深发展 A 的日线走势图。股价从 A 点几次跳空后急拉到 B 点，在 B 点处追买的散户肯定被套。假如我们根据其他的技术指标判断得出，向上趋势概率仍旧很大，则我们可以等到股价在某一斐波那契回调位止跌，然后逢低买入或者利用向下摊平法加码买入，从而降低持

仓的平均成本。此后股价在 0.382 回调线处获得支撑，于是我们加码买入深发展 A，此后股价回升，我们逐步解套，扭亏为盈。

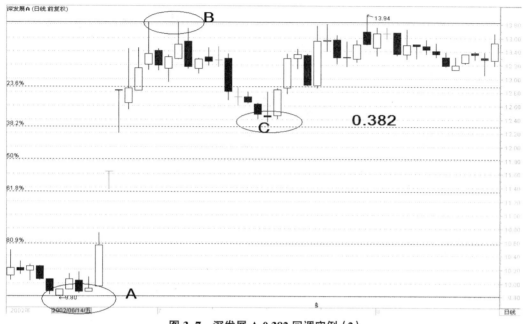

图 3-7　深发展 A 0.382 回调实例（2）

图 3-8 为深发展 A 的日线走势图，在图 3-8 中，股价从 A 点上升到 B 点，之后出现了回落，如果交易者在 B 点附近买入被套，而且判断此后趋势仍旧向上的概率极大，那么就可以等到股价跌至某一斐波那契回调线处企稳时加码买入，以便摊平平均持仓成本。当股价跌到 0.5 回调位置附近，也就是 C 区域时，股价反复震荡构筑起一个可能的小平底，于是我们逢低买入或者加仓买入，这样就降低了总体的持仓成本，随着股价再度回升，并创出新高，我们顺利解套，并且扭亏为盈。

图 3-9 再次展示了 0.5 回调位置的强大支撑效果，图 3-9 也来自于深发展 A，同一只股票出现了这么多符合斐波那契分割比率的行情，坦白而言，我们基本上没有刻意筛选出那些符合我们论点的论据。图 3-9 中深发展 A 股价由 A 点上涨到 B 点，不少交易者很可能在 B 点附近被套，但是由于趋势仍旧向上，所以我们可以等待股价在某一关键回调位置企稳时，逢低买入或者加仓买入。图 3-9 中深发展股价在 0.5 回调位置处获得支撑，此前在 B 点附近被套的交易者可以在此 0.5 回调位置处加仓买入，降低持仓的平均成本。加码后不久，深发展 A 开始拉出两根大阳线，解套的同时也获得了一些盈利。

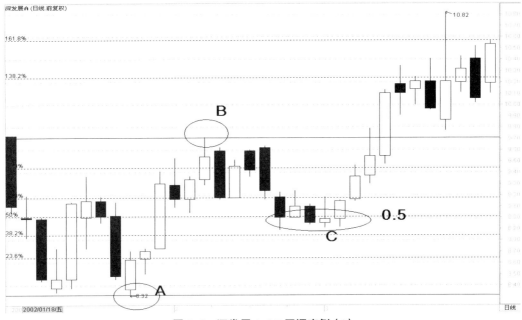

图 3-8　深发展 A 0.5 回调实例（1）

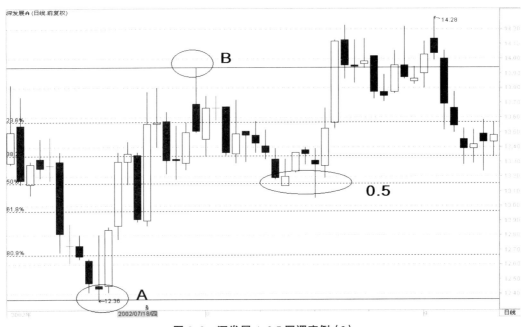

图 3-9　深发展 A 0.5 回调实例（2）

　　其实，在股票买卖中，0.5 是一个经常显现出强力作用的支撑位置，图 3-10 同样也是来自深发展 A 的日线走势图，该图显示出了 0.5 存在的强力支撑，而此强力支撑恰恰为交易者提供了逢低买入或者低位补仓，降低持仓成本的机会。请大家将

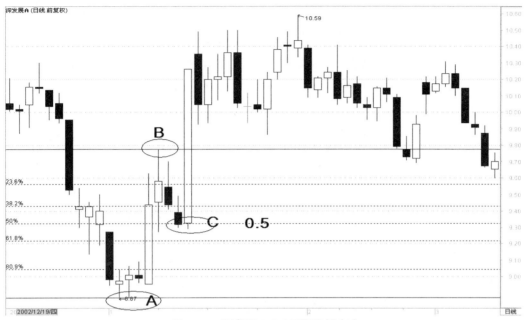

图 3-10 深发展 A 0.5 回调实例（3）

0.5 回调的效力牢记于心，在逢低买入或者每次向下摊平的时候对该位置多加关注。

图 3-11 展示了另外一个强支撑，这就是上升途中出现的 0.618 回调位置。在图 3-11 中，股价由 A 点上升到 B 点，不少交易者在 B 点附近买入，此后随着股价

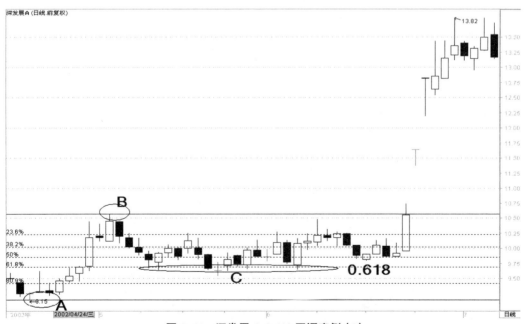

图 3-11 深发展 A 0.618 回调实例（1）

的大幅回调而被套，此后股价自 0.618 回调位置处获得支撑，具体表现为长时间的横盘整理。空仓的交易者可以逢低在 C 区域买入，而在 B 点被套的交易者则可以选择在 C 区域加码买入，然后等待股价回升自动解套。

图 3-11 展示的 0.618 回调支撑并不是那么清晰，我们来看图 3-12 展示的一个更为清晰的例子。在图 3-12 中，股价由 A 点上升到 B 点，在 B 点附近买入该股的交易者随着此后股价大幅调整而被套。当股价跌到 0.618 回调位置时，进行了有力的回升，空仓的交易者可以逢低在 C 区域买入，而此前被套的交易者可以考虑在 C 点附近买入，此后价格回升被套仓位自然解套，而且还可以获取一定的利润。

图 3-12　深发展 A 0.618 回调实例（2）

在价格的细小运动中，0.618 回调支撑位置的作用也很显著。在图 3-13 中，价格的运动幅度较小，先是从 A 点上升到 B 点，此后股价跌至 0.618 回撤点 C。**不少超短线交易者在 B 点买入该股，随着股价的下跌调整而被套。当股价跌到 0.618 附近时止跌**，明智的短线交易者应该在此位置处逢低买入或者加仓买入以便降低平均持仓成本，此

0.618 这个位置属于深幅回调了，除非此前上涨波段幅度不大，短线交易者如果不是计划分批建仓的话，不会套在波段顶部然后被套至此。

后价格如预期回升，此前被套的仓位自然解套了。

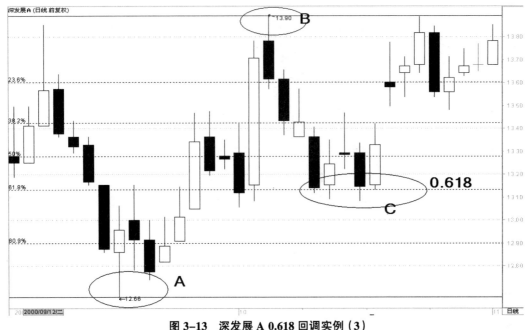

图 3-13　深发展 A 0.618 回调实例（3）

根据我们长期对 A 股走势的研究发现，股价上升调整中的 0.618 支撑是非常强大的。图 3-14 展示了深发展 A 日线走势图上的一次如此平常的 0.618 回撤支撑。

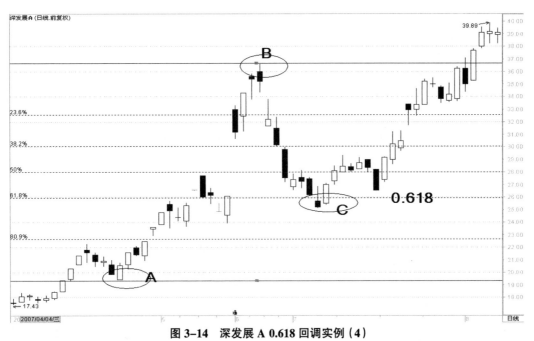

图 3-14　深发展 A 0.618 回调实例（4）

股价从 A 点开始上升，在 B 点处开始回调，不少在该点附近买入的股民被套。凶猛下跌之后，股价在 0.618 处企稳。空仓的投资者可以逢低在 C 区域买入，而被套的投资者可以在 C 点处加仓向下摊平，此后股价回升，自然解套，而且有较为丰厚的盈利。

图 3-15 显示了比较少见的 0.809 回调支撑，股价由 A 点上升到 B 点之后出现了大幅度的回落，通常情况下应该早就止损了，如果没有及时止损，而价格又在 0.809 附近获得支撑，则可以考虑加码买入，以便降低平均持仓成本，随着此后价格的回升，被套仓位自然解套，加码仓位挣得了盈利。空仓的投资者可以逢低在 C 区域买入，此后价格回升幅度很大，自然获利丰厚。

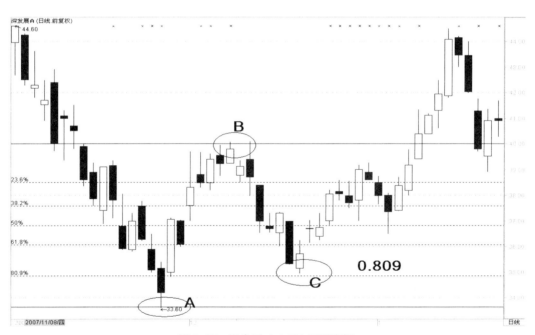

图 3-15　深发展 A 0.809 回调实例

用四个维度来锁定进场点和出场点，这就是多重过滤技术的特点，也是高胜算率的保证。

我们以丰富的实际例子深入说明了调整买入解套时机把握的第一个维度：斐波那契分析。虽然这是一个强有力的短线进场和加仓的工具，但是**光有这一工具肯定是无法满足短线交易的实际需要的**，所以我们还需要接着介绍其

他三个短线进场和加仓的工具，只有综合使用这四个工具，我们才能真正做到成功交易，稳健获利。

第三节　维度二：调整买入时机的 K 线分析

在本节，我们将介绍提供调整买入信号的 K 线形态和形态组合，我们首先介绍每一种 K 线信号的特点，然后会给出一两个结合斐波那契分割研判的实例。不过，我们这里仍旧以介绍 K 线本身为主，对于综合运用和整体示范，我们将在本课的最后一节讲解。

第一种调整买入 K 线形态是锤头形态。所谓的锤头形态也就是在下跌趋势中出现的一种看涨转折形态，当然，这种形态之后的股价未必一定会上涨，还需要结合其他信息进行确认。如图 3-16 所示，圈注的这根 K 线就是锤头形态，实体位于整个 K 线的上部，下影线是实体长度的至少两倍，最好没有上影线，当这样一根 K 线出现在下降趋势之后时就是所谓的"锤头形态"。这里需要强调的是锤头形态之前的价格走势一定要向下。当出现这样的 K 线形态时，股价后市看涨概率就大大增

图 3-16　锤头形态

加了。

图 3-17 是深振业 A 的日线走势图，图中圈注的 K 线是一个不太标准的倒锤头，因为影线的长度没有达到实体的两倍，这体现了 K 线研判模糊的一面，不过我们如果想要提高胜算率就必须尽量寻找那些最符合标准定义的锤头形态。还需要注意的一点是，锤头形态实体部分的颜色并不重要，无论是白色（见图 3-17）还是黑色（见图 3-18）都是可以的，关键是下影线的长度是实体长度的两倍，而且没有上影线（稍微放宽一点，就是几乎没有上影线）。

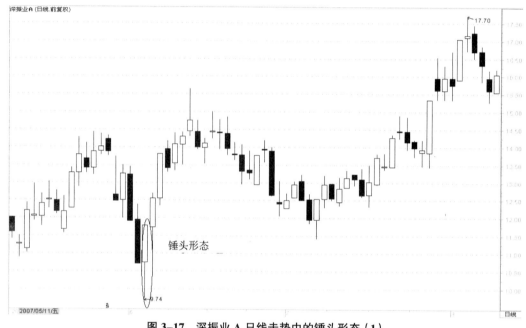

图 3-17　深振业 A 日线走势中的锤头形态（1）

图 3-18 也是深振业 A 的日线走势图，圈注部分是一个锤头形态，下影线是实体部分长度的两倍以上，但是存在较短的上影线。这是一个不太理想的锤头形态，不过关键的要素还是具备，此后价格确实也进行了大幅度的反弹。

我们接着来看一种由锤头形态演变而来的特殊形态，这就是蜻蜓十字。当开盘价和收盘价都位于 K 线的顶部，且几乎等于最高价时，就得到了蜻蜓十字。锤头形态的实体部分如果成了一根横线，就得到了蜻蜓十字。这类看涨形态的出现概率没有标准锤头那么高，但是其看涨意味很浓。图 3-19 的 ST 达声日线走势就展示了一个蜻蜓十字的止跌力量。

图 3-18 深振业 A 日线走势中的锤头形态（2）

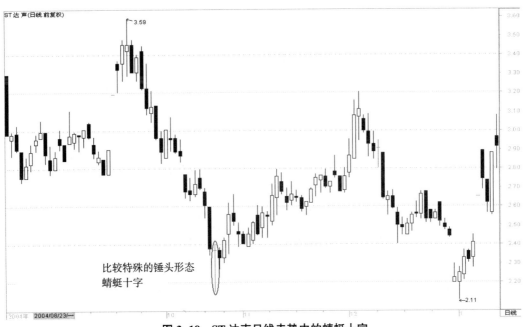

图 3-19 ST 达声日线走势中的蜻蜓十字

越是标准的锤头形态，其预报上涨的准确性越高；**越不标准的锤头形态，其预报上涨的准确性越低**。图 3-20 的深振业 A 日线图走势就直观地显现出了这一点。左边第一

> 形态的标准与否与形态的预判效率有密切关系，实体和影线的长度是形态标准与否的重要度量。

个圈注处的 K 线为一根有着明显上影线的锤头 K 线，由于这根 K 线并不标准，所以其准确性值得怀疑。第二个圈注处的 K 线为一根上影线极不显著的锤头 K 线，由于这根 K 线更为标准，所以其准确性更高。两处锤头 K 线之后的走势也部分证明了上述研判，这表明 K 线分析夹杂着艺术与科学的成分，如果过于严谨，恐怕很难找到对号入座的标准形态，但是如果过于宽松又会使得分析的准确率大大下降。

图 3-20　锤头形态的研判效率

　　通常来说，有效的锤头 K 线都对应着较小的成交量变化，如图 3-21 中的 B 点和 D 点搭配，而失效或者无效的锤头 K 线则对应着比较大的成交量变化，如图 3-21 中的 A 点和 C 点搭配。真正的阶段性底部是没有显著的成交量的，通常底部都是地量。所以，我们也可以通过成交量的变化来识别出哪些是有效的锤头看涨信号，哪些是无效的锤头看涨信号。

　　我们再来看看如何将锤头形态与斐波那契分析结合起来使用，毕竟只有当交易者能够将本书的四个工具综合起来使用时才能成功地进行交易。图 3-22 是 S*ST 物业的日线走势图，股价由 A 点上升到 B 点，在 B 点买入该股的交易者随着股价回落而被套。空仓的交易者可以在回落低点建仓，而如果交易者没有及时止损，则应该等到股价在某一斐波那契回调位置企稳时考虑加码买入，以便降低持仓的平均成本。股价在 0.5 回调位置处获得支撑，而此时出现的 K 线为锤头形态，两者结合起

来就可以得到一个更强的买入时机信号，此时在 C 点附近加码买入，随着该股回升，先前在 B 点被套的筹码很快解套，随着股价进一步的回升，盈利出现。

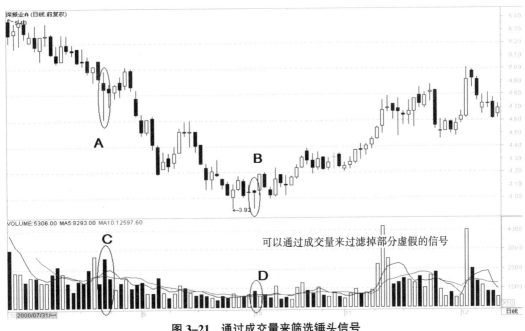

图 3-21　通过成交量来筛选锤头信号

图 3-22　锤头和 0.5 点位的叠加实例

图 3-23 显示了 0.382 回调位置和锤头形态共同构成看涨信号的实例，这是 ST 达声的日线走势图。空仓的交易者可以在回落低点建仓，而当交易者在 B 点附近买入被套后，股价在 0.382 附近企稳，不久出现了一根不那么标准的蜻蜓十字，交易者可以在此加码，降低持仓成本，随着此后股价的回升自然解套。

图 3-23　0.382 回调位置和蜻蜓十字共同构成看涨信号的实例

看涨吞没的有效性要强于锤头形态。

第二种调整买入 K 线形态是**看涨吞没形态**。所谓看涨吞没，也要求此形态出现前股价处于下降趋势，然后出现了一根实体中等或者较小的阴线，接着出现一根实体较大的阳线，阳线实体覆盖阴线实体。图 3-24 是 ST 星源的日线走势图，圈注处就是一根看涨吞没 K 线。通常而言，看涨吞没对后市上涨的预报准确率最高，所以应该主要关注 0.5 和 0.618 两个回调位置处是否出现了看涨吞没。

图 3-25 是 ST 达声的日线走势图，该图圈注处是一个较为标准的看涨吞没形态。

图 3-24　ST 星源日线走势图中的看涨吞没形态

图 3-25　ST 达声日线走势图中的看涨吞没形态

如果阴线的实体成了一根横线，甚至整个 K 线的四个价格合一，这就得到了特殊的看涨吞没形态。图 3-26 是 ST 达声的日线走势图，由于连续跌停后拉出一根实体极大的阳线，这就构成了看涨意味着非常浓的特殊的看涨吞没形态。这种特殊

低开高走形成吞没，低开创出新低，高走收出光头阳线。低开创新低制造了空头陷阱，这点很重要。

的看涨吞没形态比其他类型的**看涨吞没形态对上涨的预报更为准确。**

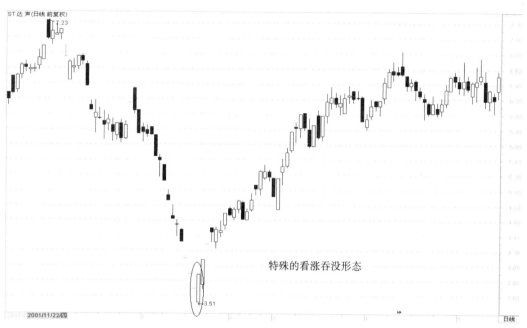

特殊的看涨吞没形态

ST 达声(日线 前复权)

17.23

2001/11/22/四

日线

图 3-26　ST 达声日线走势图中的特殊看涨吞没形态

在使用 K 线研判的时候，我们还可以将两种以上的 K 线形态结合起来使用，将支撑阻力线加入其中一起研判也是非常好的方法。图 3-27 是 ST 达声的日线走势图，左边第一个圈注处是一个锤头形态，并且也是一个阶段性底部，这构成了一处水平支撑。当股价第二次跌到这一位置时，出现了一根看涨吞没形态 K 线。也就是说，看涨吞没形态确认了此处支撑的有效。这是一个成功率极高的调整买入位置。如果是空仓的投资者则可以在此看涨吞没出现时逢低买入，如果有投资者在高位被套，则在此看涨吞没出现时加码买入，可以降低持仓成本，从而随着此后股价的回升而自然解套。

图 3-27　看涨吞没形态与支撑线的结合使用

现在我们再来向大家简单演示一下，如何将看涨吞没形态与斐波那契分析结合起来使用。如图 3-28 所示，该股从 A 处上涨到 B 处，在 B 处附近买入的投资者肯定被套，此后股价大幅回落。空仓的投资者则可以在 C 点附近逢低买入，建立底

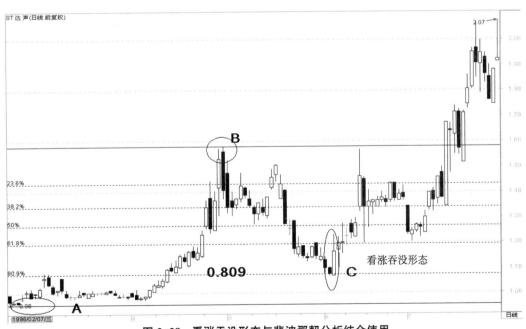

图 3-28　看涨吞没形态与斐波那契分析结合使用

仓。假定投资者没有及时止损，从而陷入了深度套牢的境地，当股价到达 C 点时，股价企稳，而该处恰好是 **0.809 回调位置**，更为重要的是出现了看涨吞没形态，进一步确认了此处支撑的有效。于是，被套的投资者可以尝试在此处加码买入，降低持仓成本，此后股价回升，自然解套，并且获得利润。

图 3-29 显示了另一关键回调位置 0.5 和看涨吞没形态的结合使用。该股从 A 点上涨，到了 B 点出现深幅回调。空仓的投资者则可以在 C 点附近逢低买入，建立底仓。在 B 点追高买入的投资者被套。当股价下探到 0.5 回调位置时企稳，同时出现了看涨吞没形态，此时正是加码买入降低持仓平均成本的好时机。在 C 点附近加码买入后，股价出现回升，自然解套。

0.809 回撤点位属于深幅回撤，就艾略特波浪模型而言，这种深幅回撤点常见于第二浪和 ABC 调整浪。

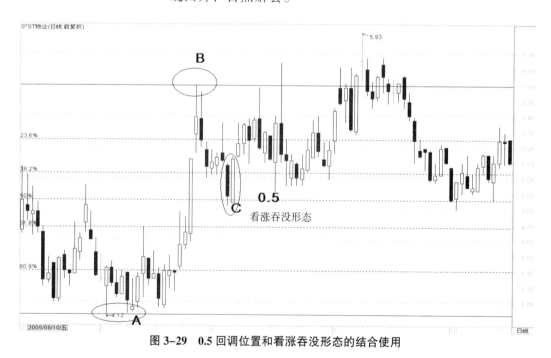

图 3-29　0.5 回调位置和看涨吞没形态的结合使用

图 3-30 显示了另一个 0.809 回调位置和看涨吞没结合使用的例子，但是特殊之处在于股价两次下探 0.809 位置，**第一次是以锤头形态确认此支撑有效，第二次是以看涨吞没形态确认此支撑有效。**

第一次下探的时候建仓或者加仓就已经完成了，第二次则是有惊无险的再度确认而已。

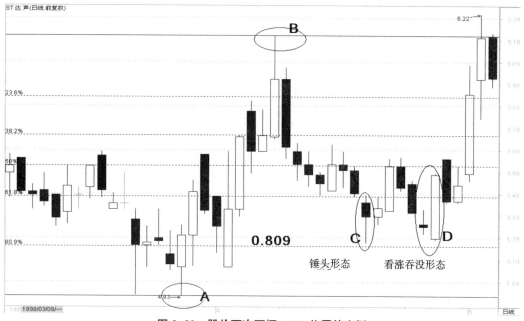

图 3-30　股价两次下探 0.809 位置的实例

第三种调整买入 K 线形态是刺透形态。这种形态对上涨的预报准确率要低于看涨吞没形态，因为**刺透形态**其实是一种残缺的看涨吞没，也就是说，阳线的实体覆盖了阴线实体的下端，但是阳线实体的上端仅仅是超过了阴线实体的中线位置。图 3-31 是 ST 达声的日线走势图，圈注处就是一个刺透形态。由于这是一种较弱的看涨信号，所以我们不推荐在向下摊平时使用。

刺透形态与乌云盖顶互为镜像形态。

第四种调整买入 K 线形态是**早晨之星**形态。这是一种预报准确率较高的看涨形态。该形态出现之前股价必须处于下跌趋势之中，这是运用此形态的前提。然后，出现一根实体较大的阴线，接着在阴线的底部位置出现一根实体极小的 K 线，这根 K 线可以是阴线，也可以是阳线，是十字线更好，此后出现一根实体较大的阳线，此阳线的开盘价在前一根 K 线之上。图 3-32 的 ST 达声日线走势就有一处早晨之星形态。

早晨之星形态是黄昏之星的镜像形态。

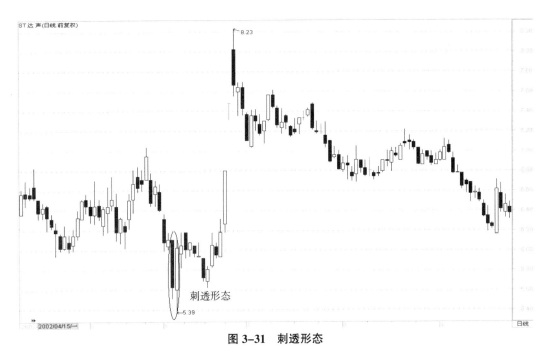

图 3-31　刺透形态

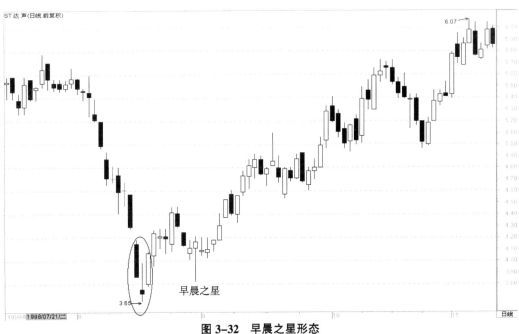

图 3-32　早晨之星形态

小实体 K 线多，表明多空均衡的时间更长。

有时候大阴线和大阳线之间的**小实体 K 线**并不只有一根，而可能是 2~3 根，如图 3-33 中圈注的特殊早晨之星。这种早晨之星的看涨意味也非常浓。

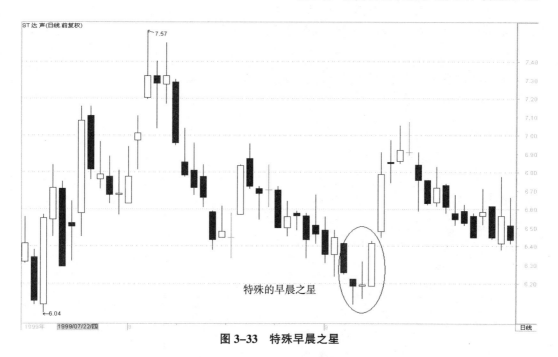

图 3-33　特殊早晨之星

我们这里简单地将早晨之星与斐波那契分析结合起来使用，图 3-34 是 ST 宝利来的日线走势图，股价由 A 点上涨到 B 点，之后出现回落。在 B 点买入的投资者被套，此后股价在 0.382 回调位置处获得支撑，与此同时出现了早晨之星，进一步确认了此处的支撑有效。所以，空仓的投资者可以在 C 点附近逢低买入，建立底

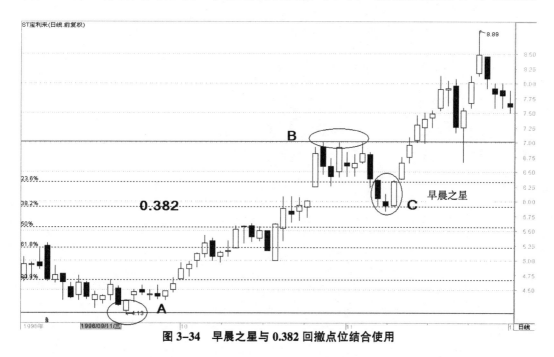

图 3-34　早晨之星与 0.382 回撤点位结合使用

仓。被套的投资者可以在 C 点附近加码买入，降低持仓的平均成本，此后股价回升自然解套。

第五种调整买入 K 线形态是倒锤头形态。这是一种倒置的锤头形态，如图 3-35 和图 3-36 中出现的倒锤头形态，图 3-35、图 3-36 中还同时出现了其他看涨形态。

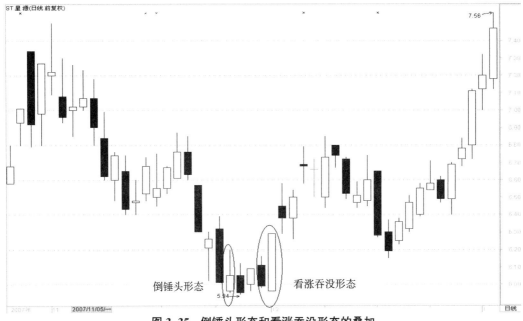

图 3-35　倒锤头形态和看涨吞没形态的叠加

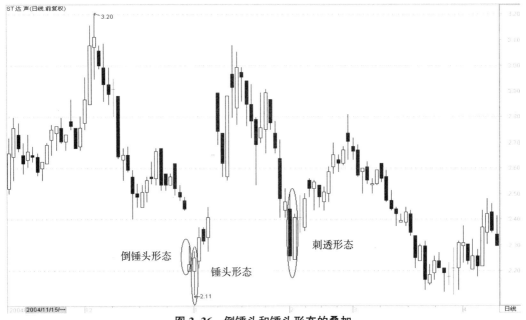

图 3-36　倒锤头和锤头形态的叠加

当两个以上的看涨形态接连出现时，看涨意味就更浓了，这就是"看涨形态的叠加"。图 3-35 中是倒锤头形态和看涨吞没形态的叠加；图 3-36 中是倒锤头和锤头形态的叠加。在图 3-36 中出现了刺透形态则不属于叠加，因为是间隔了一段较长时间之后才出现的。

下面，我们简单介绍一下如何将倒锤头形态与斐波那契分析结合起来使用。如图 3-37 所示，最开始股价由 A 点向 B 点上升，在 B 点附近买入的投资者随后被套。此后股价在 0.5 位置处窄幅整理，有企稳迹象，出现了两个倒锤头，构成了"叠加的倒锤头"，此后股价回升，形成小双底。空仓的投资者则可以在 C 点附近逢低买入，建立底仓。当被套投资者在 0.5 附近见到叠加的倒锤头时就可以考虑加码买入，降低持仓成本，此后股价突破小双底颈线时也可以继续加码买入。随着股价回升，很快解套。

图 3-37　倒锤头形态与斐波那契分析结合使用

第六种调整买入 K 线形态是看涨母子形态。看涨母子形态的准确率没有看涨吞没、早晨之星高。这一形态出现之前的股价走势必须是向下的，首先是一根实体较大的阴

从空头主导转向均衡，表明空头势力相对下降。

线出现，接着是一根实体较小的阳线出现，此阴线的实体覆盖住此阳线的实体（最好是覆盖住整根阳线），这就是看涨母子形态，这反映出了市场力量由空方主导走**向了均衡**。图 3-38 ST 星源日线走势图给出了一个看涨母子形态的实例。

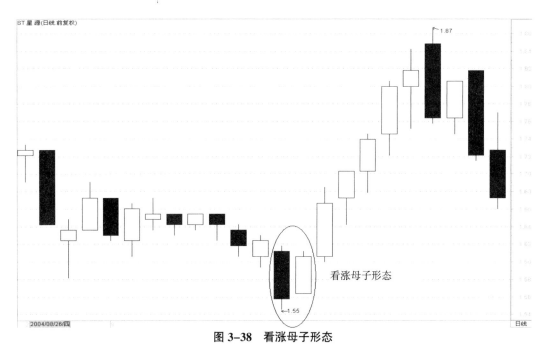

图 3-38　看涨母子形态

本例中第二个看涨母子形态对第一个看涨母子形态的跌破属于空头陷阱，跌破后反涨，后市看涨。

什么题材冲击下会出现这种叠加形态呢？大家动脑筋思考一下。

图 3-39 是深振业 A 的日线走势图，该图中**有两个看涨母子形态**。

图 3-40 是 ST 达声的日线走势图，该图中出现了看涨形态的叠加，具体而言是**看涨母子形态与看涨吞没形态的叠加**。这一叠加反映了市场由空方主导到多空均衡，再到由多方主导。这是一个预报准确率非常高的看涨形态。

我们来看看如何将看涨母子形态与斐波那契分析结合起来使用。图 3-41 是 ST 宝利来的日线走势图。该股由 A 点上涨到 B 点，之后出现回调，此后价格在 0.382 位置附近企稳，并出现了看涨母子形态。空仓的投资者可以在 C 点附近逢低买入，建立底仓。对于在 B 点附近买入被套的投资者，这是一个可以酌情加码买入的位置。大胆的投资

者可以考虑在 C 点附近加码买入，此后股价回升即可自然解套。

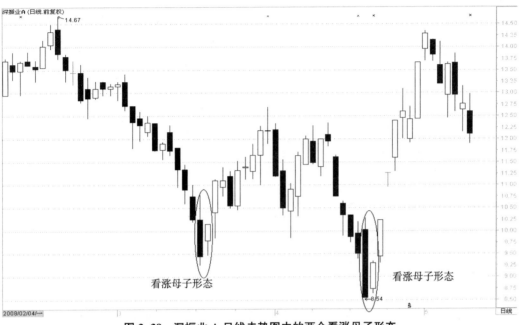

图 3-39 深振业 A 日线走势图中的两个看涨母子形态

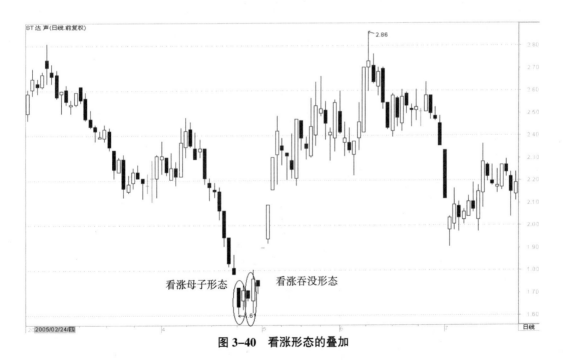

图 3-40 看涨形态的叠加

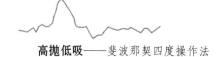

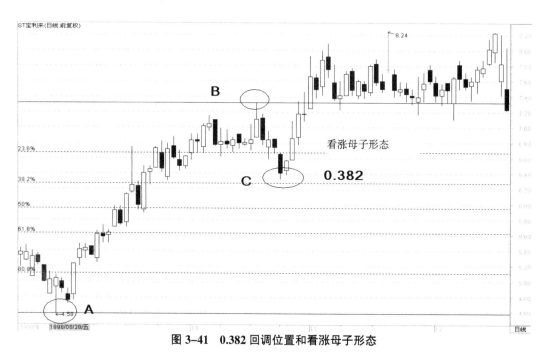

图 3-41　0.382 回调位置和看涨母子形态

有时候，我们介绍过的这些看涨形态会同时出现，这就是看涨形态的叠加。下面我们就来看看如何将看涨形态叠加与斐波那契分析结合起来使用。我们来看图 3-42，股价从 B 点回落，此后股价在 0.618 以下窄幅盘整，有企稳迹象，更为重要的是期

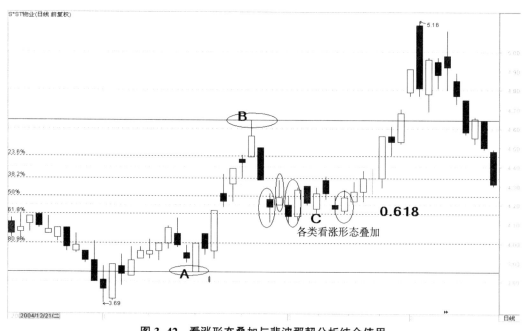

图 3-42　看涨形态叠加与斐波那契分析结合使用

间接连出现的锤头、倒锤头，看涨吞没和看涨母子形态更是确认了该支撑的有效性，空仓的投资者可以在 C 点附近逢低买入，建立底仓。股价从 B 点回落，在该点附近买入的投资者被套，叠加的看涨形态在 0.618 回调位置附近出现，这是被套投资者加码买入以便解套的最好时机。

第四节　维度三：调整买入时机的成交量分析

在本课第二节我们介绍了斐波那契分析在调整买入和向下摊平中的运用，在第三节我们介绍了看涨 K 线形态在调整买入和向下摊平解套中的运用。在本节我们将深入传授利用成交量确认最佳调整买入时机的要诀。调整买入和向下摊平时，我们可以根据如下规律来确认买入时机：涨时放量，跌时缩量，则可以买入。图 3-43 是南玻 A 日线走势图，注意该图中股价上涨时，成交量逐步放大，股价下跌时成交量逐步萎缩。**但就成交量特征而言，C 点附近**

这里研究的成交量特征范围更广，不局限于某一日的成交量特征。

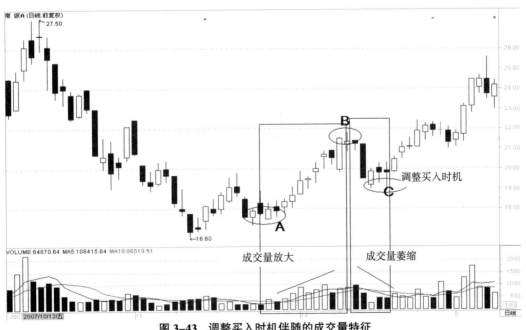

图 3-43　调整买入时机伴随的成交量特征

就是调整买入的一个时机。空仓的投资者可以在 C 点附近逢低买入，建立底仓。那些在 B 点附近买入被套的投资者可以在 C 点附近加码买入，降低持仓成本，等到价格回升时解套。但是，真实的调整买入和向下摊平操作还需要符合更多的条件，我们不能仅仅关注成交量，还需要关注斐波那契比率、K 线形态等。

图 3-44 演示了 K 线和成交量的结合使用。回调中，成交量逐步萎缩，在成交量萎缩到极点时出现了早晨之星。K 线形态看涨，成交量走势也看涨，这给予了空仓投资者逢低买入的机会和解套者向下摊平的操作机会。

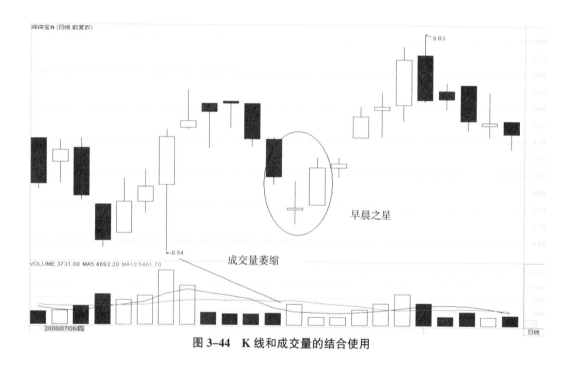

图 3-44　K 线和成交量的结合使用

图 3-45 是将成交量分析与斐波那契分析结合起来使用。股价由 A 点上涨到 B 点，此后股价回调。在 B 点买入的投资者被套，股价在 0.382 处窄幅整理，有企稳迹象，同时成交量也萎缩到了极点，两者综合起来得到一个极好的调整买入机会。空仓的投资者可以在 C 点附近逢低买入，建立底仓。

我们最后给出几个将斐波那契分析、K 线分析和成交量分析结合起来使用的例子。图 3-46 是深深宝 A 的日线走势图，该股由 A 点上涨到 B 点，之后股价下跌。在 B 点附近买入的投资者被套，之后价格跌到 0.5 位置时出现看涨母子形态，与此

同时**成交量急剧萎缩**。被套的投资者可以考虑在 C 点附近酌情加码买入该股，降低持仓成本，利用向下摊平解套。空仓的投资者可以在 C 点附近逢低买入，建立底仓。

缩量下跌之后，需要放量上涨来确认重回升势，哪怕一日放量阳线也可以。

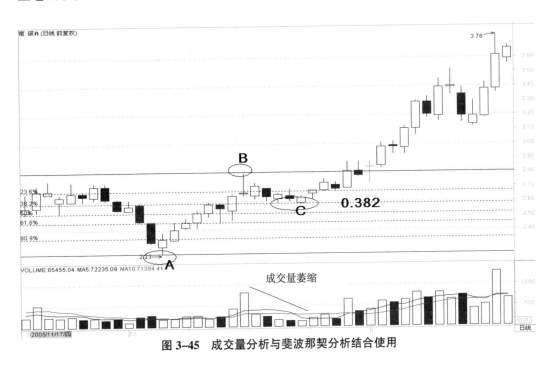

图 3-45　成交量分析与斐波那契分析结合使用

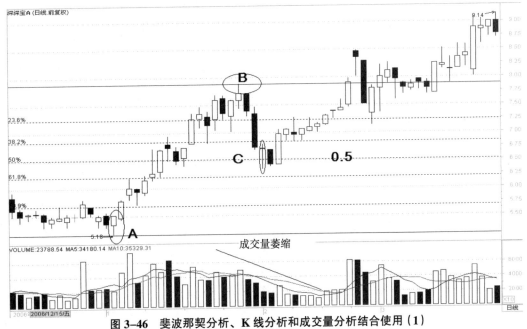

图 3-46　斐波那契分析、K 线分析和成交量分析结合使用（1）

图 3-47 还是深深宝 A 的日线走势图。该股由 A 点上涨到 B 点，此后股价下跌，在 B 点附近买入的投资者被套。当股价跌到 0.5 位置附近时出现了看涨吞没形态，同时成交量也极度萎缩。空仓的投资者可以在 C 点附近逢低买入，建立底仓。被套的买家可以大胆在 C 点附近加码买入，降低持仓的平均成本，利用向下摊平解套。

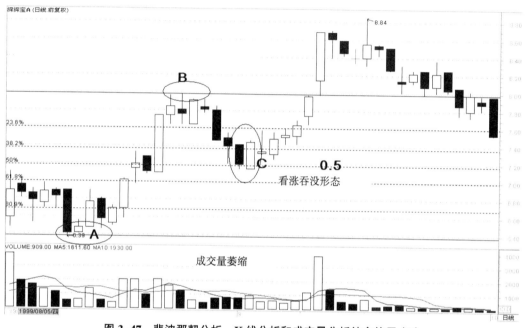

图 3-47　斐波那契分析、K 线分析和成交量分析结合使用（2）

图 3-48 演示了看涨形态叠加、0.382 回调位置和成交量分析的结合使用。大家可以自己琢磨一下其中的深意。

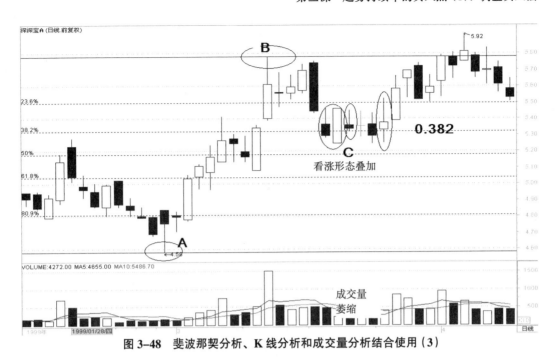

图 3-48　斐波那契分析、K 线分析和成交量分析结合使用（3）

第五节　维度四：调整买入时机的 SKDJ 分析

我们已经介绍了解套的三个关键分析维度，在本节我们就来介绍最后一个分析维度，这就是 **SKDJ 的运用**。通常而言，四个维度中 SKDJ 的权重最轻，意义最小，但是一个调整买入信号能够得到 SKDJ 的认可则更好，好比锦上添花。SKDJ 提供的调整买入信号有两类，下面我们一一辅以实例加以详细介绍。

第一类调整买入信号是中线附近金叉。图 3-49 是长城开发的日线走势图，下跌之后出现了锤头形态，与此对应的 SKDJ 在中线 50 附近金叉。可以认为该金叉进一步确认了锤头形态的看涨信号。

KD 和 SKDJ 实质上是一个东西，看你的股票软件上用的是哪一个名称。

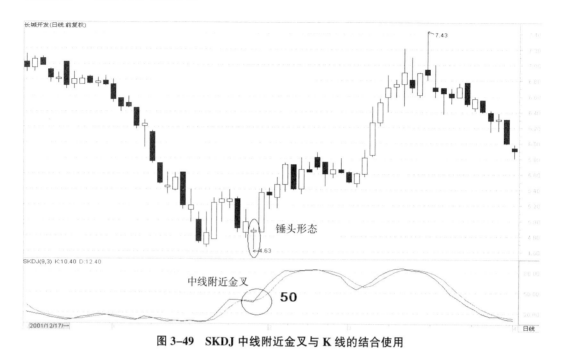

图 3-49　SKDJ 中线附近金叉与 K 线的结合使用

图 3-50 演示了斐波那契分析、K 线形态和 SKDJ 的综合使用。该股由 A 点上升到 B 点，之后股价回落。在 B 点买入的投资者被套，股价跌到 0.382 回调线时，出现了看涨形态，具体而言是倒锤头和看涨吞没的叠加，同时 SKDJ 出现了中线 50 附

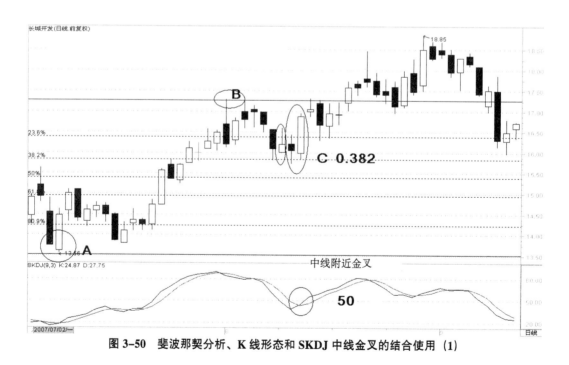

图 3-50　斐波那契分析、K 线形态和 SKDJ 中线金叉的结合使用（1）

近的金叉。被套的投资者可以大胆地在 C 点附近加码买入，利用向下摊平解套。空仓的投资者可以在 C 点附近逢低买入，建立底仓。为了预防股价进一步下跌，应该为这部分仓位设定较为严格的止损，将止损设置在 0.5 回调线之下。

图 3-51 演示了早晨之星、0.5 回调位置与 SKDJ 中线金叉的综合支撑效果。空仓的投资者可以在 C 点附近逢低买入，建立底仓。在 B 点附近买入被套的投资者可以在 C 点加码买入，利用向下摊平解套。

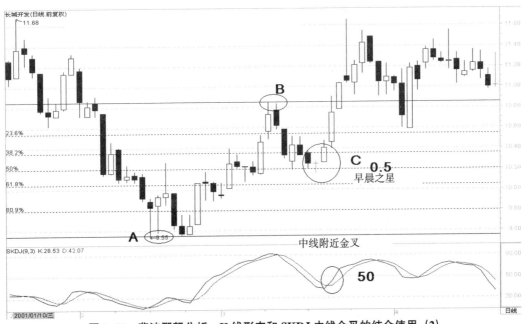

图 3-51　斐波那契分析、K 线形态和 SKDJ 中线金叉的结合使用（2）

图 3-52 演示了倒锤头、0.618 回调位置和 SKDJ 中线金叉的综合支撑效果。在 B 点附近被套的炒家可以在 C 点加码买入，利用向下摊平解套。

接着，我们来看 SKDJ 的调整买入信号，这就是**超卖**。所谓的超卖，就是 SKDJ 的信号线进入到 30（更严格来讲是进入到 20）以下区域。图 3-53 显示了 SKDJ 超卖对看涨吞没信号的进一步确认。

超卖对应的市场情绪往往是阶段性悲观的，大家可以去观察一下。

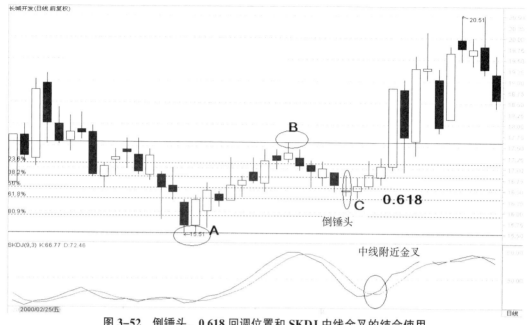

图 3-52　倒锤头、0.618 回调位置和 SKDJ 中线金叉的结合使用

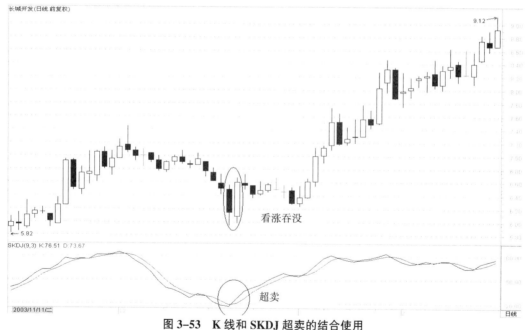

图 3-53　K 线和 SKDJ 超卖的结合使用

B 点处的看跌吞没线构成了一个多头陷阱，假突破，创新高之后快速下杀，套住买入的投资者。

　　图 3-54 显示了将斐波那契分析、K 线形态和 SKDJ 超卖结合起来使用的效果。长城开发由 A 点上涨到 B 点，此后股价回落，在 B 点附近追买的投资者被套。股价下跌到

0.5 附近出现了倒锤头，也可以构成一个看涨吞没，与此同时 SKDJ 出现超卖，三者结合起来可以得到一个调整买入的机会，空仓投资者可以逢低买入，而被套投资者则可以利用向下摊平解套。

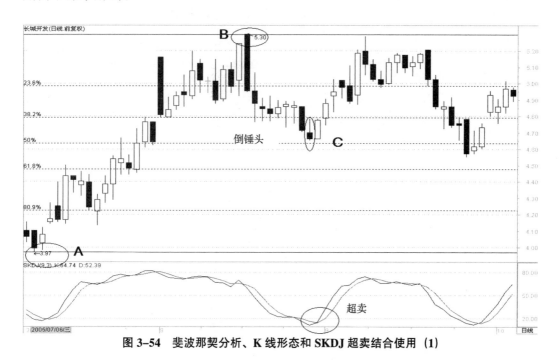

图 3-54　斐波那契分析、K 线形态和 SKDJ 超卖结合使用（1）

图 3-55 显示了 0.382 回调位置，看涨吞没和 SKDJ 超卖的综合支撑效果。空仓的投资者可以在 C 点附近逢低买入，建立底仓。在 B 点被套的投资者可以在 C 点附近加码买入，利用向下摊平解套。

图 3-56 同时出现了接连两个调整买入时机。该股由 A 点上升到 B 点，此后股价下跌。在 B 点附近买入的投资者被套，此后股价跌到 0.618 附近后企稳，先是出现了锤头、倒锤头和看涨吞没的叠加形态（对应着 SKDJ 超卖），接着又出现了早晨之星（对应着 SKDJ 的中线金叉）。**空仓的投资者可以在 C 点和 D 点附近逢低买入，建立底仓。**被套投资者可以在 C 点和 D 点加码买入，利用向下摊平解套。

C 点补充的可能性较 D 点大很多，因为 C 点出现更早，而且更加规范。

图 3-55　斐波那契分析、K 线形态和 SKDJ 超卖结合使用（2）

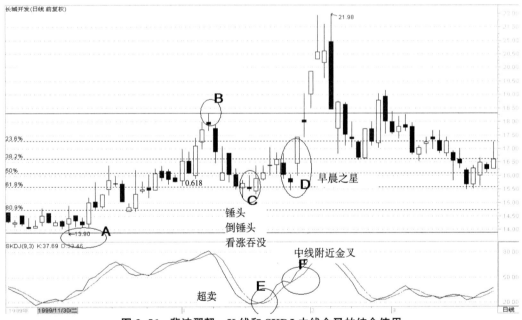

图 3-56　斐波那契、K 线和 SKDJ 中线金叉的结合使用

第六节　调整买入法综合示范

　　调整买入法的关键是：第一步，最好能够大致确认市场继续上升的可能性较大，当然这不是必需的。第二步，当股价走势符合四个维度的条件时坚决逢低买入或者加码买入，通过在调整时买入来增加获利空间和加码扭亏为盈。这个维度和相应的调整买入条件分别是：第一个维度，斐波那契分析，股价的波段最低价在某一斐波那契分割率附近，最好是在 0.5 或是 0.618 附近；第二个维度，K 线分析，股价在斐波那契分割线附近出现了看涨形态，最好是看涨吞没形态或是早晨之星；第三个维度，成交量分析，当股价在斐波那契某一回调线附近或者是出现某一看涨 K 线形态时，**成交量呈现萎缩**，而此前的上涨过程中成交量是放大的；第四个维度，SKDJ 分析，这并不是一个必要要素，但最好具有，当满足前面三个条件时，股价的调整低点恰好出现了 SKDJ 的超卖或者是金叉。需要注意的是，斐波那契回调分割是首先需要做出的，接着等待价格出现看涨形态，同时观察成交量是否萎缩，最后才是看 SKDJ 是否出现有利信号。通常而言，**在趋势向上的前提下**，炒家容易在上升波段的高点被套，此时可以调整买入法做合理的摊平，同时为后面的获利打下坚实基础。

　　下面我们举例说明。

　　例一是深赤湾 A：假定投资者在 B 点附近买入被套，如图 3-57 所示。

　　第一步，做斐波那契分析。找到上升波段的低点 A 和高点 B，以 B 点价位为 0，A 点价位为 1，做出斐波那契分割线，如图 3-57 所示，得到从 0.236 到 0.809 的一系列分割线。这里需要提醒大家的是，在短线实战中仅仅做出

> 窒息量或者阶段性地量是最佳的成交量信号。

> 趋势向上的前提下，要求题材是持续利多的格局，同时股价走势没有完全坏掉，否则就是胡乱向下摊平，后患无穷。除此之外，止损是最后的安全阀。

行情走势中在 0.236、0.809 甚至 0.764 和 0.101 调整企稳的例子也有不少，但是相对数量肯定没有 0.382、0.5 和 0.618 的例子多，我们需要化繁为简。不要什么机会都想抓住，结果什么都抓不住。

0.382、0.5 和 0.618 三根分割线就行了，这样既简单也有效，便于实际操作。

图 3-57　斐波那契向下回调线谱

让市场告诉我们支撑在哪里！

第二步，寻找看涨 K 线形态。当股价**跌到 0.382 附近时，出现了早晨之星这一强烈看涨的 K 线形态**，如图 3-58 所示。

第三步，查看成交量是否相应萎缩。在早晨之星对应的成交量区域可以看到明显的萎缩，进一步确认了调整买入的时机（见图 3-59）。

超卖金叉才是正宗！

第四步，看 SKDJ 在波段低点是否出**现超卖或是金叉**。在早晨之星对应的位置，出现了 SKDJ 金叉，将调整买入信号大大加强（见图 3-60）。空仓的投资者可以在 C 点附近逢低买入，建立底仓。在 B 点附近被套的投资者可以大胆地在 C 点附近加码买入，利用向下摊平解套。

图3-58 斐波那契点位附近寻找看涨K线形态

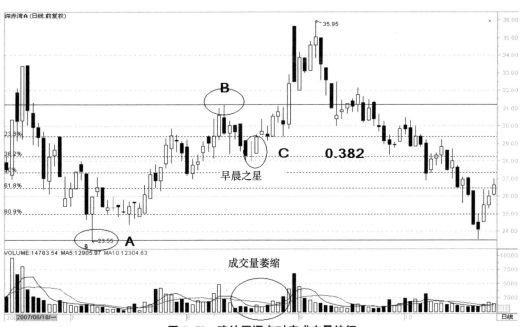

图3-59 确认回调点对应成交量特征

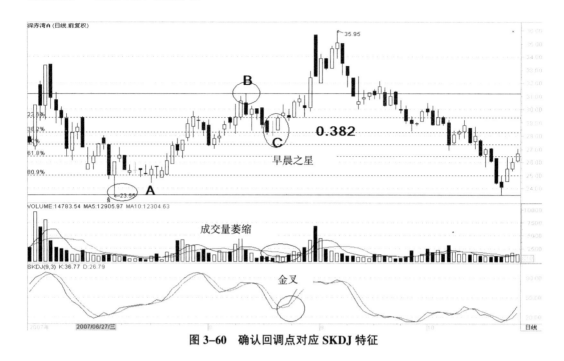

图 3-60　确认回调点对应 SKDJ 特征

例二还是深赤湾 A：假定投资者在 B 点追高买入被套，如图 3-61 所示。

第一步，做斐波那契分析。以上升波段低点 A 为 1，高点 B 为 0 进行斐波那契分割，得到如图 3-61 所示的一系列斐波那契分割线。

图 3-61　斐波那契向下回调线谱

第二步，寻找看涨 K 线形态。在价格下跌到 0.382 附近时出现早晨之星，如图 3-62 所示。

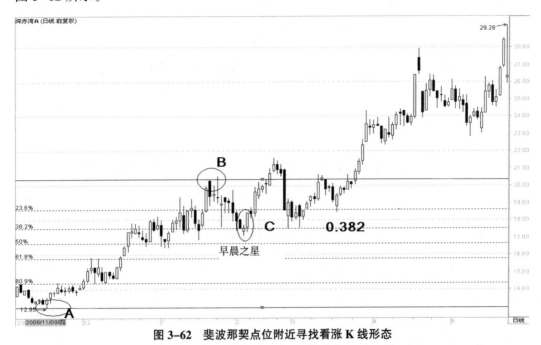

图 3-62　斐波那契点位附近寻找看涨 K 线形态

第三步，查看成交量是否相应萎缩。在早晨之星对应的区域出现了成交量萎缩，确认了此前的看涨信号，如图 3-63 所示。

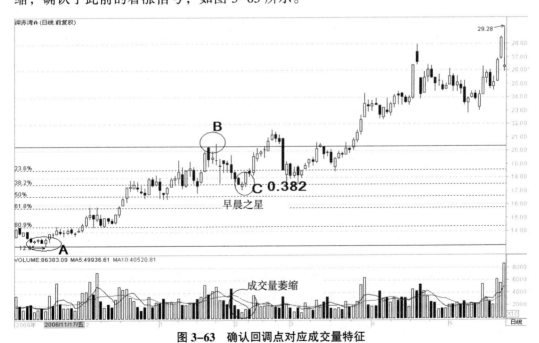

图 3-63　确认回调点对应成交量特征

第四步，看 SKDJ 在波段低点是否出现超卖或是金叉。早晨之星对应的 SKDJ 走势出现了超卖，大大加强了此前调整买入的信号。空仓的投资者可以在 C 点附近逢低买入，建立底仓。在 B 点被套的投资者可以大胆在 C 点附近加码买入，降低持仓成本，利用向下摊平解套，如图 3-64 所示。

图 3-64　确认回调点对应 SKDJ 特征

例三我们还是以另外一段深赤湾 A 走势为例，这样做的目的是表明我们无须去专门筛选适合的特例，即使在一只股票上也能完全实践本书提供的短线交易模型。假定投资者在 B 点附近买入被套或者空仓投资者准备逢低买入，如图 3-65 所示。

第一步，做斐波那契分析。以上升波段低点 A 为 1，高点 B 为 0 做斐波那契分割，得到一组分割线，如图 3-65 所示。

第二步，寻找看涨 K 线形态。当股价跌到 0.618 时出现了**早晨之星**，如图 3-66 所示。

早晨之星叠加了看涨吞没。

图 3-65　斐波那契向下回调线谱

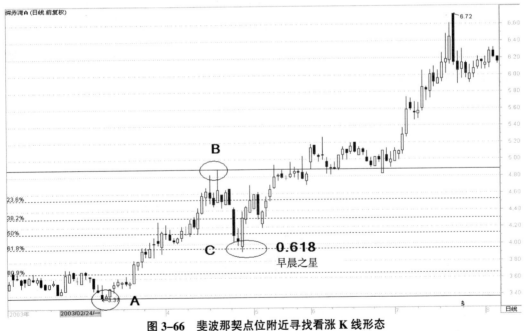

图 3-66　斐波那契点位附近寻找看涨 K 线形态

第三步，查看成交量是否相应萎缩。**早晨之星对应的成交量出现了萎缩**，进一步确认了 C 点处的调整买入信号，如图 3-67 所示。

哪些位置出现了放量阴线，哪些位置出现了放量阳线？

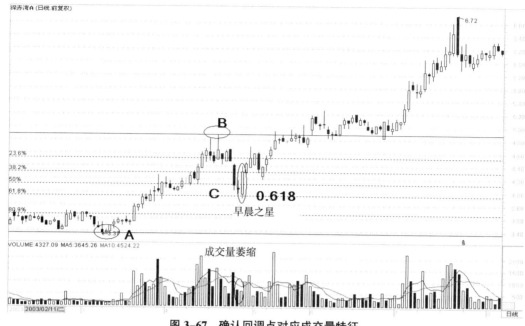

图 3-67　确认回调点对应成交量特征

第四步，看 SKDJ 在波段低点是否出现超卖或是金叉。早晨之星对应的 SKDJ 出现了中线附近的金叉，大大加强了此调整买入信号的强度。空仓的投资者可以在 C 点附近逢低买入，建立底仓。在 B 点被套的投资者可以在 C 点附近加码买入，利用向下摊平解套，如图 3-68 所示。

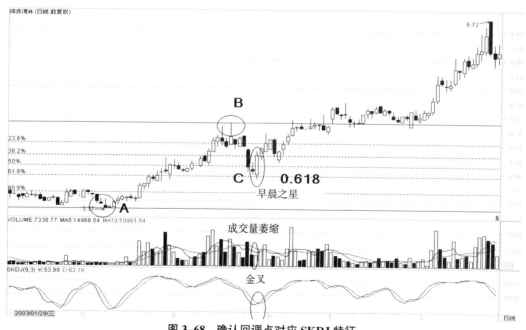

图 3-68　确认回调点对应 SKDJ 特征

第七节　升华与思考——题材性质与回调买入

股票短线投机的三个心髓是"逻辑""周期"和"结构"。斐波那契点位和价量形态属于"结构"的范畴。掌握了斐波那契四度操作法之后，你的操作将更具章法，但要想显著提高胜算率和报酬率，则必须进一步考虑到"逻辑"和"周期"的因素。

对于"周期"，建议参考《题材投机（2）》的专门论述。在本节中，我们将初步示范如何将"结构"与"逻辑"结合起来。

在本节中，"结构"专指"斐波那契四度操作法"，具体来讲就是斐波那契点位、K线形态、成交量形态和KD指标四个要素的综合研判。进一步来讲，这里只探讨"回调买入"类的"斐波那契四度操作法"。

在本节中，"逻辑"专指"题材性质"。一个相对简单有效的题材性质分类为：一次性利多题材、一次性利空题材、持续性利多题材、持续性利空题材、最后一次性利多题材、最后一次性利空题材等。

那么，在"回调买入"结构中，能够提高其胜算率和报酬率的题材类型有哪些呢？请看图3-69。

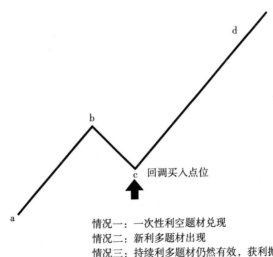

情况一：一次性利空题材兑现
情况二：新利多题材出现
情况三：持续利多题材仍然有效，获利抛
情况四：阶段性最后一次利空兑现
情况五：最后一次利空兑现

图3-69　"回调买入"结构与"题材性质"类型

在 b 点可能因为三个原因开始回调：

第一个原因是利多兑现；

第二个原因是短线超买，阶段性高潮后，短线获利盘涌出；

第三个原因是一次性利空出现。

b 点的常见技术特征有：

（1）震荡指标超买，高位死叉；

（2）看跌反转线形态，比如看跌吞没线、流星等；

（3）天量；

（4）触及斐波那契向上延伸点位。

b 点在情绪周期方面的常见特征有：

（1）板块高潮后回落，赚钱效应阶段性见顶；

（2）指数见顶回调。

因此，可以结合上述题材类型（逻辑）、技术行为（结构）和赚钱效应（周期）高效确认 b 点。

价格从 b 点回落后，什么时候有效筑底呢？如何高效确认 c 点，也就是回调买入点呢？

从题材性质来看，c 点附近存在如下情况：

第一，一次性利空题材兑现，比如业绩一次性下修；

第二，新利多题材出现；

第三，下跌过程中最后一个利空落地。

c 点相应的技术特征有：

（1）回调至重要的斐波那契点位，通常在 0.382 到 0.618 区间；

（2）出现看涨反转 K 线，比如看涨吞没或者是长下影线；

（3）KD 指标出现低位金叉；

（4）阶段性地量出现，不过如果出现新利多消息则可能出现显著放量阳线。

c 点的周期特征则是：

第一，相应行业或者概念板块出现阶段性启动特征，冰点出现；

第二，大盘指数企稳。

因此，可以结合上述题材类型（逻辑）、技术行为（结构）和赚钱效应（周期）高效确认 c 点。

我们来看两个简单的例子。

第一个例子是人福医药（见图 3-70），该股在波浪式的上涨中跟随指数和板块回调，跌到 0.618 点位附近出现了新的利多题材——"盐酸左布比卡因注射液获得药品注册批件"，同时阶段性地量也出现了。一周之内，看涨反转 K 线与低位金叉出现了。

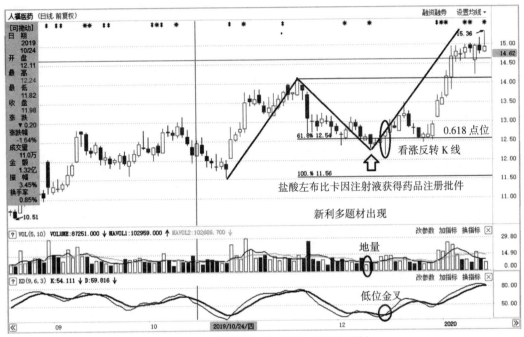

图 3-70 "回调买入"结构与新利多题材

第二个例子是浙大网新（见图 3-71），第一波陡直上涨，连续一字涨停。风险提示公告发布，流星线出现，这就是我们上述模型中的 b 点。接下来股价回调，跌到 0.618 点位附近，显著缩量，这个时候一个新利多题材出现了——"全资子公司浙大网新系统工程有限公司项目中标"。前期一次性利空消化了，叠加新利多题材出现。数日之内看涨反转 K 线出现了，KD 也低位金叉。

学习"斐波那契四度操作法"时，我们刚开始要隔离其他因素，一旦入门后就**必须结合"逻辑"，也就是将题材考虑进来。最后，还要将"周期"考虑进来。**

大题材出大牛股，逻辑决定了高度。

结构和周期主导时机，逻辑主导了趋势。

虽然智慧，不如乘势。要乘势，需要把握逻辑！

虽有镃基，不如待时。要当机，需要把握结构与周期！

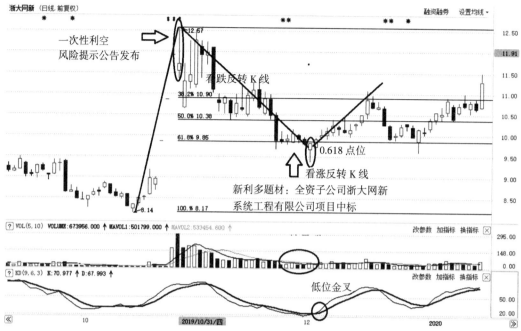

图 3-71 "回调买入"结构与利空消化叠加新利多题材

趋势持续中的买入点（2）：升破买入法

第一节　　向上摊平与升破买入

　　升破买入法是**破位进场法，而调整买入法则属于见位进场法**，运用调整买入法再利用升破买入法的目的是把握趋势进一步上升的有利战机，通过主动再次加仓，使得盈利头寸扩大。通过调整买入法，我们可以找到盈利空间大的机会，而通过升破买入法，我们就能够更好地确保顺应趋势，积极把握有利战机，扩大战果！

　　对于空仓的投资者而言，升破买入是建仓的一个潜在买点。而所谓的向上摊平法就是当价格突破前期高点（也就是前期买入被套点）的时候，被套的投资者则加仓买入，变先前的被动为主动，由于可能买在较被套价位更高的价位上，所以平均持仓成本可能就会上升，因此被称为向上摊平法。向上摊平法通常在向下摊平法之后采用，不过，如果一个被套的股民错过了第一次解套的机会也可以采用向上摊平解套法。单独采用向上摊平解套法不能带来及时的解套效果，与其说是为解套雪中送炭，不如说是锦上添花。

　　在前面的课程中，我们已经向大家介绍了调整买入和

無论见位进场法，还是破位进场法，都有一个前提——顺应趋势。见位进场最容易犯的错误就是逆趋势而动，怎样顺应趋势，题材主导趋势，形态确认趋势，止损预防看错。

升破买入两种趋势中买入方法的前提，那就是趋势继续上升的概率很大。对于空仓的投资者而言，**调整买入点一般是第一建仓点，而升破买入点则往往是第二建仓点**，或者说加仓点。对于被套投资者而言，之所以被套是因为在阶段性高点买入，如果想要解套，就必须首先采用向下摊平解套法，也就是调整买入法，此后随着股价的上升可以很快抹平亏损，用加码得到的盈利来抵消被套筹码的亏损，但是这样的操作还是表明我们处于防守位置，要想在心理上解套，还需要乘胜追击，将盈利扩大，所以就有必要采用第二招，这就是升破买入解套法，也就是向上摊平解套法，该法的操作通常是在调整买入之后进行的。

升破买入法也需要经过三个步骤判断。

首先，我们需要判断目前的趋势向上的概率大不大。

其次，我们从斐波那契调整线、K 线、成交量和 SKDJ 四个维度来把握具体的升破买入时机。

最后，一旦我们较为正确和妥善地完成了上述两个步骤，则我们就可以顺利地完成进一步操作的任务，这是一个自然而然的结果。

关于趋势的判断有三种主要规则和三种次要规则，这个前面我们已经详细介绍过了，这里简单重复一下。

趋势判断的三种主要规则如下：

第一，根据 K 线此前一段走势中的实体大小来判断。如果此前出现的 K 线阳线实体都比较大，则表明市场继续向上的概率较大。

第二，根据 K 线此前一段走势中两种类型的数量比例来判断。如果此前一段走势中出现的阳线数量明显多于阴线数量，则表明市场继续向上的概率较大。

第三，根据价格走势的**高低渐次原则**来判断。所谓高低渐次，是指如果高点越来越高，且低点也越来越高，则表明趋势向上。

趋势判断的三种次要规则如下：

第一，根据波段的升降时间来判断，通常而言，在趋势上的波段持续时间更久，则更为肯定的是幅度更大。如果向上的**波段持续时间更久**，而且幅度更大，则表明市场继续向上的概率比较大。

第二，根据更大的时间框架上的价格走势来判断。如果你在日线图上操作股票，那么你要判断目前的趋势，则可以看周线图甚至月线图。

第三，根据趋势技术指标来判断，最为有效和常用的趋势指标是移动平均线，除此之外还有 MACD 等基于移动平均线的趋势指标。

我们已经完整地介绍了三种主要的趋势判断方法和三种次要的趋势判断方法。下面，我们就向大家传授如何寻找具体升破买入时机的方法。升破买入法的时机把握主要从四个方面入手：斐波那契分析、K 线分析、成交量分析和 SKDJ 分析四个维度。这里需要强调的一点是，无论此前判断的方向如何，此时寻找具体进场时机和位置的重要性更大。**位置比方向更有实践意义**，因为方向的预测往往不是那么准确，一个新手对方向判断的成功率为 50%，而一个老手未必比这个高。那么，为什么一个成熟和富有技巧的交易者能够持续在市场中生存和获利呢？关键一点就是他们是否重视并且善于寻找到有利和恰当的进场位置和买入时机。下面，我们就给出我们在升破买入时采用的进场时机分析技术。

牛市急跌缓涨意味着下跌持续时间更短。

方向是局部的，位置也是局部的，而趋势属于整体层面。就局部而言，位置比方向更重要。但是，一旦你能够很好地把握趋势，那么趋势重于一切。

第二节　维度一：升破买入时机的斐波那契分析

斐波那契四度操作法是一个解套的利器，在第三课，我们已经阐述了如何利用斐波那契分析法等工具来完成逢低买入减仓或者向下摊平解套的任务，在第三课，**我们更**

完整的斐波那契线谱包括了 0 和 1 两个点，这两个点恰好是前一波段的高点和低点。

多的是采用除了 0 和 1 之外的其他水平分割点作为潜在买点，比如 0.5 和 0.618。在本课我们将利用突破 0 线机会作为买入点，积极扩大此前调整买入的战果，获取心理上的完全优势。所谓的升破买入法，就是当价格突破前高的时候，顺势买入，如图 4-1 所示，这是 J.L. 最推崇的方法。

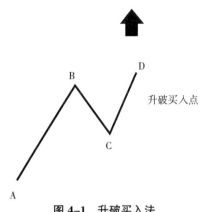

图 4-1　升破买入法

图 4-2 详细地演示了升破买入之前的分析过程和操作方法。股价由 A 点下跌，投资者在 A 点附近高位买入被套。当股价跌到 C 点时获得了某一斐波那契回调线的支撑，被套投资者根据第三课介绍的内容在 C 点附近加仓买入，向下摊平，此时利用调整买入法降低持仓的平均成本，此后股价回升，亏损很快被抹平，资金解套基本完成。当股价到达前期 A 点水平高位附近时（B 点附近），投资者已经扭亏为盈了。如果股价继续上升突破前期 A 点构成的阻力线，也就是斐波那契分割中的 0 线，则该投资者应该按照升破买入法继续加码。将心理上的被动转为主动，通过扩大盈利争取心态上的解套。有了一个良好的心态之后，投资者更容易获取稳定的交易水平和较高的交易绩效。如果此前投资者并没有建仓，那么可以在突破的时候买入。升破买入法的斐波那契分析主要就是查看 0 线，也就是前期上升波段高点延伸得到的阻力线。

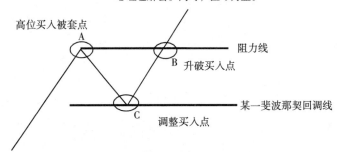

随着价格的回升，不仅资金解套，
心理也解套。同时，扭亏为盈。

高位买入被套点

阻力线

升破买入点

某一斐波那契回调线

调整买入点

图 4-2 调整买入点和升破买入点

　　下面看看几个具体的例子。如图 4-3 所示，AB 是上升
波段，以 A 为 1，B 为 0 进行斐波那契分割可以得到若干条
分割线，但是我们这里要**寻找的是 0 线**，也就是阻力线（通
常标记为 "R-LINE"）。

0 线就是前期高点，向下
做回调线的时候，这个点就是
起点。

图 4-3 深天地 A 日线走势中的 0 线（1）

　　图 4-4 是深天地 A 的日线走势图，我们根据第一课的
流程做出了完整的斐波那契分割线谱，股价从 B 点回落，
B 点的水平延伸线就是阻力线，也就是斐波那契的 0 线所
在。这里需要补充的是，图 4-4 中发挥强支撑作用的是

0.618 回调线。

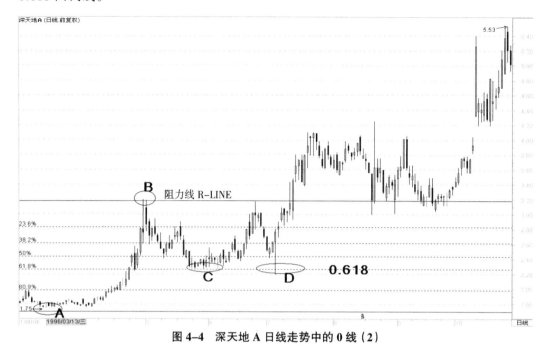

图 4-4　深天地 A 日线走势中的 0 线（2）

图 4-5 是招商地产的日线走势图，该图中我们需要重点注意 B 点形成的阻力线，这是我们在进行升破买入斐波那契分析时需要首先完成的工作。另外，大家可以额外关注图 4-5 中的 0.5 回调位置以及该位置出现的倒锤头看涨形态。

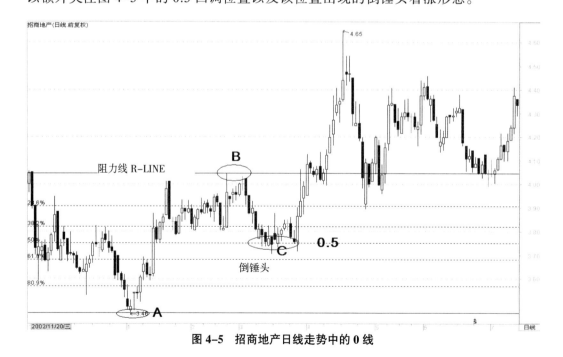

图 4-5　招商地产日线走势中的 0 线

总体而言，升破买入时机的斐波那契分析比较简单，只需要在斐波那契分析基础上找出 0 线，也就是阻力线即可。由于在**升破买入前一般都进行了调整买入**，所以可以在以前斐波那契分析的基础上直接找到 0 线即可。

> 升破买入面临的最大危险是假突破，如何过滤假突破？就斐波那契四度操作法而言，可以结合成交量来过滤。如果超越技术分析的框架，则应该结合题材和大盘来分析，当然还有主力。

第三节 维度二：升破买入时机的 K 线分析

升破买入时机的 K 线分析也是相对简单的，其运用的 K 线形态主要是持续看涨形态，而这种形态的有效数量相对较少。下面我们就来一一深入介绍。

第一种升破买入 K 线形态是**向上跳空缺口**。如图 4-6 所示，AB 为上升波段，B 点水平延伸线是 0 线，也就是阻力线，在 D 点附近，股价以向上跳空缺口突破此阻力线，确认了一个很好的升破买入机会，当然单单是这一举动还不能完全确认，至少还需要成交量的确认。

> 跳空缺口是比大阳线更猛烈的买入信号。

图 4-6 向上跳空缺口

图 4-7 是特力 A 的日线走势图，AB 是上升波段，股价从 B 点回调，投资者高位被套，此后在 C 点附近获得 0.618 支撑，向下摊平买入，此后股价回升解套。股价于 D 点附近向上跳空突破阻力线，初步确认了一个较好的升破买入机会，可以扩大战果，争取心态上的优势。如果此前投资者并没有建仓，那么可以在**缺口突破**的时候买入。

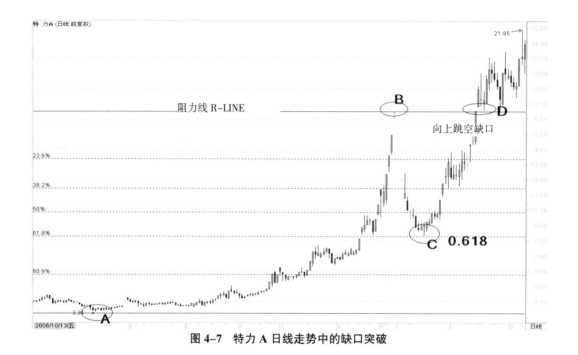

图 4-7　特力 A 日线走势中的缺口突破

我们要介绍的第二种升破买入 K 线形态是大阳线突破盘整。图 4-8 是深天地 A 的日线走势图。AB 是该股的上升波段，此后股价下跌，在 0.618 附近形成双底，然后回升，以一个大阳线突破 B 点构成的阻力线，这就是一个非常好的升破买入机会，可以进一步扩大解套的战果。

图 4-9 是招商地产的日线走势图，AB 是上升波段，股价从 B 点下跌，在此高位附近买入的投资者被套。股价跌至 0.5 回调线处出现了倒锤头，有企稳迹象。大胆投资者可以在此加仓买入，向下摊平。此后股价回升，逐步解套。股价在 D 区域处以大阳线升破阻力线，这又是一次加仓买

入时机，可以扩大解套战果，变被动为主动！如果此前投资者并没有建仓，那么可以在大阳线突破的时候买入。

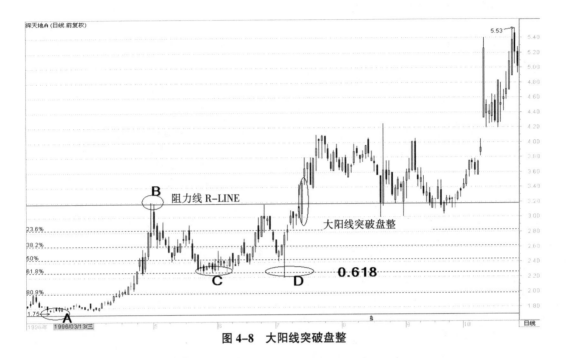

图 4-8　大阳线突破盘整

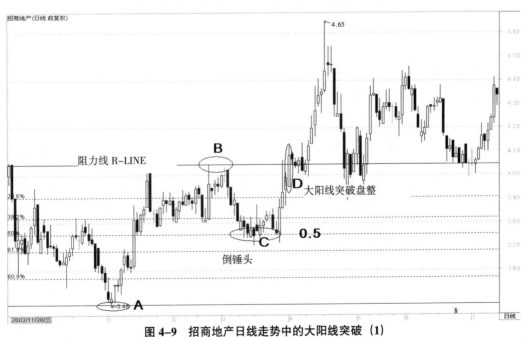

图 4-9　招商地产日线走势中的大阳线突破（1）

我们再来看一个例子，也是招商地产的走势。如图 4-10 所示，股价在 D 区域附近以大阳线升破前期阻力线。这就确认了升破买入的机会。

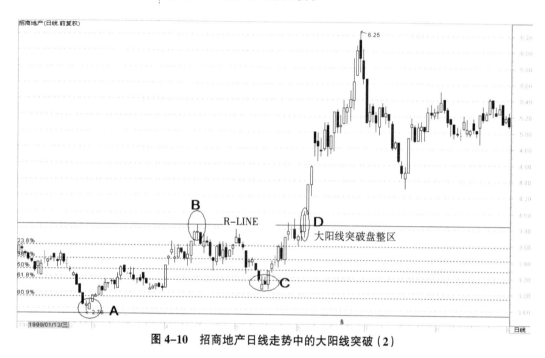

图 4-10　招商地产日线走势中的大阳线突破（2）

第四节　维度三：升破买入时机的成交量分析

技术框架之内，成交量是最好的过滤手段。

在投资股票的时候，如果仅仅根据股价的变化来决定买卖时机是不妥当的。所以，**我们还需要加入价格之外的信息来研判，而成交量当然是最合适的选择**。当股价升破阻力线时，成交量应该是放大的，如图 4-11 所示，股价在 C 点跳空升破阻力线，与此同时，成交量（D 处）显著放大，这就进一步确认了升破买入的时机。

图 4-12 是深天地 A 的日线走势图，股价以大阳线向上突破 C 盘整区和阻力线，同时 D 处的成交量也呈现同步放大的态势，这就进一步确认了 C 区域处的升破买入机会。

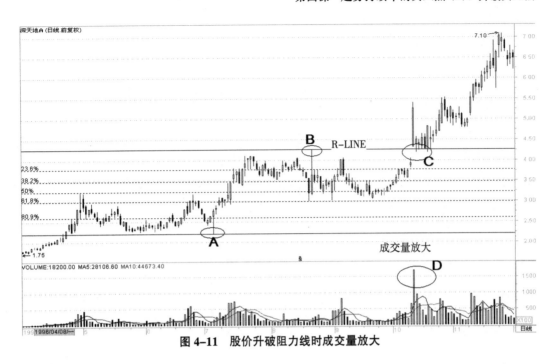

图 4-11　股价升破阻力线时成交量放大

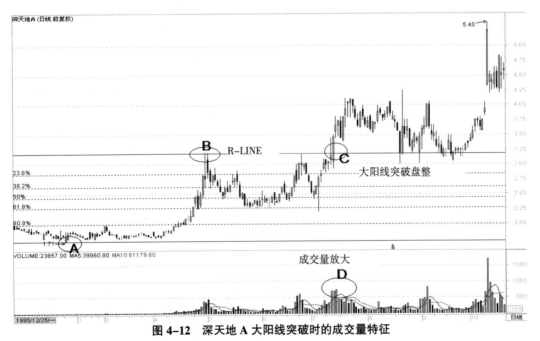

图 4-12　深天地 A 大阳线突破时的成交量特征

图 4-13 和图 4-14 都是招商地产的日线走势图，两者都是在 D 点附近股价以**大阳线升破阻力线**，并且成交量**同步放大**，这是一个升破买入的好时机。

放量突破表明主力敢于解套前期高点的套牢盘，但是不能放量太大，如果放出天量而且有一次性利好题材，那么极可能是多头陷阱。

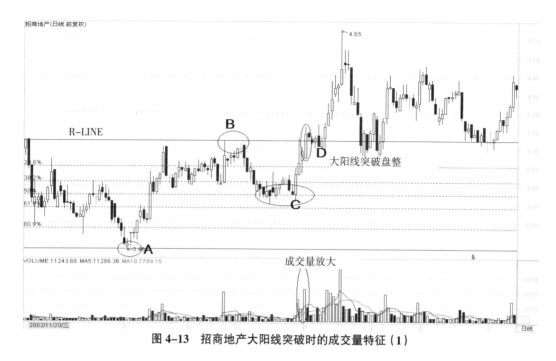

图 4-13　招商地产大阳线突破时的成交量特征（1）

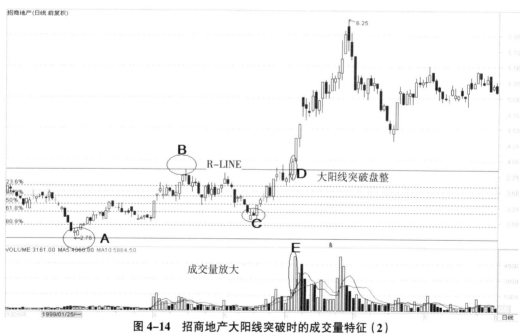

图 4-14　招商地产大阳线突破时的成交量特征（2）

第五节　维度四：升破买入时机的 SKDJ 分析

通过斐波那契分析、K 线形态分析和成交量分析，相信投资者对于升破买入的恰当机会已经有了较为准确的把握。如果能够加入 **SKDJ 分析**则更好，SKDJ 体现出来的波动大致等同于参与大众的心理波动，这是 pring 这位大师长年统计后发现的规律。所以，即使我们没有条件去调查市场大众的看多看空的统计分布，也可通过 SKDJ 做到这一点。在升破买入的时机确认上，我们要求突破阻力线时，对应的 SKDJ 应该呈现出超买的强势状态。如图 4-15 所示，股价在 D 点升破 B 点构成的阻力线，同时 SKDJ 呈现出超买强势。SKDJ 的超买进一步确认了升破交易机会的有效性。

> SKDJ 在某种意义上体现了共识预期。

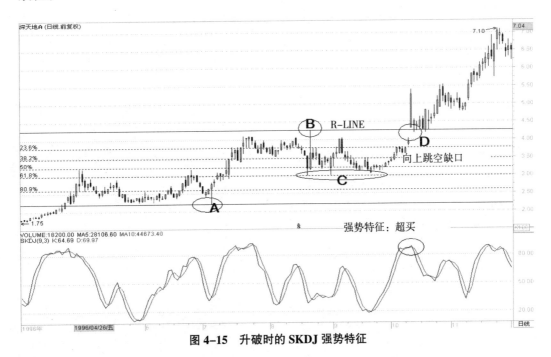

图 4-15　升破时的 SKDJ 强势特征

图 4-16、图 4-17 和图 4-18 都显示了斐波那契分析、

突破买点的关键在于搞清楚背景，也就是格局，一定要结合题材，否则只能靠止损立于不败之地。

K 线形态、成交量和 SKDJ 分析的综合运用。股价以大阳线升破阻力线，对应的成交量放大，同时 **SKDJ 呈现出超买强势**，这是一个极好的升破买入机会。

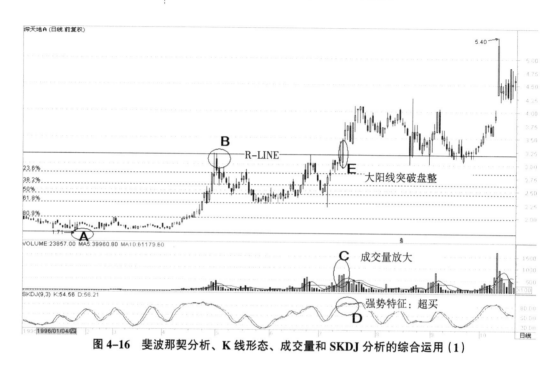

图 4-16　斐波那契分析、K 线形态、成交量和 SKDJ 分析的综合运用（1）

图 4-17　斐波那契分析、K 线形态、成交量和 SKDJ 分析的综合运用（2）

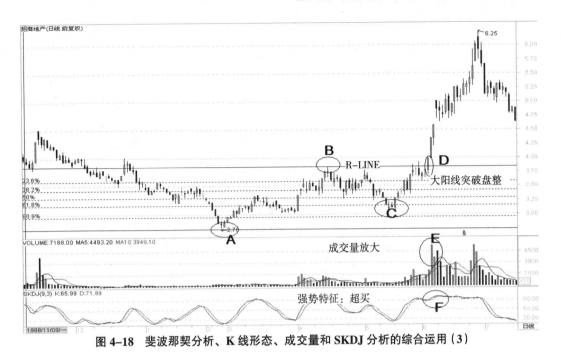

图 4-18　斐波那契分析、K 线形态、成交量和 SKDJ 分析的综合运用（3）

第六节　升破买入法综合示范

升破买入法的具体操作也是**四个维度，四个步骤**。第一步，做斐波那契（阻力）分析。第二步，寻找持续上涨 K 线形态。第三步，查看成交量是否相应适当放大。第四步，看 SKDJ 是否出现强势特征（超买，金叉）。

例一是深赤湾 A：如图 4-19 所示，我们假定投资者在 B 点被套，在 C 点加买，现在决定是否在 D 区域附近再次加买。如果此前投资者并没有建仓，那么现在决定是否在 D 区建仓。

第一步，做斐波那契（阻力）分析。如图 4-19 所示，我们以前期高点 B 的水平延伸线作为阻力线，以此作为观察价格突破的参照点。

如果斐波那契四度操作法能够结合九宫盘进行分析就更好了，具体而言就是大盘、板块、个股在驱动面、心理面、行为面的分析。

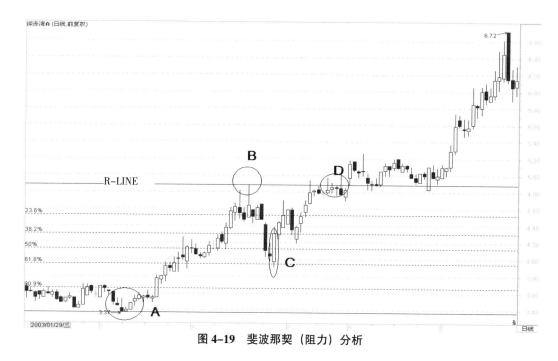

图4-19　斐波那契（阻力）分析

第二步，寻找持续上涨K线形态。在D点附近，股价以向上跳空缺口升破阻力线，如图4-20所示。

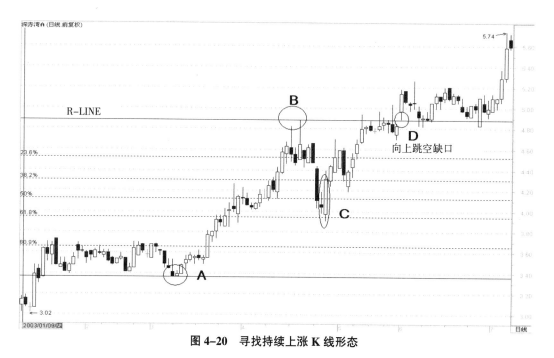

图4-20　寻找持续上涨K线形态

第三步，查看**成交量是否相应适当放大**。对应价格向上突破的成交量也显著放大，如图 4-21 所示。

缩量突破表明惜售和主力控盘良好，放量表明敢于解放前期高点套牢盘，但是天量一般则比较危险，除非抢筹发生，或者换主力。

图 4-21　查看成交量是否相应适当放大

第四步，看 SKDJ 是否出现强势特征（超买，金叉）。如图 4-22 所示，股价向上突破时，不仅成交量相应放大，而且 SKDJ 也呈现出强势的特征。

经过上述四个维度的分析，我们可以确认这是一次非常好的交易机会。一般而言，在沪深这么多只股票中，每天至少都有十几只具有这样的特征，你完全能够通过快速翻图来寻找这样的交易机会。

例二也是深赤湾 A 的日线走势图：如图 4-23 所示，假定投资者在 B 点买入被套，在 0.5 回撤处加码买入，此后股价回升。如果此前投资者并没有建仓，那么可以在突破的时候买入。

第一步，做斐波那契（阻力）分析。如图 4-23 所示，根据 B 点价位做出阻力线。

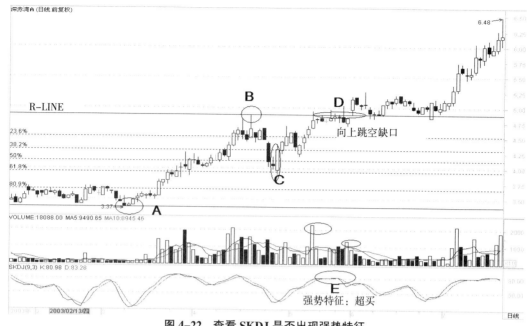

图 4-22　查看 SKDJ 是否出现强势特征

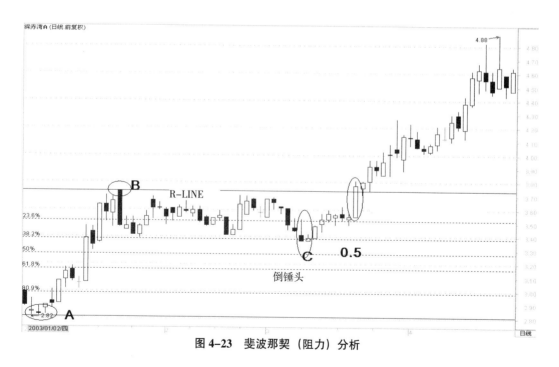

图 4-23　斐波那契（阻力）分析

　　第二步，寻找持续上涨 K 线形态。如图 4-24 所示，股价以大阳线升破阻力线，初步确认了买入时机。

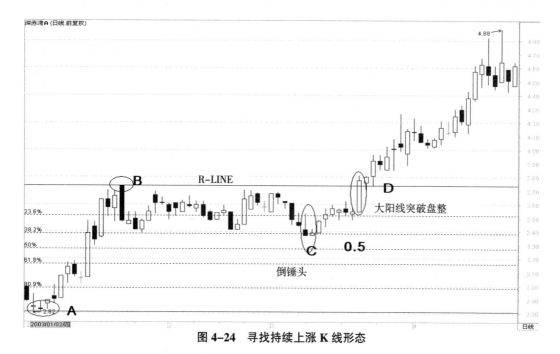

图 4-24　寻找持续上涨 K 线形态

第三步，查看成交量是否相应适当放大。如图 4-25 所示，在股价升破阻力线时，对应的成交量显著放大，进一步确认了买入的时机。

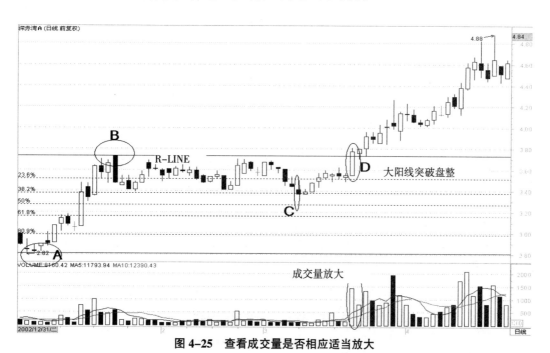

图 4-25　查看成交量是否相应适当放大

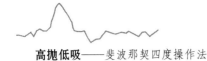
第四步，看 SKDJ 是否出现强势特征（超买，金叉）。如图 4-26 所示，在股价升破阻力线时，SKDJ 处于超买的强势状态，这就得到一个在 D 区域附近升破买入的好机会。

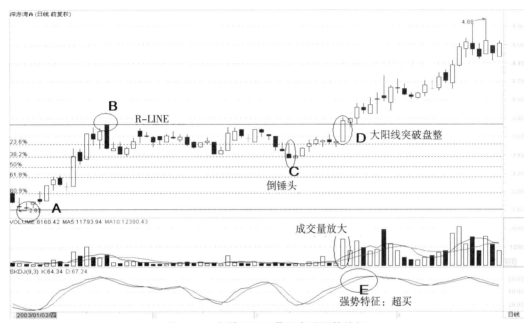

图 4-26　查看 SKDJ 是否出现强势特征

例三是深天地 A：如图 4-27 所示，假定投资者在 B 点附近追高买入被套，此后股价狂跌，然后再次上涨。如果此前投资者并没有建仓，那么可以在突破的时候买入。

第一步，做斐波那契（阻力）分析。根据前期上升波段做出阻力线，这里是根据 B 点价格做出阻力线，如图 4-27所示。

第二步，寻找**持续上涨 K 线形态**。如图 4-28 所示，寻找股价升破阻力线时出现持续上涨的 K 线形态，这里出现了向上跳空缺口，初步确认了买入时机。

第三步，查看成交量是否相应适当放大。对应于 D 区域的跳空缺口，成交量显著放大，进一步确认了买入的时机（见图 4-29）。

持续上涨 K 线形态除了向上跳空缺口和大阳线之外，还有一些其他类别，大家可以参考相关的 K 线书籍。

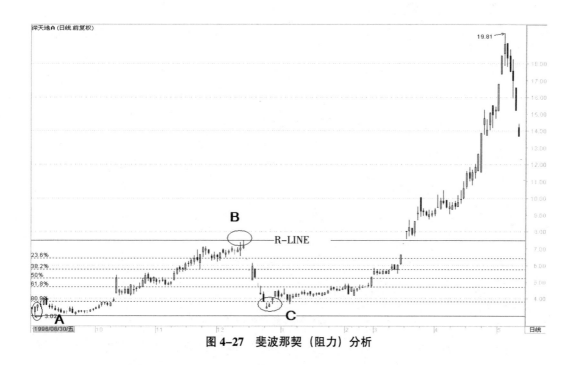

图4-27 斐波那契（阻力）分析

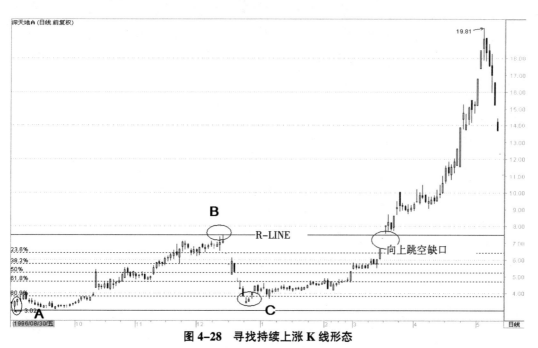

图4-28 寻找持续上涨 K 线形态

图 4-29　查看成交量是否相应适当放大

高位钝化是一种强势特征。

　　第四步，看 SKDJ 是否出现强势特征（超买，金叉）。在股价向上跳空突破阻力线时，SKDJ 出现了强势的超买特征。这就大大加强了 D 区域附近买入的信号有效性（见图 4-30）。

图 4-30　查看 SKDJ 是否出现强势特征

第七节 升华与思考——题材性质与升破买入

就算整体趋势是上行的，突破买入也可能遭遇显著回调。每一种买点都存在自己的局限性，无论是突破买入，还是回调买入，或者是打板买入都有自己的命门。这个命门往往不在价格本身，这就让纯技术投机客比较头痛了。

不要在寻找完美技术指标上花费太多精力，边际效应显著下降。如何甄别突破的有效性呢？成交量有一定价值，放量后能够站稳是关键。缩量涨停突破存在一个问题，那就是可能行情加速了，容易追在阶段性甚至全局性高点，套在高位很难受。

无论是成交量，还是价格，都属于"结构"和"行为"的范畴。突破的有效性其实从"逻辑"和"驱动"的范畴来甄别更加有效。

题材是最为单纯的"逻辑"和驱动因素，以 N 字结构为基础（见图 4-31），价格先是上涨了一波 AB，形成 AB 段，然后因为获利回吐（筹码问题）或者是利空（题材问题）出现了下跌，形成 BC 段。在 C 点，缩量和超卖是常见情况，C 点见底可能是因为驱动因素——"最后一次利空兑现""新利多题材出现"等，也可能是因为心理因素——"浮筹清洗完毕""筹码锁定""冰点情绪"等。

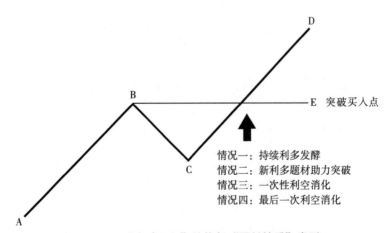

图 4-31 "突破买入"结构与"题材性质"类型

在 C 点，无论是驱动因素还是心理因素，无论是题材还是筹码，都会表现为技术结构，因此我们可以从点位（斐波那契或者百分比点位）、形态（价量形态）以

及震荡和趋势指标确认它们。

C点筑底完成后，股价上行，这个时候最好是逐步放量的。价增量升意味着换手充分地上行，平均持股成本逐步上行，支持了价格上涨到更高的水平。

上涨到E点附近就突破了前期高点B，形成了价格突破。如果简单地按照"斐波那契四度操作法"去剖析，只关心"结构"，那么胜算率和报酬率不会如采用者预期的那么乐观。

为了过滤突破，真正高胜算的投机客需要考虑"逻辑"和"周期"的问题。为了便于介绍，我们这里只考虑"突破的逻辑"——基本面或者题材是否出现了突破性的变化？

换而言之，**是否出现了双重突破？**

纯技术突破，存在太多"一日游"行情。那些一次性利多新闻，容易伴随着天量涨停，多数情况下是"一日游"。

同理，大题材如果在公布当日或者次日被绝大多数参与者看好，被几乎所有财经媒体"吹票"，那么多半也会"虚晃一枪"调整后才真正发动。

行情在怀疑与分歧中上涨，在高度亢奋一致中消亡。

这就是筹码与情绪周期的问题。

当然，我们这里只谈如何用"逻辑"去过滤"结构"的问题。不过，真正顶尖的短线投机客必然会结合"逻辑""周期"和"结构"。

在E点，当向上突破发生时，你需要考虑：

E点的基本面相对于B点的基本面是否已经发生了重大的积极变化？

是否有大题材发生？大题材就是"持续性利多题材"的另外一种称呼。

什么是大题材？国家重要政策、科技大革命、股市全新题材、公司基本面的根本性改观等。

除了大题材会带来持续突破之外，业绩持续加速增长的预期也是突破有效的关键。

当然，公司遭遇阶段性利空后，消化完毕，基本面恢复，那么股价也会恢复到利空出现之前的高度，这个时候也会出现向上突破。

利多推动和利空兑现下的突破是有重大区别的。

可以用期货市场的加仓和减仓来理解。利多发酵带来的上涨，好比多头主动加仓上行；利空兑现带来的上涨，好比空头主动平仓上行。

对于趋势交易者而言，最稳定的获利方式是"业绩和技术双重突破"。龙虎榜上的票，往往波动过于剧烈，大多数游资票，或者说黑马股。机构票的趋势更稳固，更符合突破而做的操作思路。

我们来看两个实例。第一个实例是吉宏股份（见图 4-32），它在 2019 年 9 月发布业绩预告："2019 年前三季度预计归属于上市公司股东的净利润比上年同期增长 67.11% 至 74.72%，2019 年第三季度归属于上市公司股东的净利润比上年同期增长 42.32% 至 62.24%。主要原因是公司利用长期积累的优质客户资源、完善的供应链管理以及品牌影响力，加大对互联网业务市场的开拓力度，并根据行业需求状况及时把握产品及服务方向，包装及互联网业务协同效应显现，经营状况及业务发展势头良好，主营业务收入、销售规模以及持续盈利能力继续平稳增长，公司经营业绩进一步稳健提升。"

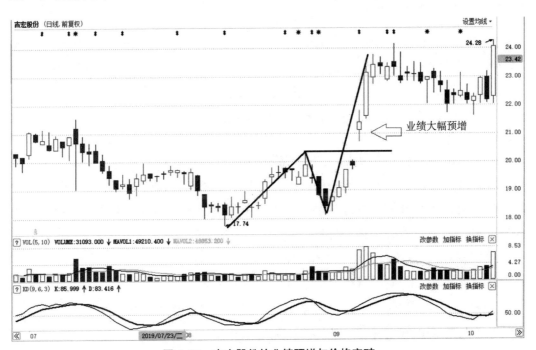

图 4-32　吉宏股份的业绩预增与价格突破

当日，跳空向上突破。这也是我们经常提到的"利润断层"。结构方面的特征也很明显——N 字结构、放量等。

第二个实例是涪陵榨菜（见图 4-33）。涪陵榨菜发布 2018 年第一季度业绩预告："归属于上市公司股东的净利润比上年同期增长 130%~170%"。价格向上突破前期高点，形成 N 字结构。

业绩大增是否叠加价格突破是否就是万无一失的进场信号呢？

如果许多媒体一致乐观地看多，整个市场都在关注，你认为逻辑叠加结构是否

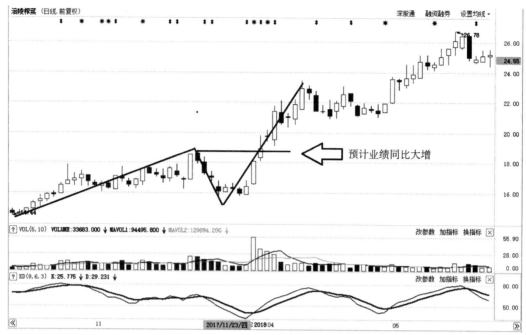

图 4-33　涪陵榨菜的业绩预增与价格突破

就能确保突破有效呢？这就是"周期"需要解决的问题。

如果业绩大增是一次性的，那么这样的逻辑是否支持股价继续走高呢？

以前题材本身就是加持股价的驱动力，现在题材如果不能带来有点可信度的业绩增长预期，那也很难带动股价持续上行。

"妖股"以前是庄股，现在基本是逻辑独特的个股。

市场在演化、玩家在演化，刻舟求剑是行不通的！

天不变，道也不变，底层逻辑是不变的，那就是少数人赚钱，多数人亏钱。因此，我们除了考虑结构和逻辑之外，还要考虑其他玩家的策略和情绪周期。

趋势持续中的卖出点（1）：反弹卖出法

第一节　积极止损法与反弹卖出

关于买入，我们已经介绍了两种策略，一种是调整逢低买入，另一种是突破买入，关于卖出点我们还未涉及。本课和下一课我们将围绕卖出点展开，现在主要讲解逢高卖出点，具体而言就是下跌趋势中的卖出法。抢反弹后和被套后都可以采用这种卖出方法。在前面我们已经讲过了，股票被套基本有两种情况，第一种是此后股价上升的可能性较大，第二种是此后股价继续下跌的可能性较大。对于第一种情况，我们可以加码买入。而对于第二种情况，我们则应该采用金字塔减仓法，逐步减少持仓量，从而顺应此后的下降趋势。本章提出的反弹卖出法是一种主动止损的办法，当你认为趋势向下时，就应该把握住每次反弹的机会及时卖出，随着股价继续下跌，原有仓位的盈亏逐渐得到控制和减少，所以这种卖出方法算得上是亡羊补牢之举，通过利用市场本身的反弹，主动使得原有仓位逐步减少。在本课中，我们将从四个维度来剖析反弹卖出法。中肯而言，我们的短线策略都是以整体研判作为依据的。毕竟，短线交易是一个系统工程，但是某一项技巧和某一点知识是无法胜任的。市面已经有的那些所谓短线交易策略，大多沉醉于一招半式，殊不知任何一次被套都是由**于操作者整体失误造成的**。治病贵在标本兼治，而且又要以治本为主。反弹卖出方法可以单独使用，也可以与调整买入法一起使用，首先利用调整买入法逢低建仓或者加码摊平成本，然后利用反弹卖出法兑现利润或者减少原有筹码

短线交易是一个系统工程，存在任何短板都会导致功亏一篑。

股价趋势是由个股基本面、题材、主力以及大盘走势决定的。

趋势判断具有主观性，难免出错，客观性的止损卖出点是需要的。

的亏损，获得新筹码带来的盈利，所以本书的几个短线交易策略之间存在相互协作的综合效应，希望大家在熟悉了单一招式之后能够贯通起来使用，这样就让整个短线交易变得无往不胜。

前面我们已经提到了最为重要的一点，即在短线交易之前，投资者首先需要问的一个关键问题是：**此刻股价的趋势向上还是向下**？更为准确的问法是，股价究竟是向上的概率大些，还是向下的概率大些？如果股价向下的概率大些，则投资者的短线交易之法应该采用本课和下一课讲到的"卖出法"，也就是通过及时卖出来减少持仓量，从而通过顺应此后继续下跌的走势来兑现利润或者降低限制亏损，逐步完成解套。假如股价继续向下的概率较大，则投资者可以采用两种策略来兑现利润和停止亏损，第一种策略就是本章将要谈到的反弹卖出法，第二种策略就是下一课将要谈到的跌破卖出法。前者又被称为积极止损法，后者又被称为消极止损法。

在运用任何卖出方法前，都应该经历下面三个完整的步骤，这里就反弹卖出法作一说明。

首先，投资者需要判断**目前的股价趋势继续向下的概率大不大**。

其次，投资者再从斐波那契调整线、K线、成交量和SKDJ四个维度来把握具体的反弹卖出时机。

最后，一旦投资者较为正确和妥善地完成了上述两个步骤，则投资者就可以顺利地完成逐步卖出的任务，这是一个自然而然的结果。

关于趋势的判断有三种主要规则和三种次要规则，我们前面一直反复提到，这里结合反弹卖出法扼要复述一下。

趋势判断的三种主要规则分别是：

第一，根据K线此前一段走势中的实体大小来判断。如果此前出现的K线阳线实体都比较小，而阴线实体都比较大，则这表明市场继续向下的概率较大。如果此前在波段高点买入被套或者是抢了反弹，则此时如果想要全身而退的话则应该考虑卖出法，具体而言就是反弹卖出法或是跌破卖出法。

第二，根据 K 线此前一段走势中两种类型的数量比例来判断。如果此前一段走势中出现的阴线数量明显多于阳线的数量，则表明市场继续下跌的概率较大。如果投资者在下跌过程中抢了反弹，有盈利就要逢高卖出兑现，处于亏损则要想办法减小亏损，这就涉及解套了。如果投资者此前在波段高点买入被套，则此时如果想要解套的话则应该考虑卖出法，具体而言就是反弹卖出法或是跌破卖出法。

第三，根据价格走势的高低渐次原则来判断。如果高点越来越低，而低点也越来越低，则表明趋势向下。将高低渐次原则简化一下，则是 **N 字原理**，股价跌破前低就表明趋势向下。如果在此前的波段高点买入被套，而根据高低渐次原理判断此后继续下跌可能性较大，则应该采用卖出解套法，逐步减仓。

> 向下 N 字表明趋势向下。

趋势判断的三种次要规则分别是：

第一，根据波段的升降时间来判断，如果向下的波段持续时间更久，而且幅度更大，则表明市场继续下跌的概率比较大，假如投资者此前在波段高点买入被套，则此时如果想要尽快解套的话，就应该考虑卖出法，而且反弹卖出法的解套速度要快于跌破卖出法，但是前者的成功率却低于跌破卖出法。下跌趋势中抢反弹后逢高卖出是兑现利润的唯一途径，这个时候就涉及反弹卖出法了。

第二，根据更大的时间框架上的价格走势来判断。如果投资者在日线图上操作股票，那么投资者要判断目前的趋势，则应该看周线图甚至月线图。比如，投资者在日线图上抢反弹买入，但是发现周线图上股价趋势整体向下，则投资者应该及时卖出，采用逢高卖出法。

第三，根据**趋势技术指标**来判断，最为有效和常有的趋势指标是移动平均线，除此之外还有 MACD 等基于移动

> 存在明确趋势的时候，趋势技术指标是最有效的。什么时候会存在明确趋势呢？这个问题的答案本书先前就曾经提到。

平均线的趋势指标。当投资者据以判断趋势的技术指标显示此后股价继续下跌的可能性较大时，则应该及时减仓，卖出股票。此时，如果投资者在低位抢了反弹或者在高位买入被套，则应该采用卖出法。

结合卖出法，我们已经完整地介绍了三种主要的趋势判断方法和三种次要的趋势判断方法。下面，我们就向大家传授如何寻找具体反弹卖出时机的方法。反弹卖出法的时机把握主要从四个方面入手：斐波那契分析、K线分析、成交量分析和SKDJ分析。这里需要再次强调的一点是，无论投资者此前判断的方向如何，此时寻找具体卖出时机和位置的重要性更大。位置比方向更有实践意义，因为方向的预测往往不是那么准确，**一个新手对方向判断的成功率为50%，而一个老手未必比这个高**。那么，为什么一个成熟和富有技巧的投资者能够持续在市场中生存和获利呢？关键一点就是这些投资者重视并且善于寻找到有利和恰当的出场位置和卖出时机。下面，我们就给出在反弹卖出时采用的出场时机分析技术。

纯技术的老手只能获得这么高的成功率。

第二节　维度一：反弹卖出时机的斐波那契分析

抢反弹需要极高的纪律性和时机判断。在时机判断上不光要看个股走势，还要看大盘走势。

当我们在波段低位**抢反弹买入**或者是波段高位买入股票被套，此后股价出现了一定程度的回升。按照趋势分析，如果发现股价此后继续下跌的可能性比较大，则我们就应该首先进行斐波那契分析，查看价格回升是否到达某一关键位置，是否已经止步，从而初步确认出场卖出的时机（见图5-1）。如图5-2所示，A点是投资者第一次买入的位置，此点是上升趋势中的一个波段的高点，买入后股价下跌，投资者被套（空仓的投资者可能在B点抢反弹），而且根据分析趋势仍旧是下跌的，不过现在股价有了一定程

度的反弹（从 B 点回升），所以投资者应该寻找价格反弹在某一斐波那契位置受阻的迹象，终于价格在 C 点附近的斐波那契回调线处受阻，于是投资者应该寻求进一步的证据来确认 C 点附近是反弹卖出的恰当时机，这就涉及从 K 线、成交量和 SKDJ 三个角度的进一步分析了。在本节，我们主要介绍如何利用斐波那契分析初步确认反弹卖出的时机。在接下来的三节中，我们则要向大家介绍其他三个维度的分析方法，并且在最后一节将这些分析综合起来给出一个完整的分析示范。这里还需要补充一点的是，在 B 点处实际上可以利用调整买入的原理进行分析，然后买入，向下摊平成本，在 C 点利用反弹卖出原理进行操作，这样就把调整卖出和反弹卖出两种方法结合起来使用了。

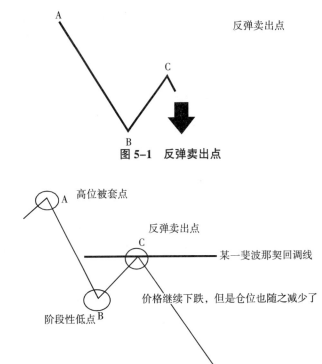

图 5-1　反弹卖出点

图 5-2　反弹卖出点和积极止损法

　　股价在下降趋势中的回调一般会在斐波那契的特定回调线受阻，然后继续下跌势头。那么什么是下降趋势中的斐波那契回调线呢？如图 5-3 所示，价格从 A 点下跌到 B 点，A 点是此波段的最高点，B 点是此波段的最低点，然后价格从 B 点开始往上，并且在 C 点处继续发展，也就是说 C 点并不固定。我们以 B 点为斐波那契分割的起始点，以 A 点为斐波那契分割的终止点，将 AB 线段总长度设定为 1，然后以 B 点为 0，A 点为 1 进行分割，分割比有 0.264、0.382、0.5、0.618、0.809 等，通常使用斐波那契分割比率的市场分析人士认为 0.382、0.5 和 0.618 是最为常用的分割比率，因为市场往往在反弹到这些位置的时候滞涨然后继续下跌，不过按照我们的统计结果，**0.809 也是不可忽视的**，在 A 股市场上所有五个比率都容易出现，如果一定要指出最有效的阻挡比率，则是 0.618 和 0.5。

0.809 不可忽视，但也不必重视，精力有限。

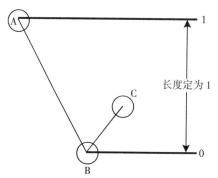

图 5-3　下降趋势中的斐波那契回调线

图 5-4 显示了斐波那契分割线在下降趋势中的运用，这是深成指的日线走势图，以 A 点为 1，以 B 点为 0 进行斐波那契分割，得到一组斐波那契分割线。这就是下降趋势中斐波那契分割谱系的具体运用。下面我们就来看看一些个股的真实例子，看看斐波那契回调线的阻力效果。图 5-5 是 S*ST 盛润趋势走势中的反弹，反弹高点**在 0.236 附近。**

0.236 分割位出现的频率没有 0.382、0.5 和 0.618 高。

图 5-6 是深圳能源的日线走势图，可以看到股价从高位回落后有一次弱势反弹，在 0.382 回调线附近受阻，此后继续下跌。

图 5-7 是深深房 A 的日线走势图，股价从 A 点跌到 B 点，此后股价反弹，在 C 点也是受阻于 0.382 回调线，之后回落继续下跌。

图 5-4 实际走势中的斐波那契回调点位

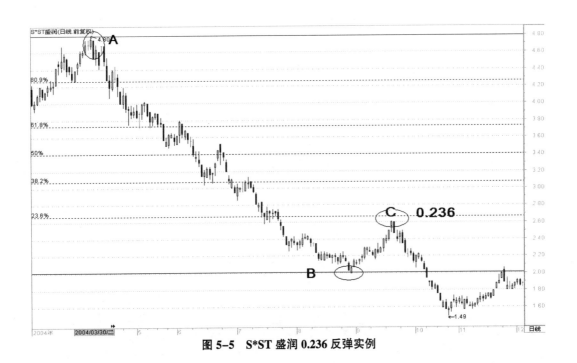

图 5-5 S*ST 盛润 0.236 反弹实例

图 5-6　深圳能源 0.382 反弹实例

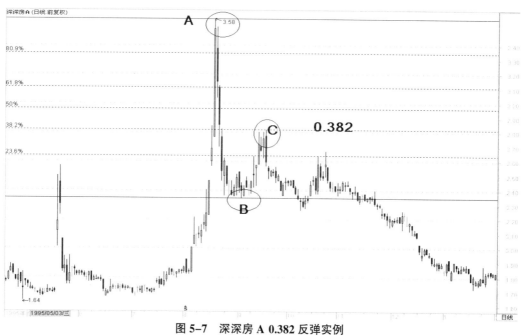

图 5-7　深深房 A 0.382 反弹实例

　　图 5-8 是深桑达 A 的日线走势图，股价从 A 点开始大幅度下跌，跌到 B 点时止跌，之后连拉三根大阳线，反弹到 C 点处受到 0.5 回调线的强大阻力，之后反复震荡，继续展开下跌走势。

图 5-8　深桑达 A 0.5 反弹实例

图 5-9 是深深房 A 的日线走势图，股价从 A 处高点拉大阴线猛跌，然后在 B 点止跌，之后展开反弹，止步于 C 点，此处是 0.5 回调位置，细心的读者会发现 C 点处有一个与看涨吞没相反的 K 线形态，这在后面我们会提到。

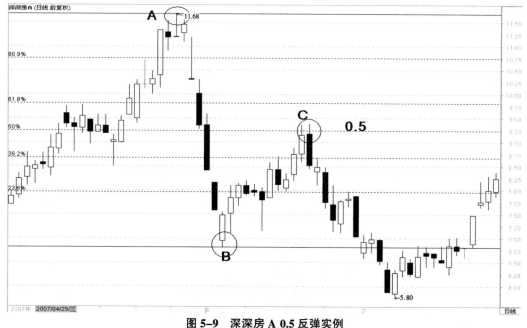

图 5-9　深深房 A 0.5 反弹实例

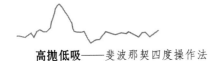

图 5-10 也是深深房 A 的日线走势图，我们以高点 A 为 1，低点 B 为 0 进行斐波那契分割，得到一组斐波那契分割线，股价反弹到 C 点处受到了 0.618 回调线的阻挡，此后股价继续下跌走势。

图 5-10　深深房 A 0.618 反弹实例（1）

图 5-11 还是深深房 A 的日线走势图，股价从 A 点下跌，到 B 点展开反弹，此后在 C 点的 0.618 处受到了阻挡，此后恢复跌势。

图 5-12 是深圳能源的日线走势图，股价从 A 点下跌到 B 点，之后展开反弹，在 C 点的 0.618 回调线处受到强力阻挡，股价随之下跌。

图 5-13 也是深圳能源的日线走势图，以 A 点为 1，B 点为 0 进行斐波那契分割，得到一组斐波那契分割线。股价从 A 点下跌，在 B 点止跌反弹，反弹到 C 点 0.618 回调线处受到阻挡，此后继续跌势。

图 5-14 是深桑达 A 的日线走势图，该图标注出了一个明显的**头肩顶走势**，股价的右肩反弹到 0.618 的位置受到阻挡，此后股价继续下跌。如果按照传统头肩顶的操作原

大型形态内部的波段比率往往也符合斐波那契比率。

则，应该等到股价跌破颈线，也就是跌破 B 点支撑时才能卖出，而按照斐波那契反弹卖出法，则应该在 C 点之下一点就卖出了。这就是斐波那契分析方法的先进之处。

图 5-11　深深房 A 0.618 反弹实例（2）

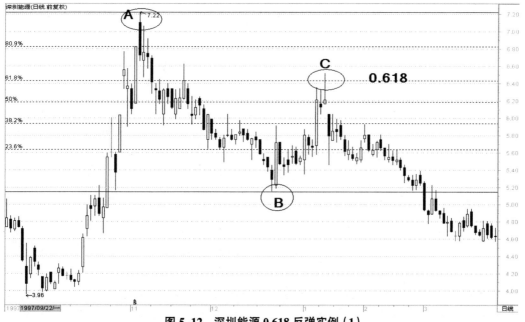

图 5-12　深圳能源 0.618 反弹实例（1）

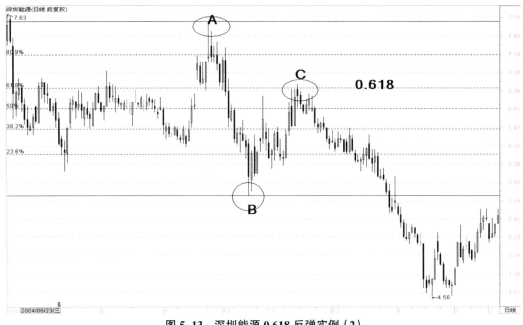

图 5-13　深圳能源 0.618 反弹实例（2）

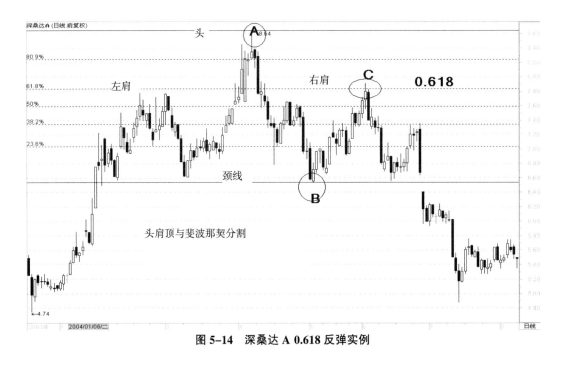

图 5-14　深桑达 A 0.618 反弹实例

　　图 5-15 是深圳能源的日线走势图，股价从 A 点下跌，跌到 B 点止跌，之后展开反弹，反弹到 C 点 0.809 回调线处受到阻挡，此后股价大幅下跌。

图 5-15　深圳能源 0.809 反弹实例

　　图 5-16 是深深房 A 的日线走势图，股价从 A 点下跌，到 B 点止跌，以 A 点为 1、B 点为 0 做斐波那契分割，股价反弹到 0.809 处受到阻挡，此后股价跳空下跌。这反映了斐波那契神奇的预测效果。

　　缺口很多时候与斐波那契点位共同对价格运行构成阻力。

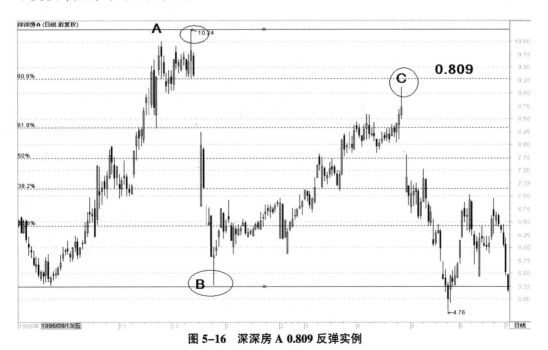

图 5-16　深深房 A 0.809 反弹实例

第三节　维度二：反弹卖出时机的 K 线分析

如果仅仅是做出下跌趋势中的斐波那契回调线，并不能确定具体的卖出位置，因为存在四五个潜在的可能目标，通过引入 K 线分析，我们可以将卖出位置锁定为一到两个，所以在反弹卖出时机把握上需要将斐波那契分析和 K 线分析结合起来使用。第一种反弹卖出 K 线形态是吊颈形态，请看图 5-17，这是新都酒店的日线走势图。吊颈形态要成立，必须之前的走势是上升的。吊颈形态与锤头形态是对应的，一个是顶部反转形态，一个是底部反转形态。**吊颈的实体部分靠近最高价，实体极小，下影线至少是实体部分的两倍长**，理想情况下是没有上影线的。图 5-17 圈注处就是一个典型的吊颈形态。

吊颈形态出现往往意味着价格还要回探低点。

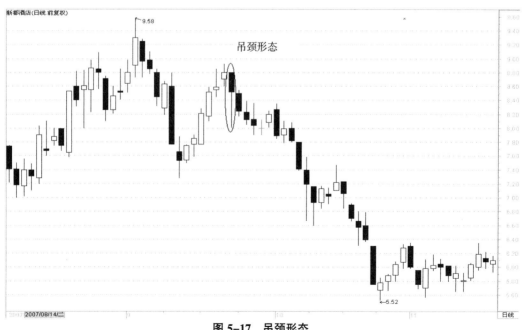

图 5-17　吊颈形态

这里需要强调一点的是吊颈形态实体颜色并不重要，也就是说不管吊颈本身是阴线还是阳线，这并不重要，图 5-17 的吊颈线是阴线，而图 5-18 的吊颈线就是一根阳线。图 5-18 也是新都酒店的日线走势图，圈注处就是一根吊颈阳线。

图 5-18　新都酒店日线走势中的吊颈形态

图 5-19 展示了一种较为**特殊的吊颈线**，其实体部分近似或者就是一根横线，而下影线部分极长。一旦在股价上涨或者反弹走势中见到这种 K 线就需要考虑是否及时卖出。

> 形态形成的原因和构成机理比形态的外观更为重要，不能拘泥于形态，而忘掉了逻辑。

图 5-20 是 ST 科健的日线走势图，股价从 A 点下跌，在 A 点买入该股的投资者被套，此后股价在 B 点止跌反弹，反弹到 C 点处遇到 0.5 回调线的阻挡，此时出现了一**根吊颈线**，请看圈注处，此后股价回落。图 5-20 演示了综合运用斐波那契分析和 K 线分析的过程。

> 这个实例中除了吊颈线之外还有流星线。

我们要介绍的第二种反弹卖出 K 线形态是看跌吞没形态。前面已经学习过了看涨吞没形态，想必大家对看**跌吞没形态**也能举一反三了。图 5-21 圈注处就是一个标准的看

> 看跌吞没形态对应的量非常重要，特别是其中阴线对应的量。

155

图5-19　新都酒店日线走势中的特殊吊颈形态

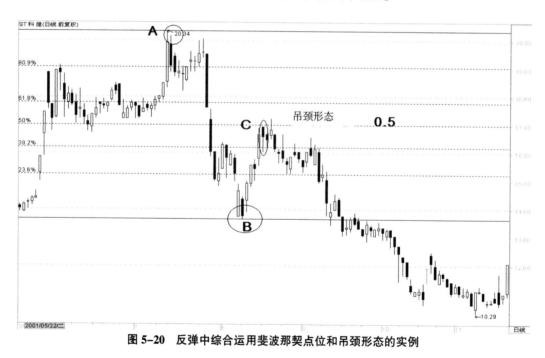

图5-20　反弹中综合运用斐波那契点位和吊颈形态的实例

跌吞没形态。该形态出现前股价处于上升趋势或者反弹中，此后出现了一根实体较小的阳线，接着出现一根实体较大的阴线，此阴线的实体覆盖前面阳线的实体。凡是在股价上涨和反弹中见到此种形态，后市下跌的概率增加不少。

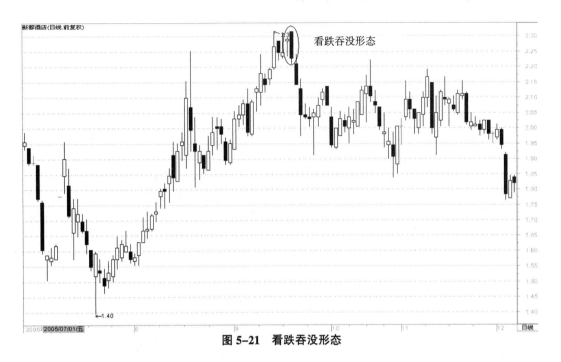

图 5-21　看跌吞没形态

图 5-22 是新都酒店的日线走势图，图中圈注了一种较为特殊的看跌吞没形态，该阳线的实体极短，几乎为十字线，或者就是十字线，出现这样的看跌吞没，其看跌意味更加浓烈，正确卖出的概率更高。

看跌吞没十字星是一种较为特殊的看跌吞没形态。

图 5-22　特殊的看跌吞没形态

图 5-23 是深振业 A 的日线走势图，在股价上涨的过程中出现了一个标准的看跌吞没形态，此后股价大幅度下跌。

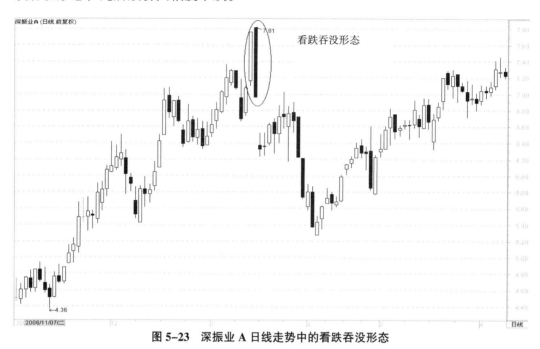

图 5-23　深振业 A 日线走势中的看跌吞没形态

我们将看跌吞没与斐波那契分析结合起来使用。图 5-24 是 ST 科健的日线走势图，股价从 A 点下跌到 B 点，之后反弹。在 A 点买入的投资者被套。我们以 AB 做

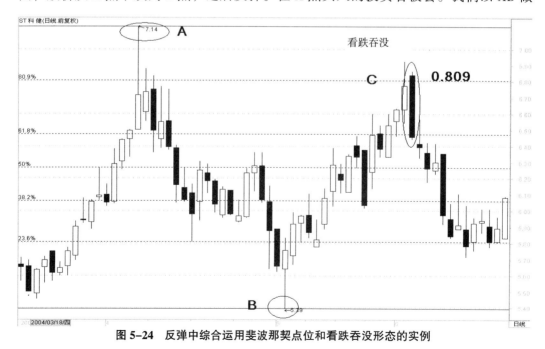

图 5-24　反弹中综合运用斐波那契点位和看跌吞没形态的实例

斐波那契分割，当股价运行到 0.809 回调线附近时，K 线出现看跌形态，这就确认了 0.809 的阻力存在，此时我们就应该考虑及时卖出减少亏损。如果能够在 B 点利用调整买入法原理加仓买入，与反弹卖出法结合使用，则可以更快地解套，对于空仓的投资者而言则是一个抢反弹后逢高卖出的机会。

　　第三种反弹卖出 K 线形态是乌云盖顶形态。如图 5-25 所示，圈注处就是乌云盖顶形态，这个形态与看涨的刺透形态对应。**乌云盖顶形态**出现前股价须处于上涨，出现一根阳线，接着出现一根阴线，阴线实体上端要求高过阳线实体上端，同时阴线实体下端要低于阳线实体中线。出现乌云盖顶后，投资者应该慎重考虑及时卖出，不过乌云盖顶形态的有效性没有看跌吞没那么高。

> 乌云盖顶形态是一个多头陷阱，在 T+1 的交割制度下，主力利用高开套住部分追风的散户。

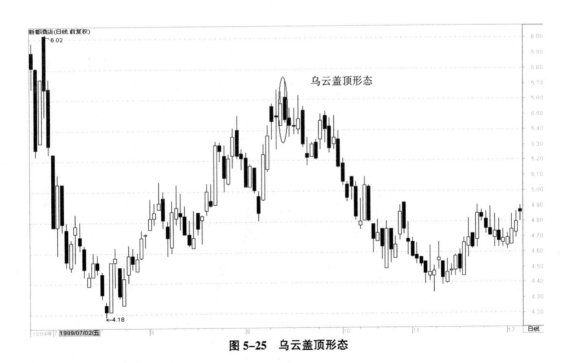

图 5-25　乌云盖顶形态

　　图 5-26 是深南电 A 的日线走势图，圈注处是一个标准的乌云盖顶形态。此后股价大幅度下跌。

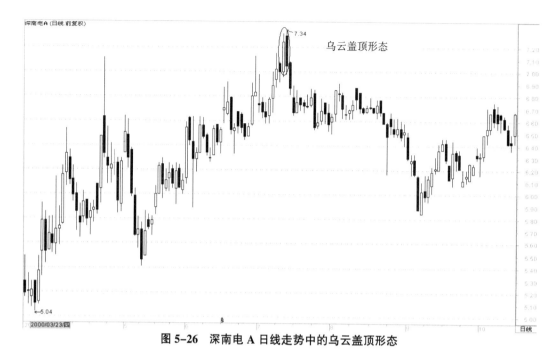

图 5-26　深南电 A 日线走势中的乌云盖顶形态

我们现在来看如何将斐波那契分析与乌云盖顶形态分析结合起来运用于反弹卖出法。图 5-27 是深纺织 A 的日线走势图，股价从 A 点下跌到 B 点，无论是在 A 点附近买入被套的投资者，还是空仓的投资者，此后都可以利用调整买入法原理在 B

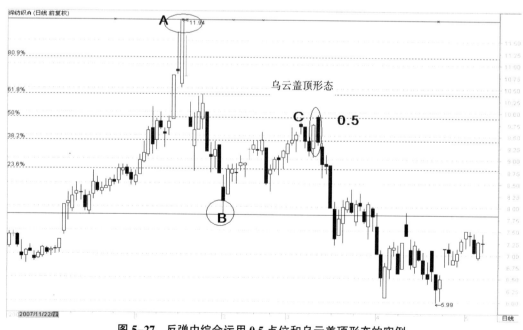

图 5-27　反弹中综合运用 0.5 点位和乌云盖顶形态的实例

点处买入，再结合反弹卖出法卖出，这里我们只谈后面部分的操作。以 AB 段做斐波那契分析，股价在 0.5 回调线附近走出乌云盖顶形态，确认了 0.5 的阻力有效，此前被套的投资者应该在 C 点附近及时卖出，积极止损。

第四种反弹卖出 K 线形态是**黄昏之星**形态。图 5-28 圈注处就是黄昏之星，该形态与早晨之星对应。黄昏之星出现之前的股价走势必须是上升的。标准黄昏之星是由三根 K 线组成的，第一根 K 线是大阳线或者是中阳线，第二根 K 线则是实体极其小的 K 线，位置处于另外两根 K 线的头部，第三根 K 线是大阴线或者是中阴线。黄昏之星出现的概率没有看跌吞没高，但是看跌意味也是非常浓的，比乌云盖顶形态更为有效。

> 黄昏之星反映了多空实力对比的转换，星体代表了均衡。

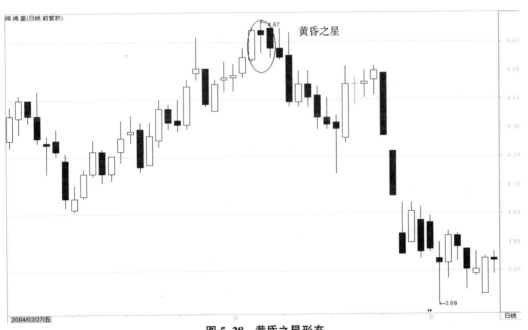

图 5-28　黄昏之星形态

有一种较为特殊的黄昏之星，如图 5-29 所示，该图圈注处的黄昏之星其第二根 K 线是一根十字线，其实体基本成一横线，这是一种看跌意味非常浓烈的形态。

除了第二根 K 线为十字线的黄昏之星，还有一种特殊的黄昏之星，这就是第二根 K 线的位置存在**两根以上的小**

> 多星体的黄昏之星代表着均衡阶段持续的时间较长。

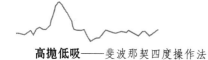

实体 K 线, 如图 5-30 所示。图中圈注处的黄昏之星比较特别,是由四根 K 线组成的。这种形态的看跌意味同样比较浓,投资者一旦遇到这种形态就应该考虑卖出。

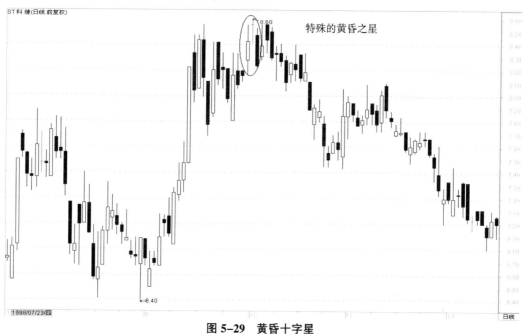

图 5-29 黄昏十字星

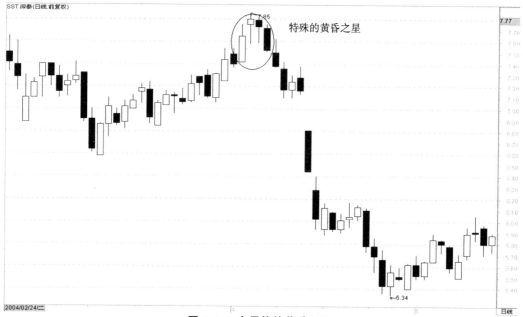

图 5-30 多星体的黄昏之星

我们将黄昏之星形态与斐波那契分析结合起来使用，如图 5-31 所示，这是泛海建设的日线走势图。股价从 A 点下跌，然后在 B 点开始反弹，投资者容易在 A 点被套。此后，可以利用回调买入法则的相关原理在 B 点操作，我们这里就不再介绍。股价从 B 点开始反弹时，我们利用斐波那契分析画出回调线谱，之后股价在 **0.5 回调线处出现了黄昏之星形态**，于是投资者应该考虑在 C 点附近卖出绝大部分仓位，控制和降低风险。

反弹中出现黄昏之星的概率不高，但是有效率非常高。

图 5-31　反弹中黄昏之星形态与斐波那契分析结合使用（1）

我们再来看一个结合运用斐波那契分析和黄昏之星形态的真实例子。图 5-32 是深长城的日线走势图，股价从 A 点回落，此后在 B 点反弹，我们据此进行斐波那契分析，得到回调线谱，股价在 0.618 回调线出现了黄昏之星，这就确认了 0.618 回调线的位置，提醒投资者认真考虑这一逃命机会，当然最后的卖出决策至少还需要考虑成交量状况。

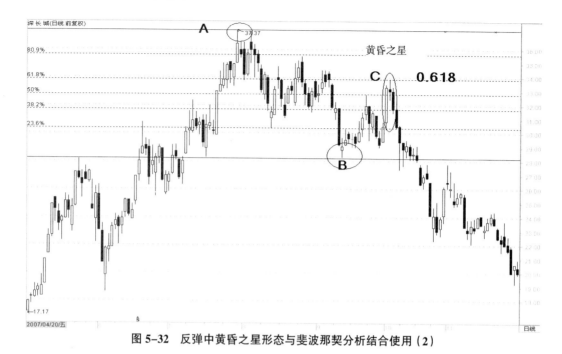

图 5-32　反弹中黄昏之星形态与斐波那契分析结合使用（2）

特殊黄昏之星可能是由于星体太多，而难以辨认，为了提高其有效率要求星体越小越好。

图 5-33 是中集集团的日线走势图，这个例子展示了特殊黄昏之星与斐波那契分析的综合运用。股价从 A 点下跌，然后在 B 点反弹，据此进行斐波那契分析，得到回调线谱。股价在 0.5 回调线处出现了**特殊的黄昏之星**，如图中 C 区

图 5-33　反弹中特殊黄昏之星形态与斐波那契分析结合使用

域所示，这就是 K 线对阻力有效性的确认，投资者应该认真考虑这一卖出机会。

第五种反弹卖出 K 线形态是流星形态。所谓流星形态就是实体极短，同时上影线至少是实体的两倍以上长度，在理想情况中下影线是没有的。如图 5-34 所示，这是新都酒店的日线走势图，图中圈注处就是**流星形态**。

> 冲高回落是主力套人常用的招式。冲高回落与最后一次利好题材以及一次性利好题材兑现密切相关。

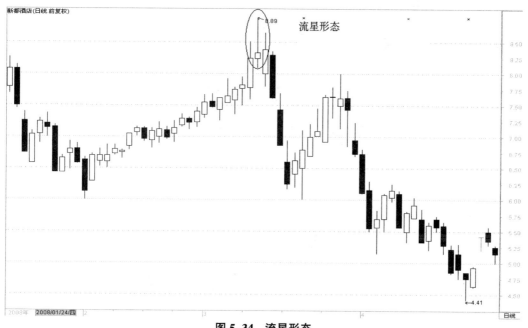

图 5-34　流星形态

流星形态到处都是，即使在同一只个股走势上，不少顶部也都是流星形态标识出的，图 5-35 还是新都酒店的日线走势图，请看图上圈注的流星形态。

下面我们介绍如何将流星形态与斐波那契分析结合起来使用。如图 5-36 所示，这是华联控股的日线走势图，股价从 A 点下跌到 B 点反弹，据此进行斐波那契分析，得到回调线谱。股价在 0.5 回调线处出现了流星形态，初步确认了此处的阻力存在。投资者应该考虑及时卖出的问题。

图 5-37 是 ST 科健的日线走势图，股价从 A 点下跌，无数投资者在此位置附近买入被套，此后股价跌到 B 点反

弹，据此进行斐波那契分析，得到回调线谱，股价此后在 0.5 回调线处盘整，先后出现了流星形态和乌云盖顶形态，叠加的看跌形态确认了 0.5 回调线处的阻力。投资者需要认真考虑在 C 区域卖出的问题。

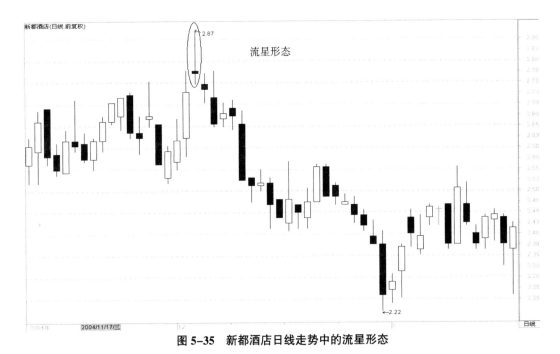

图 5-35　新都酒店日线走势中的流星形态

图 5-36　反弹中流星形态与斐波那契分析结合使用实例（1）

图 5-37 反弹中流星形态与斐波那契分析结合使用实例（2）

第六种反弹卖出 K 线形态是**看跌母子形态**。看跌母子形态与看涨母子形态是对应的。如图 5-38 所示，看跌母子形态之前的股价走势呈现出上涨，首先出现一根实体阳线，实体至少为中等长度，接着出现一根实体更短的阴线，而

母子形态其实表明了均衡状态，最好等待后面的 K 线确认。比如看跌母子形态，则应该等待一根中阴线或者大阴线来确认。

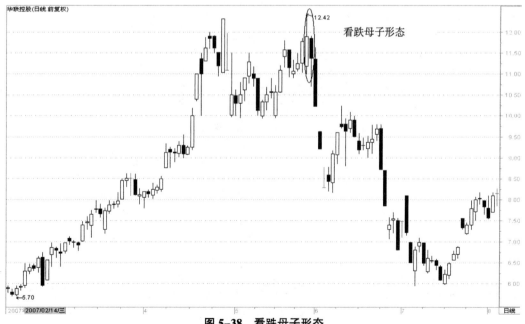

图 5-38 看跌母子形态

且该阴线的实体完全被前一根阳线的实体覆盖。这种看跌信号的强度没有看跌吞没形态强，所以我们要谨慎对待这种看跌信号。这里仅仅是让大家认识到存在这样一种看跌信号，但是并不提倡大家采用这一信号。

第四节　维度三：反弹卖出时机的成交量分析

反弹卖出的要点首先是利用看盘软件自带的画线功能做出斐波那契回调线谱，然后等到价格在某一关键回调位置处出现看跌 K 线形态，接着还需要查看这一形态对应的**成交量是否出现阶段性高点**，如果出现了，则可以考虑卖出，及时控制风险，减少亏损。如图 5-39 所示，这是德赛电池的日线走势图，股价从 A 点下跌，不少在此价位附近买入的投资者被套，此后股价从 B 点反弹，然后在 C 点达到反弹高点，对应的成交量也形成了阶段性高点。

成交量高点意味着聪明的资金在进出。

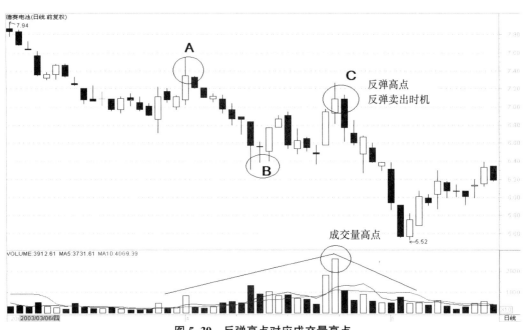

图 5-39　反弹高点对应成交量高点

　　下面，我们将 K 线形态与成交量结合起来分析反弹卖出的时机把握问题。如图 5-40 所示，这是 *ST 赛格的日线走势图，图中圈注处是反弹的高点，一个看跌吞没形态标识出了这个反弹高点，对应该高点的成交量短暂增加，形成了一个阶段性高点。

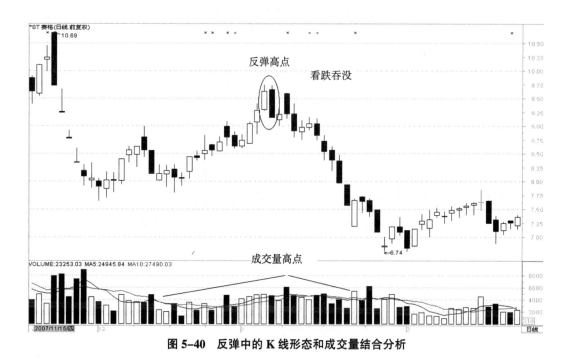

图 5-40　反弹中的 K 线形态和成交量结合分析

　　我们再增加一个分析维度，这就是斐波那契分析。在我们的斐波那契四度操作法中，通常是应该最先画出斐波那契回调线的，不过你也可以单独采用其他几样技术。图 5-41 与图 5-40 是同一段行情走势。股价从 A 点下跌，由于连续跌停不少投资者被套，此后在 B 点止跌开始反弹。股价在 0.618 回调线处出现看跌吞没，同时成交量形成阶段性高点。斐波那契分析、K 线形态和成交量状态都表明了此处是反弹的高点，所以先前被套的投资者应该认真考虑在此处逢高卖出的问题。

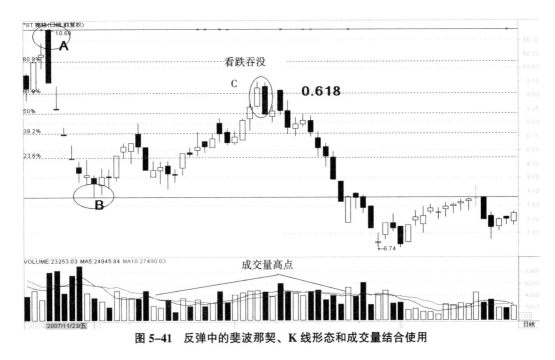

图 5-41 反弹中的斐波那契、K 线形态和成交量结合使用

第五节 维度四：反弹卖出时机的 SKDJ 分析

中线死叉没有高位死叉的准确率高。

在判定反弹卖出的时机时，我们第一步要做的是绘出斐波那契回调线谱，第二步是查看关键回调位置是否出现了看跌的 K 线形态，第三步是查看对应成交量是否出现了阶段性高点，第四步不是必要的，但是确实能够提高胜率，这就是 SKDJ 分析，这是斐波那契四度操作法的最后一个维度，也是解套操作的一个绝招。第一类反弹卖出**信号是中线附近死叉**。如图 5-42 所示，这是农产品的日线走势图，股价从 A 下跌，不少在此处买入的投资者都被套了，此后股价在 B 点反弹，反弹到 0.618 附近出现了看跌母子形态，对应的成交量出现了阶段性高点，同时 SKDJ 在中线附近出现了死叉。所有这些信号汇聚成一个交易决策：在 C 点应该及时卖出。

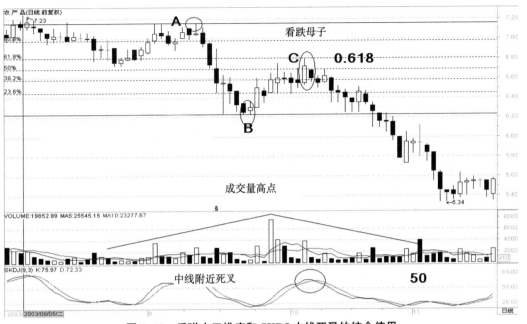

图 5-42 反弹中三维度和 SKDJ 中线死叉的结合使用

第二类反弹卖出信号是超买。图 5-43 是北方国际的日线走势图，股价从 A 点下跌，中途一度跌停，此后股价在 B 点反弹。股价在 0.618 附近出现了吊颈形态，与此同时成交量出现了阶段性高点，而且 SKDJ 也处于超买位置，四个维度同时给

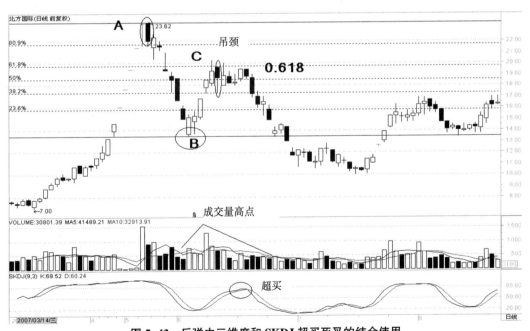

图 5-43 反弹中三维度和 SKDJ 超买死叉的结合使用

出了在 C 点附近卖出的信号，先前在 A 点处被套的投资者就应该在 C 点附近逢高卖出，及时逃命。

第六节　反弹卖出法综合示范

反弹卖出，是逢高兑现利润的方法，也是一种积极的止损方法，通过在反弹高点卖出来减少损失。反弹卖出法的一般操作步骤也是四步：第一步，找出下跌波段的高点和低点做斐波那契分析；第二步，寻找看跌 K 线形态；第三步，查看成交量是否出现相应的阶段性高点；第四步，看 SKDJ 在波段高点是否出现超买或是死叉。下面我们就结合三个不同的实例进行介绍。

下面我们举例说明。

第一个例子是川化股份：股价从 A 点下跌，在此处附近买入的投资者被套，股价随后从 B 点反弹，如图 5-44 所示。

第一步，做斐波那契分析。以 A 点为 1、B 点为 0 进行斐波那契分割，得到斐波那契回调线谱，如图 5-44 所示。

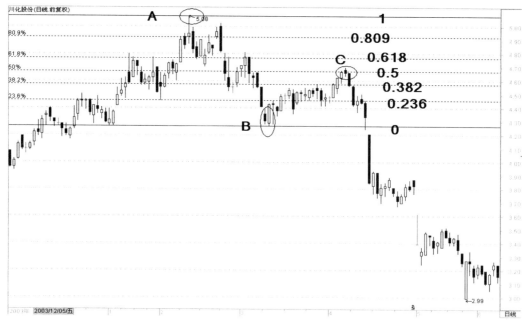

图 5-44　川化股份反弹的斐波那契分析

第二步，寻找看跌 K 线形态。股价上升到 0.5 附近出现了黄昏之星，如图 5-45 所示。

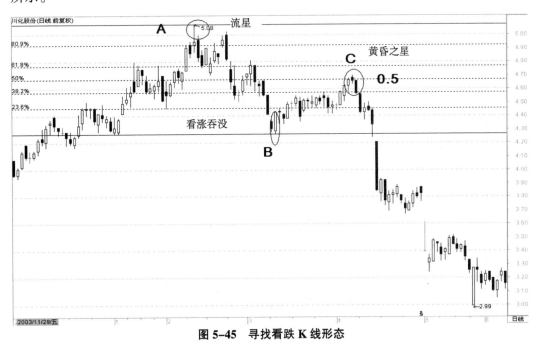

图 5-45　寻找看跌 K 线形态

第三步，查看成交量是否出现相应的高点。对应于黄昏之星的成交量出现了阶段性高点，如图 5-46 所示，这进一步确认了黄昏之星附近是卖出点。

图 5-46　查看成交量是否出现相应的高点

第四步，看 SKDJ 在波段高点是否出现超买或是死叉。如图 5-47 所示，出现黄昏之星时对应出现了 SKDJ 的超买状态，这就大大提高了在 C 点卖出的胜率。

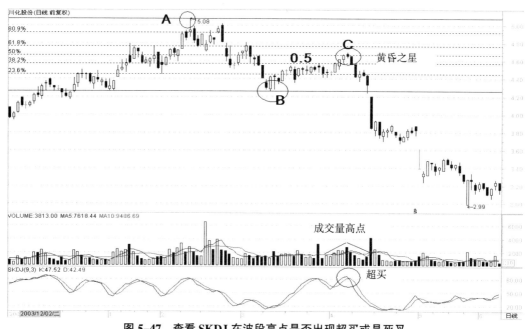

图 5-47　查看 SKDJ 在波段高点是否出现超买或是死叉

第二个例子是常山股份：股价从 A 点下跌，在此价位附近买入的投资者被套，此后股价从 B 点回升，被套投资者寻求反弹解套机会。

第一步，做斐波那契分析。如图 5-48 所示，被套投资者寻找解套机会，以下降波段的高点和低点做斐波那契分割，得到一组斐波那契回调线。

第二步，寻找看跌 K 线形态。如图 5-49 所示，**估计股价在 0.809 附近出现了黄昏之星形态。**

第三步，查看成交量是否出现相应的高点。如图 5-50 所示，黄昏之星出现时，成交量出现了阶段性高点，这就进一步确认了 C 点卖出的可靠性。

股价其实在 0.5 点位出现了看跌母子，不过阴线实体不够小，同时成交量也不够大。保守的交易者可以在此兑现部分筹码。

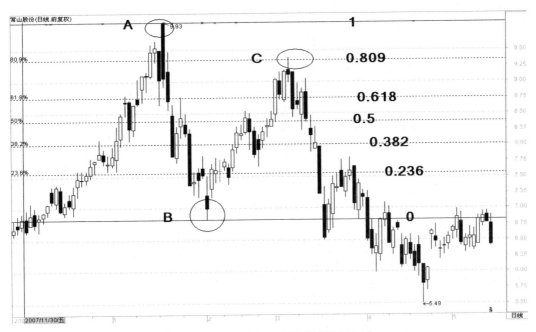

图 5-48　常山股份反弹的斐波那契分析

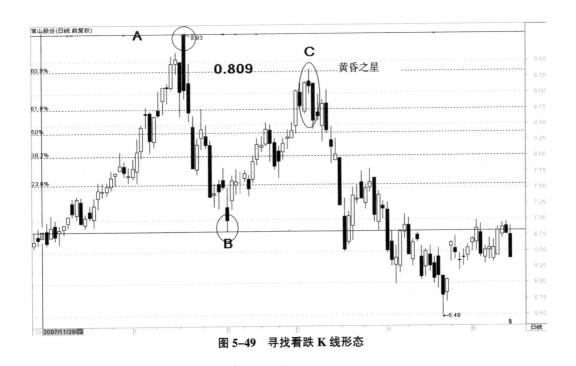

图 5-49　寻找看跌 K 线形态

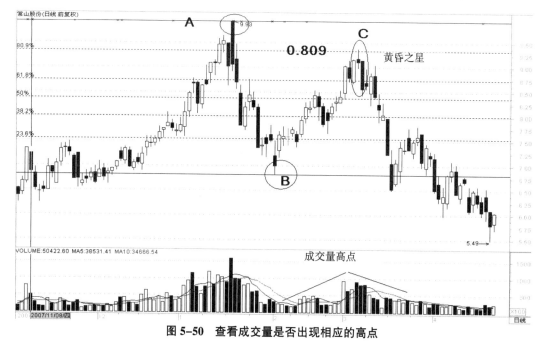

图 5-50　查看成交量是否出现相应的高点

第四步，看 SKDJ 在波段高点是否出现超买或是死叉。如图 5-51 所示，黄昏之星出现的地方，SKDJ 出现了超买信号，大大提高了 C 点卖出的可靠性。

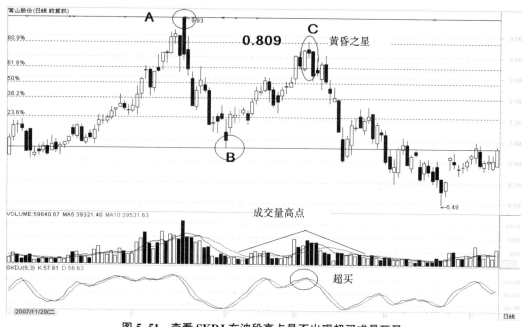

图 5-51　查看 SKDJ 在波段高点是否出现超买或是死叉

　　第三个例子是英特集团：股价从 A 点近乎垂直地下跌，然后在 B 点开始反弹。

　　第一步，做斐波那契分析。以 A 点为 1、B 点为 0 进行斐波那契分割，得到如图 5-52 所示的一组斐波那契分割线。

图 5-52　英特集团反弹中的斐波那契分析

　　第二步，寻找看跌 K 线形态。如图 5-53 所示，股价从 A 点下跌，在 B 点反弹，然后 C 点 **0.618 回调线**处形成**看跌吞没**，初步表明了 C 点附近卖出的可能性。

　　第三步，查看成交量是否出现相应的高点。如图 5-54 所示，对应于看跌吞没的成交量出现了阶段性高点，进一步确认了 C 区域是一个恰当的及时卖出点。

　　第四步，看 SKDJ 在波段高点是否出现超买或是死叉。如图 5-55 所示，看跌吞没出现时 SKDJ 指标处于超买状态，这就大大提高了卖出的可靠性。

　　其实在 0.5 点位处也出现了看跌反转 K 线，具体而言就是流星，但是量不大。保守的交易者可以在此平仓或者兑现部分筹码。

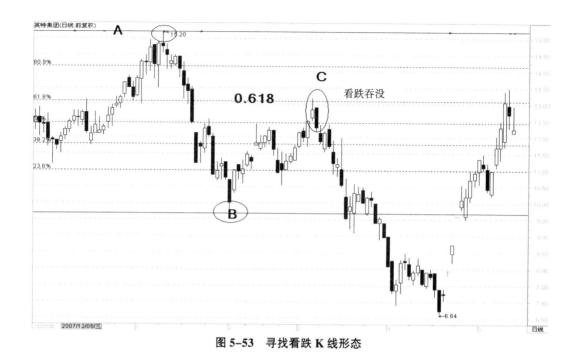

图 5-53　寻找看跌 K 线形态

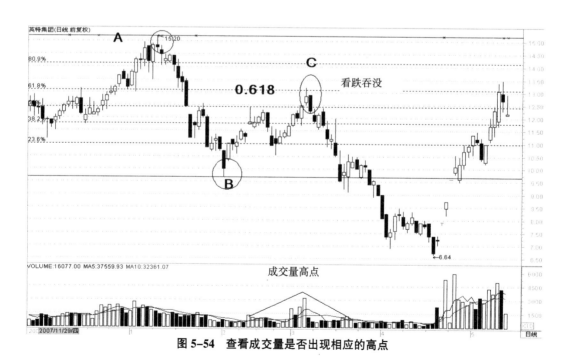

图 5-54　查看成交量是否出现相应的高点

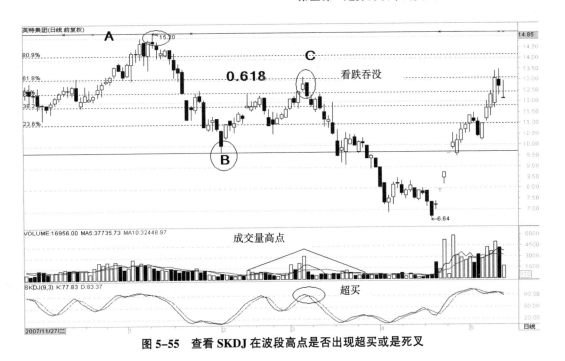

图 5-55　查看 SKDJ 在波段高点是否出现超买或是死叉

第七节　升华与思考——题材性质与反弹卖出

　　抢反弹后，什么时候离场呢？或者说下跌后股价反弹，前期被套的头寸该在什么时候离场呢？反弹卖出就是要解决这一问题。

　　反弹和反转的区别在行情走出来之后是一目了然的，但是在那个时点上两者的技术特征是类似的，这就让纯技术交易者容易迷失在其中了。

　　无论是局部拐点，还是全局拐点，技术特征都差不多。两者的关键区别在于题材性质，或者说驱动逻辑上。

　　那么，在"反弹卖出"结构中，能够提高卖出准确度的题材类型有哪些呢？

　　请看图 5-56。在 b 点可能因为三个原因开始反弹：

　　第一个原因是利空兑现；

　　第二个原因是短线超卖，阶段性恐慌后，筹码锁定；

　　第三个原因是一次性利多出现。

　　b 点的常见技术特征有：

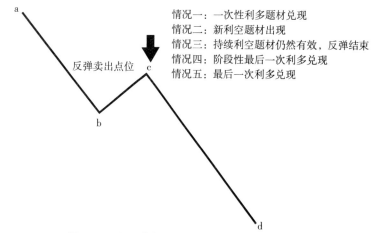

情况一：一次性利多题材兑现
情况二：新利空题材出现
情况三：持续利空题材仍然有效，反弹结束
情况四：阶段性最后一次利多兑现
情况五：最后一次利多兑现

图 5-56 "反弹卖出"结构与"题材性质"类型

（1）震荡指标超卖，低位金叉；

（2）看涨反转线形态，比如看涨吞没线等；

（3）地量；

（4）触及斐波那契向下延伸点位。

b 点在情绪周期方面的常见特征有：

（1）情绪周期处于冰点；

（2）指数见底回升。

因此，可以结合上述题材类型（逻辑）、技术行为（结构）和赚钱效应（周期）高效确认 b 点。

价格从 b 点反弹后，什么时候容易见顶呢？如何高效确认 c 点，也就是反弹卖出点呢？

从题材性质来看，c 点附近存在如下情况：

第一，一次性利多题材兑现，比如业绩一次性上修；

第二，新利空题材出现；

第三，上涨过程中最后一个利多落地。

c 点相应的技术特征有：

（1）反弹至重要的斐波那契点位，通常在 0.382 到 0.618 区间；

（2）出现看跌反转 K 线，比如看涨吞没或者是流星形态等；

（3）KD 指标出现高位死叉；

（4）阶段性天量出现，不过如果出现新利空消息则可能出现显著放量阴线。

c 点的周期特征则是：

第一，相应行业或者概念板块出现阶段性高潮特征；

第二，大盘指数超卖。

因此，可以结合上述题材类型（逻辑）、技术行为（结构）和赚钱效应（周期）高效确认 c 点。

我们来看两个简单的实例。

第一个例子是富临精工（见图 5-57），从 45 元附近下跌后回升，涨到 0.382 反弹点位附近受阻。反转看跌 K 线、阶段性天量和 KD 高位死叉共同从结构上确认了反弹结束。从逻辑的角度来看，高位附近出现了一次性利多兑现。该公司发布公告称获得了发明专利证书，而该专利其实并无多大的意义，"一日游"行情后价格转跌。

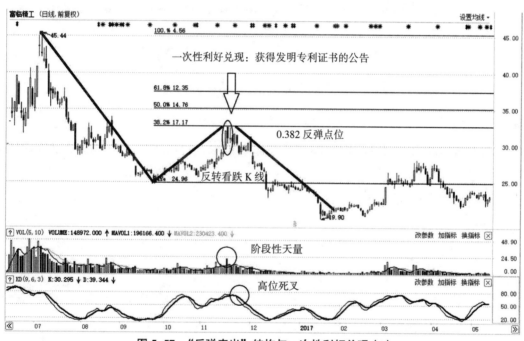

图 5-57　"反弹卖出"结构与一次性利好兑现（1）

第二个例子是创业黑马（见图 5-58）。该股作为次新股开板后，未能持续上行，很快持续下跌。下跌到出现反弹，反弹到了 0.5 点位附近受阻。

为什么说受阻呢？价量特征和 KD 指标证明了点位阻力有效。同时，这波上涨的小高潮是在一次性利多题材的发酵下出现的——2017 年 11 月 7 日创业黑马获得政府一次性补助，计入营业外收入，当期将增加营业外收入 10122544 元。

从结构上看反弹结束，从逻辑上看一次性利好兑现了。这些都是市场的"明

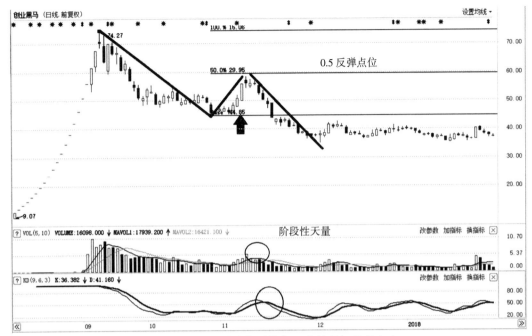

图 5-58 "反弹卖出"结构与一次性利好兑现（2）

牌"，如果在关注结构的同时看逻辑，那么应该自然而然地卖出，至少大幅减仓。

二十多年前的 A 股交易者可能只需要看价量和盘口就可以成为市场中最强的玩家，但是现在如果不能结合公告来看价格的波动，则很难在市场中立足。

我们不能仅停留在只看结构和技术的年代，必须与时俱进，牢牢把握"结构"与"逻辑"。

趋势持续中的卖出点（2）：跌破卖出法

第一节　消极止损法与跌破卖出

　　跌破卖出法是不得已之法，相当于"壮士断腕"，好比丢车保帅之举。其目的是避免损失无限制地扩大，及时退出亏损的交易，**是出场之法中的下下策，但也是最后的防线**。跌破卖出需要的是果断，为了避免浮动亏损扩大，需要及时兑现实亏，只有少数投资者能够做到这一点。

　　所谓的消极止损法就是当价格跌破前期低点的时候，投资者果断卖出，主动结束亏损头寸，由于这样的出场方法都是在前期错失了最佳卖出机会后才采取的，所以也被称为消极止损法，这是一种亡羊补牢的出场方法，为了避免被套，被深套，主动止损出局。

　　跌破卖出法也需要经过三个步骤判断。

　　首先，投资者需要判断目**前的趋势继续下跌的概率大**不大。

　　其次，投资者再从斐波那契调整线、K线、成交量和SKDJ四个维度来把握具体的跌破卖出时机。

　　最后，一旦投资者较为正确和妥善地完成了上述两个

　　趋势跟踪交易法没有止盈一说，但是靠跟进止损来兑现利润。所谓跟进止损就是跌破止损，也是我们所谓的后位止损法。

　　如果这一止损位是无附加条件的，那么无论判断趋势是否处于上升，只要跌破就必须止损。

步骤，则投资者就可以顺利地限制风险，最终完成解套的任务，这是一个自然而然的结果。

关于趋势的判断有三种主要规则和三种次要规则，这个前面我们已经详细介绍过了，这里简单重复一下。

趋势判断的三种主要规则分别是：

第一，按照 K 线此前一段走势中的实体大小来判断。如果此前出现的 K 线阴线实体都比较大，则表明市场继续下跌的概率较大。

第二，按照 K 线此前一段走势中两种类型的数量比例来判断。如果此前一段走势中出现的阴线数量明显多于阳线的数量，则表明市场继续下跌的概率较大。

第三，按照价格走势的高低渐次原则来判断。所谓**高低渐次意思是**指，如果高点越来越低，而低点也越来越低，则表明趋势继续向下。

可以利用向下 N 字来具体观察这一原则是否满足。

趋势判断的三种次要规则分别是：

第一，按照波段的升降时间来判断，通常而言，在趋势上的波段持续时间更久，而更为肯定的是幅度更大。如果向下的波段持续时间更久，而且幅度更大，则表明市场继续向下的概率比较大。

第二，按照更大的时间框架上的价格走势来判断。如果在日线图上操作股票，那么炒家要判断目前的趋势，则可以看周线图甚至月线图。

第三，按照趋势技术指标来判断，最为有效和常用的趋势指标是移动平均线，除此之外还有 MACD 等基于移动平均线的趋势指标。

我们已经完整地介绍了三种主要的趋势判断方法和三种次要的趋势判断方法。下面，我们就向大家传授如何寻找具体跌破卖出时机的方法。跌破卖出法的时机把握主要从四个方面入手：斐波那契分析、K 线分析、成交量分析和 SKDJ 分析。这里需要强调的一点是，无论投资者此前判断的方向如何，此时寻找**具体出场时机和位置的重要性更**

大。位置比方向更具有实践意义，因为市场方向的预测往往不是那么准确，一个新手对方向判断的成功率为 50%，而一个老手未必比这个高。那么，为什么一个成熟和富有技巧的交易者能够持续在市场中生存和获利呢？关键一点就是他们重视并且善于寻找到有利和恰当的出场位置和卖出时机。下面就给出我们在跌破卖出时采用的出场时机分析技术。

> 处于亏损的时候，尽早出场比过晚出场有利。处于盈利的时候，过晚出场比过早出场有利。

第二节　维度一：跌破卖出时机的斐波那契分析

斐波那契四度操作法不仅是一个进场的利器，也是一个出场的利器，在前面几课中，我们已经学到了如何利用斐波那契分析法等工具来达成及时进出场的流程。在上一课里，我们更多的是采用除了 0 和 1 之外的其他水平分割线作为潜在卖点，比如 0.5 和 0.618 等。在本课中，我们将利用跌破 0 线机会作为卖出时机。图 6-1 和图 6-2 详细地演示了跌破卖出之前的分析过程和操作方法。股价由 A 点下跌，投资者在 A 点附近高位买入被套。股价此后获得支撑反弹，在 B 点我们可以**实施反弹卖出操作**，这是主动止损法，此后股价继续回落，我们就应该在股价跌破前期低

> 反弹卖出其实比跌破卖出更难，主要是心态难以做到，因为在价格回升阶段，如果还未解套，那么持仓者往往不愿意在有希望的情况下兑现亏损。

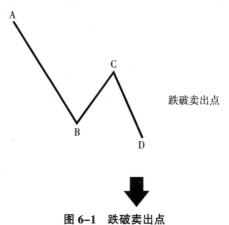

图 6-1　跌破卖出点

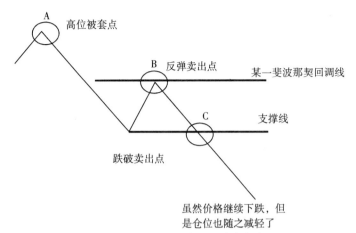

图 6-2　消极止损法和跌破卖出点

点的 C 点附近卖出，这就是跌破卖出法的关键，也就是在股价跌破支撑线时及时卖出止损，通过这种较为被动的止损方法来限制亏损，控制风险。

下面我们来看几个具体的例子。如图 6-3 所示，AB 是下降波段，以 A 为 1、B 为 0 进行斐波那契分割可以得到若干条分割线，从图中可以看到，但是我们这里要寻找的是 0 线，也就是**支撑线（通常标记为 "S-LINE"），图 6-3 中就是这样标注的。投资者可能在 A 点高位买入被套，此后股价在 B 点反弹，然后在 C 点达到反弹最高点，此点出现了看跌吞没，同时受制于 0.618 回调线。股价此后继续下跌，在 D 点跌破了 B 点形成的支撑线。投资者也可能在 BC 段的反弹中买入被套，无论是套在哪一段，如果价格跌破 B 点水平线，那么都存在止损的需要。**

我们再来看几个例子，图 6-4 是宝石 A 的日线走势图，股价从 A 点回落，在此处买入的投资者被套，在 B 点处**反弹，我们以此进行斐波那契分析，此后股价在 C 点受制于 0.618 回调线，此时出现了流星形态，这是一个反弹卖出点。此后股价跌破了 B 点构成的支撑线，这就是跌破卖出点。**

斐波那契四度模型可以对股价形态的比率关系做出有预见性的测度，这点非常有价值，无论是买入还是卖出都可以借用这一模型确定最佳时机。

反弹卖出是减少亏损的方法，跌破卖出是限制亏损的方法，所谓亡羊补牢，犹未晚矣。

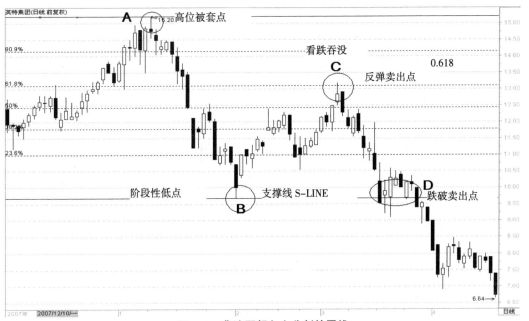

图 6-3　斐波那契向上分割的零线

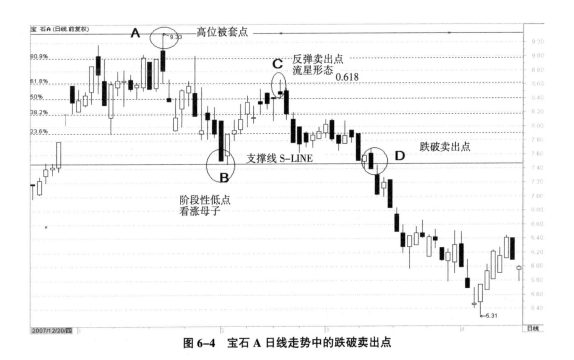

图 6-4　宝石 A 日线走势中的跌破卖出点

　　图 6-5 是吉林化纤的日线走势图，股价从 A 点下跌，到 B 点反弹，我们以 AB 做斐波那契分割，B 点所在的价位构成支撑线。当股价在 D 点跌破此支撑线时，此时投资者应该考虑及时卖出。

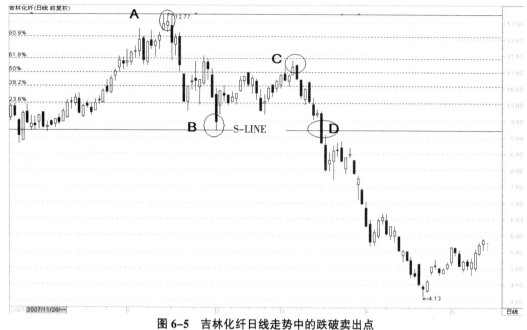

图 6-5　吉林化纤日线走势中的跌破卖出点

第三节　维度二：跌破卖出时机的 K 线分析

C 点是一个典型的黄昏之星，而且出现在 0.618 点位处。

反弹最高点是一根流星线，并且恰好位于 0.618 点位。

反弹最高点是看跌吞没，出现在 0.618 点位。

跌破卖出的最普遍形态就是大阴线或者中阴线跌破前期低点构成的阻力。请看下面几个例子。图 6-6 是东阿阿胶的日线走势图，股价从 A 点跌到 B 点后反弹，B 点价位**构成支撑线**，股价在 D 点以中阴线跌破此支撑线，这就初步确认了 D 点是恰当的卖出时机。

图 6-7 是南京中北的日线走势图，股价从 A 点跌到 B 点，之后反弹，在 B 点构成支撑，**此后股价在 D 点以大阴线跌破支撑**，这就初步确认了这是一个恰当的卖出时机。

图 6-8 是吉林化纤的日线走势图，股价从 A 点跌到 B 点，**之后反弹**。B 点价位构成支撑，此后股价在 D 点处以大阴线跌破支撑，初步确认了卖出止损时机。

图 6-6　东阿阿胶日线走势的大阴线跌破

图 6-7　南京中北日线走势的大阴线跌破

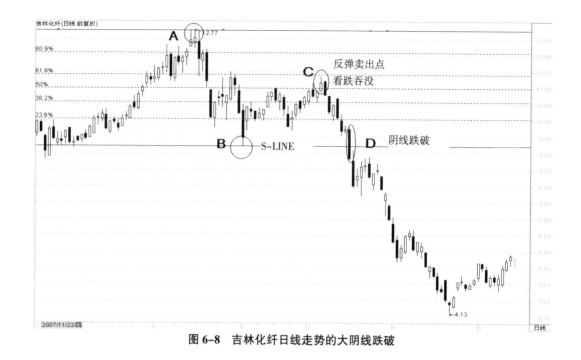

图 6-8　吉林化纤日线走势的大阴线跌破

第四节　维度三：跌破卖出时机的成交量分析

倾向效应表明，下跌时愿意止损的人远远少于上涨时愿意兑现利润的人。

跌破时的成交量并不是特别小，也不是特别大，与周围的成交量比起来趋于平均。如果成交量过大，则可能有大量的买家入场吸纳，如果成交量过小，则表明卖家惜售。如图 6-9、图 6-10 和图 6-11 所示三个例子，股价在 D 点跌破支撑时，成交量比较正常，这进一步确认了跌破卖出的时机。

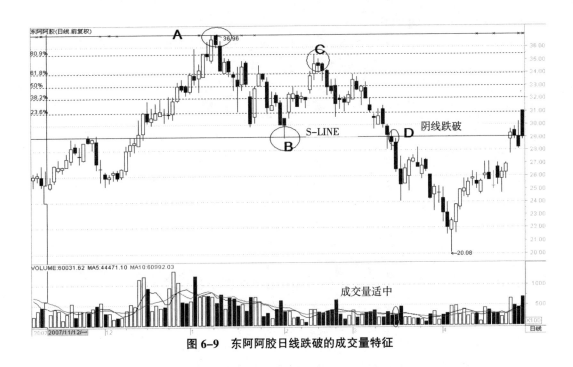

图 6-9　东阿阿胶日线跌破的成交量特征

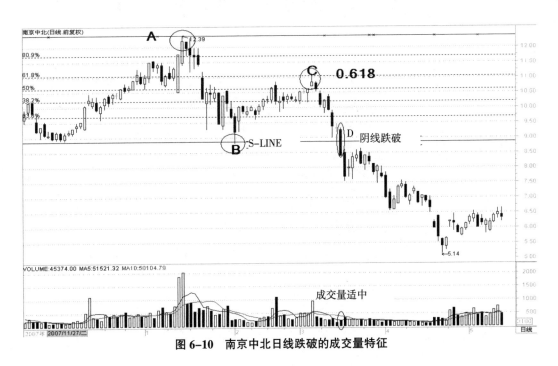

图 6-10　南京中北日线跌破的成交量特征

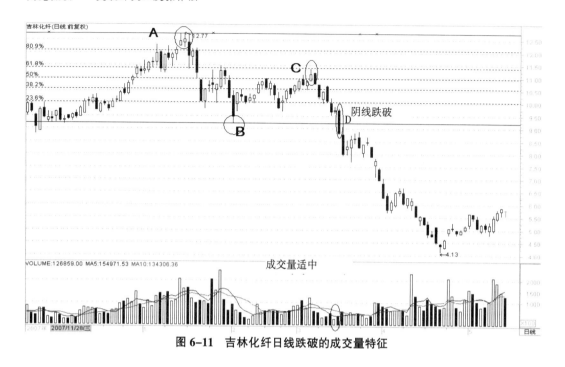

图 6-11　吉林化纤日线跌破的成交量特征

第五节　维度四：跌破卖出时机的 SKDJ 分析

　　跌破卖出的时机分析，我们已经介绍完了三个维度，这里我们介绍最后一个维度，这就是 SKDJ 维度。跌破卖出要求 SKDJ 在阴线跌破前期支撑时处于超卖的状态，这是弱势的指标。如图 6-12 所示，**股价在 D 点处跌破支撑时**，SKDJ 处于超卖状态，这就再进一步确认了 D 点附近是卖出止损的恰当时机。

　　图 6-13 是南京中北的例子，股价在跌破支撑时，SKDJ 处于超卖状态，这就确认了此前三个分析维度发出的卖出信号。

反弹高点 C 对应了一个黄昏之星，同时震荡指标处于超卖金叉。

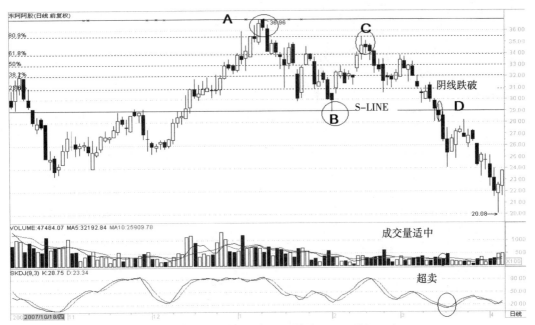

图 6-12　东阿阿胶日线跌破的 SKDJ 特征

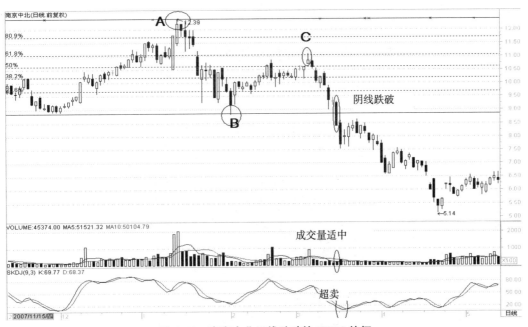

图 6-13　南京中北日线跌破的 SKDJ 特征

　　图 6-14 是吉林化纤的日线走势图，股价从 A 点跌到 B 点，之后反弹，然后股价在 D 点以大阴线跌破支撑，对应的成交量适中，同时 SKDJ 处于超卖状态，这就确认了 D 点的卖出信号。

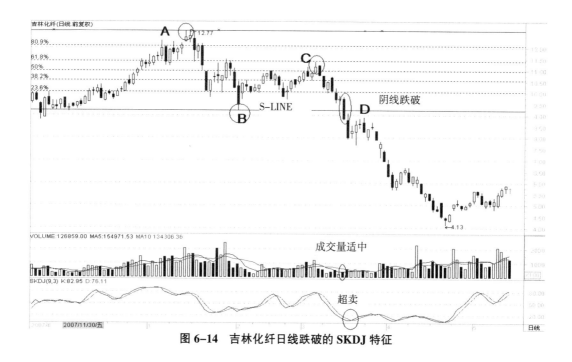

图 6-14　吉林化纤日线跌破的 SKDJ 特征

第六节　跌破卖出法综合示范

其实不管 SKDJ 是否超卖，都必须卖出。这里考虑震荡指标只是从完整的斐波那契四度分析模型入手。

跌破卖出法是最后的防线，也是最下策的出场方法，但也是最难做到的解套方法。这一卖出方法的主体流程为：第一步，做斐波那契（支撑）分析；第二步，寻找支撑线处是否存在阴线跌破；第三步，查看价格跌破支撑线时对应的成交量是否适中；第四步，看 SKDJ 在价格跌破均线时是否处于**超卖状态**。

下面我们举例说明。

第一个例子是通程控股：股价从 A 点跌到 B 点后反弹，之后再次下跌，如图 6-15 所示。

反弹高点是双流星，在 0.5 点位受阻。

第一步，做斐波那契（支撑）分析。如图 6-15 所示，以 B 点为 0 点做出支撑线。

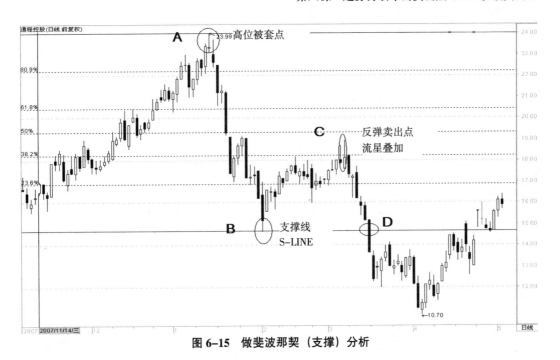

图6-15　做斐波那契（支撑）分析

第二步，寻找支撑线处是否存在阴线跌破。如图6-16所示，股价以大阴线跌破支撑线，初步确认了止损卖出时机。

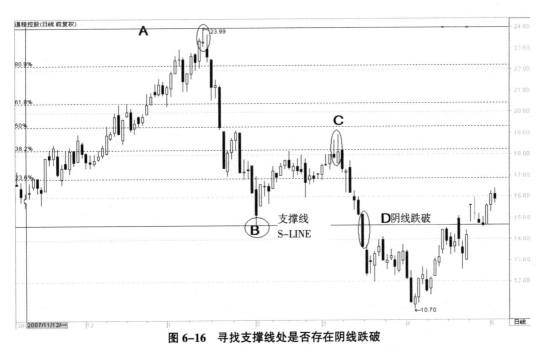

图6-16　寻找支撑线处是否存在阴线跌破

第三步，查看价格跌破支撑线时对应的成交量是否适中。如图6-17所示，当

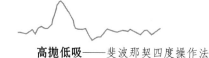

股价以大阴线跌破支撑线时，成交量适中，进一步确认了 D 点卖出的信号。

图 6-17 查看价格跌破支撑线时对应的成交量是否适中

第四步，看 SKDJ 在价格跌破均线时是否处于超卖状态。如图 6-18 所示，股价跌破支撑线时，SKDJ 处于超卖状态，这就使得 D 处的卖出信号更加强烈。

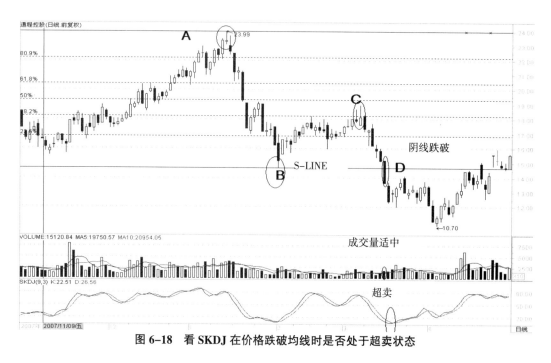

图 6-18 看 SKDJ 在价格跌破均线时是否处于超卖状态

第二个例子是徐工科技：如图 6-19 所示，股价从 A 点下跌，然后在 B 点获得支撑，展开反弹，在 C 点 0.618 回调线**处出现黄昏之星**，之后继续下跌。

第一步，做斐波那契（支撑）分析。以 B 点做出支撑线，如图 6-19 所示。

0.618 点位处不仅有黄昏之星，还有看跌吞没。同时，黄昏之星和看跌吞没两者共同构成了小双顶！

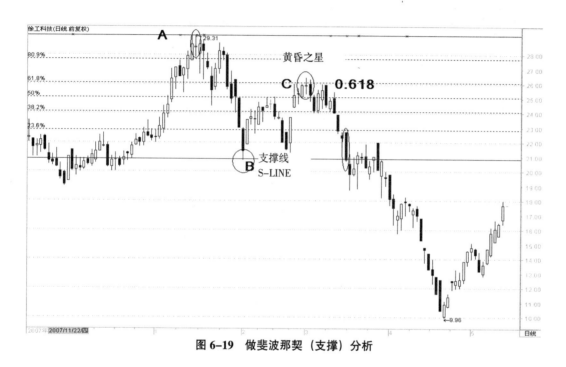

图 6-19　做斐波那契（支撑）分析

第二步，寻找支撑线处是否存在阴线跌破。如图 6-20 所示，股价以大阴线跌破支撑线，初步确认了 D 处的卖出时机。

第三步，查看价格跌破支撑线**时对应的成交量是否适中**。如图 6-21 所示，股价以大阴线跌破支撑时，对应的成交量适中，进一步确认了 D 处的卖出信号。

成交量阶段性高点在 A 点和 C 点附近。

第四步，看 SKDJ 在价格跌破均线时是否处于超卖状态。如图 6-22 所示，股价以大阴线跌破支撑线时，SKDJ 处于超卖状态，再进一步确认了 D 处的卖出信号，先前在 A 点附近卖出被套的投资者应该在 D 点及时卖出止损，这是最后的防线。

图 6-20 寻找支撑线处是否存在阴线跌破

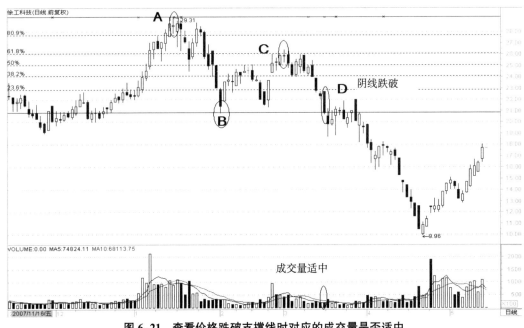

图 6-21 查看价格跌破支撑线时对应的成交量是否适中

　　第三个例子是 S*ST 张股：股价从 A 点下跌，到 B 点止跌，此后股价反弹，在 C 点达到反弹高点，此后股价继续下跌，如图 6-23 所示。

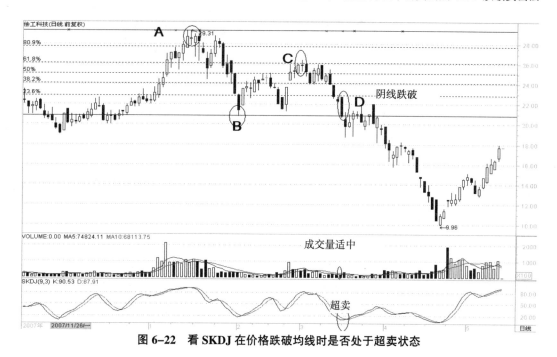

图 6-22　看 SKDJ 在价格跌破均线时是否处于超卖状态

　　第一步，做斐波那契（支撑）分析。以 B 点价位做出支撑线，如图 6-23 所示。

C 点处出现了流星线，表明反弹高点。

图 6-23　做斐波那契（支撑）分析

前期大阴线构筑的阶段性底部被跌破。

第二步，寻找支撑线处是否存在阴线跌破。如图 6-24 所示，股价以大阴线跌破支撑，初步确认了卖出信号。

图 6-24　寻找支撑线处是否存在阴线跌破

第三步，查看价格跌破支撑线时对应的成交量是否适中。如图 6-25 所示，股价以大阴线跌破支撑时，成交量适

图 6-25　查看价格跌破支撑线时对应的成交量是否适中

中，进一步确认了跌破卖出信号。

　　第四步，看 SKDJ 在价格跌破均线时是否处于超卖状态。如图 6-26 所示，股价以大阴线跌破支撑线时，SKDJ 处于超卖状态，再进一步确认了 D 处的卖出信号。在 A 点买入被套的投资者应该利用这个最后逃命机会及时退出。

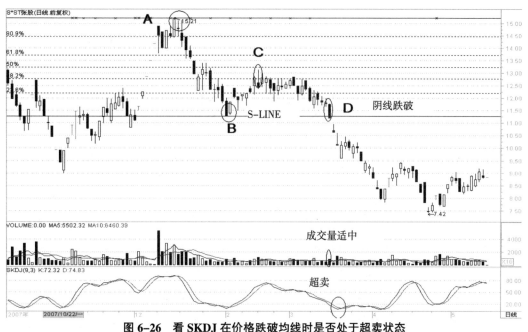

图 6-26　看 SKDJ 在价格跌破均线时是否处于超卖状态

第七节　升华与思考——题材性质与跌破卖出

　　当股价向下跌破时如果伴随着一些特定类型的题材，那么跌破后继续下行的概率就非常大。

　　如果股价向上跌破后快速拉起，形成空头陷阱，或者是跌破时伴随着最后一次利空兑现或者是一次性利空兑现，那么就很可能是最后一跌。

　　准确来讲，常见的空头陷阱涉及"下跌反转"结构，我们将在后面专门讲述。在本节中，我们专注于讲解"跌破卖出"结构和相应的题材类型。

　　有些跌破是空头陷阱，有些跌破是下跌趋势的开始或者延续，技术上如何区分呢？老实说很难。如果是纯技术交易者，那么只能配合仓位管理来应对假突破。

如果交易者能够从"逻辑"的角度，通过甄别突破当日或者前后一两日的题材的性质，那么就能够显著提供识别真突破的胜算率。

向下 N 字结构能否完全形成（见图 6-27），取决于市场能够形成合力跌破 B 点，也就是说 E 点能否向下突破。

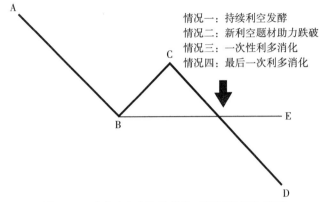

图 6-27 "跌破卖出"结构和"题材性质"类型

整个市场或者板块的情绪能够促成向下跌破，持筹者和持币者的总体态度也能够促成向下突破，但这些都不是关键因素。

我们将沿着阻力最小的路径行进，那么什么是阻力最小路径呢？河流沿着阻力最小路径流动，决定阻力最小路径的是河床。市场沿着阻力最小路径波动，决定最小路径的是"逻辑"。

莽庄为什么会自掘坟墓呢？因为他们不顾逻辑，死拉硬拽，自然难得善终。

当阻力最小路径向下时，价格下跌就会变得更加容易，而决定阻力最小路径向下的关键是逻辑，具体来讲就是题材的性质。

存在以下四种情况，会显著增加跌破的有效性，分别是：

类型一，持续利空发酵；

类型二，新利空助力；

类型三，一次性利多被完全消化，导致买盘减弱，获利回吐；

类型四，最后一次利多被完全消化，股价完全缺乏支撑，开始走持续下跌的逻辑。

当然，大盘和板块步入下跌趋势也会助推个股跌破前低，这属于情绪周期的范畴。

在确认跌破有效性的时候，除了要关注基本的结构之外，还需要关注逻辑和周期，特别是逻辑。

简单来讲，**如果利空题材是新的，而且特别重要，那么相应的股价下跌就会持**

续越长的时间。如果一个利空题材已经发酵很久，股价也下跌不少了，那么在出现利空兑现却不下跌的情形时就应该择机买入了。如果一个利空题材并不重要，那么股价盘中下杀后迅速拉起，形成看涨反转 K 线，则也不应该杀跌。

下面我们来看一些个案。

第一个实例是大晟文化（见图 6-28），该公司发布计提资产减值准备的公告："2018 年度公司计提各类资产减值准备 122583.15 万元。"公告当日，股价跌破盘整区低点。**结构和逻辑形成了向下的双重突破。**

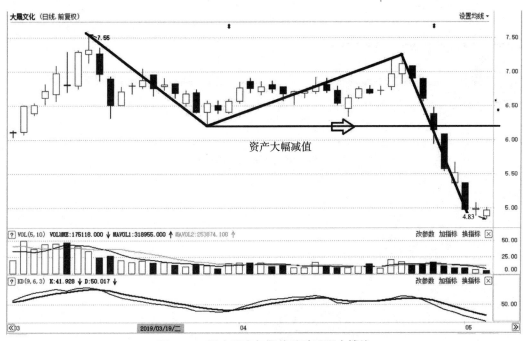

图 6-28　重大利空与股价跌破重要支撑线

第二个实例是华宏科技（见图 6-29），限售股解禁提示公告发布当日，股价跌破前期低点。向下 N 字结构形成了，这是在什么背景下形成的呢？限售股解禁！此前股价在绝对高位，并未有显著下跌，因此不能说利空已经被消化完全了。

第三个实例是克劳斯（见图 6-30）。克劳斯 2019 年第三季度报告显示："归属于上市公司股东的净利润同比减少了 149.01%。"当日，股价大跌。商誉大幅减值和业绩暴雷，对股价的杀伤力很大，不是跌一两天就能消化完成的。

股价跌破前期当日出现了新的重大利空消息，那么下跌会持续一段时间。如果利空消息发布当日甚至次日就出现反包走势，形成空头陷阱，而且此前股价已经有了长期显著下跌，特别是形成两波以上的下跌走势，空头消息基本消化完毕，那么

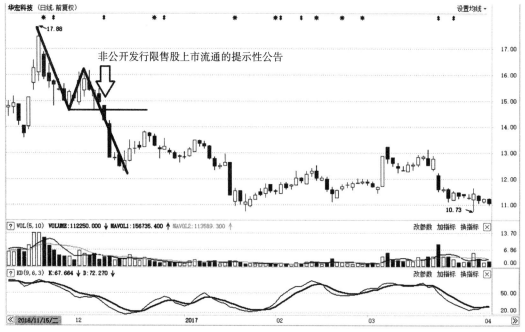

图 6-29　限售股解禁与股价跌破前期重要支撑

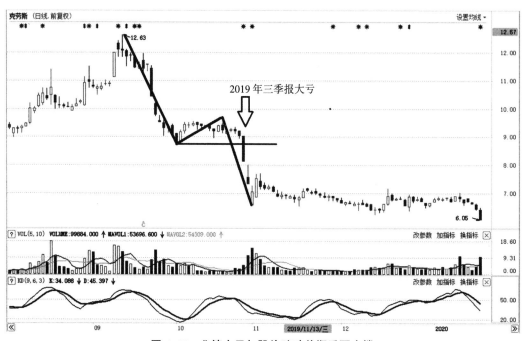

图 6-30　业绩大亏与股价跌破前期重要支撑

这就是抄底的机会，而不是杀跌。

股价在同一价格水平上如果具有不同的逻辑，那么接下来的方向可能就是相反的。因此，通过比较同一水平高低点的基本面和市场背景可以确认接下来是否能够突破？突破后的幅度有多少？

在结构和技术层面，我们着重于比较价格的高低点，这就是 N 字结构分析的基本思想。但这还不够，应该将结构与逻辑结合起来，**同样的结构是否同逻辑一样呢？同样的逻辑是否同结构一样呢？**

有了结构和逻辑，最好再比较一下所处的周期阶段是否相同。是题材退潮期，还是冰点期？

比如，如果某只个股在业绩暴雷当日出现了天量，而且当日大盘也是大跌的，并且盘中跌破了前期低点，但是尾盘收回来了。同时，该股的实际跌幅显著小于当日大盘。更重要的是在业绩公告发布之前已经有预报了，股价也出现了长达一个月的下跌，跌幅高达 80%，那么你如何看待这种结构呢？大盘下跌且个股大利空公告发布，谁敢买？谁在卖？

第七课

下跌趋势潜在反转处的买入点

第一节　抄底和下跌转折买入点

在第二课当中我们介绍了分析大盘趋势与波段的四种斐波那契点位，分别是向下回调点位、向下扩展点位、向上反弹点位、向上扩展点位。而从第三课到第六课我们其实是讲解了向下回调点位和向上反弹点位在个股研判上的运用。从本课开始我们将讲解扩展点位在个股走势上的运用，所谓抄底和摸底就是扩展点位的具体功能。如果抄底，特别是大底，直接关系到下跌趋势的反转点确认。斐波那契向下扩展点位可以列出潜在的反转点，如果我们能够结合价量形态以及题材，再加上必要的止损，那么长期下来盈利的概率就会很高。斐波那契向下扩展点位相当于比率，也就是"数"，而K线形态和N字结构，则相当于"象"，如果再考虑个股是否处于"最后一次利空兑现"格局或者是"持续利多开始"格局，则可以有相当大的把握去抄底。

本课围绕"斐波那契向下扩展点位"展开，什么是向下扩展点位呢？如图7-1所示，AB是第一波下跌（严格来讲是倒数第二波下跌），然后出现了反弹BC段，此后股价

个股抄底能够成功除了关注斐波那契四度模型特征之外，还要关注大盘，这是非常关键的，大盘不企稳，个股企稳的难度很高，另外个股的题材格局也很关键。

继续下跌。CD 段下跌的终点，D 究竟在什么价位出现呢？大多数情况下都在某一斐波那契向下扩展点位出现。我们设定 AB 段的价格幅度为单位 1，以 C 点作为起点向下投射/扩展，CD 段往往等于 AB 的斐波那契倍数。常用的斐波那契倍数有 0.382、0.618、1、1.382、1.618、2.618 等，我们从中做了进一步的筛选和简化，你可以根据自己的实践情况和偏好进行适当调整。

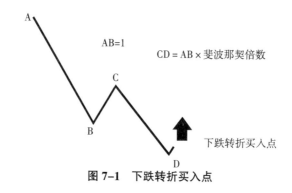

图 7-1　下跌转折买入点

下跌转折买入点的判断仅就技术面（行为面）而言，需要从四个维度去分析，第一个维度是斐波那契扩展点位，第二个维度是 K 线形态，第三个维度是成交量形态，第四个维度是 KD 指标。这四个维度都出现看涨反转信号是最好的，由于看涨反转信号非常多，我们这里只介绍比较常见的。比如，就成交量而言，低位天量十字星或者探水杆是止跌反转信号，而地量后放量阳线也是止跌反转信号，所以并不局限于单一的信号。下面几节，我们将依次介绍下跌转折买入时机在四个维度上的特征。

第二节　维度一：下跌转折买入时机的斐波那契分析

我们利用斐波那契向下扩展点位获得潜在的下跌转折买入时机，获得的点位是一个谱系，也就是说并非单一的点位，而是一系列点位，然后观察价格在哪一个点位附近出现止跌反转的形态，最终确定最可能的下跌反转点。斐波那契向下扩展点位有很多，但是我们这里给出的都是实际情形中最常见的点位。离零点，也就是扩展起点 C 太近的斐波那契扩展点位没有必要关注，比如 0.121、0.236 这类点位就没有必要去关注了，实际意义不大。

0.382 向下扩展点位在 AB 段幅度比较大的情况下值得关注，最后一跌经常作为最悲观的一段出现，这个时候跌势很猛，但是下跌幅度却没有此前的幅度大，属于加速下跌，但是幅度要小于 AB 段。我们来看两个例子，第一个例子是江西铜业，A 点出现流星线和纺锤线（近似十字星）之后股价快速下跌，在 B 点出现反弹，BC 段其实是三角形整理，属于下跌中继形态。从 C 点开始，股价出现加速下跌，跌停出现，这是恐惧的表现。最终，**股价在 0.382 附近止跌企稳**（见图 7-2）。

相应的 K 线止跌反转信号是看涨孕线接光头中阳线。

图 7-2　江西铜业走势中的 0.382 向下扩展点位

第二个 0.382 向下扩展点位起作用的例子是银河磁体，在 A 点出现看跌吞没形态之后，股价一路下跌。股价此后在 B 点企稳反弹，反弹出现了三个高点，从 C 点之后开始加速下跌，最终在 **0.382 向下扩展点位**处企稳（见图7-3）。

反转处出现了三重底，期间出现了复杂的早晨之星等反转 K 线形态。

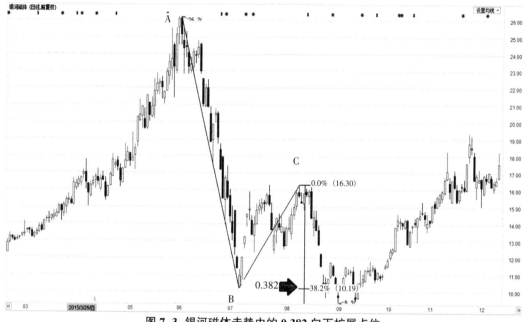

图 7-3 银河磁体走势中的 0.382 向下扩展点位

由于波段之间存在斐波那契比率关系，所以就算不是相邻的波段，也因为传递效应，而存在斐波那契比率关系。因此，在选择单位 1 波段的时候，没有必要过于纠结。

企稳处对应十字星。

AB 段是由一些更小的波段组成，在选择单位 1 波段的时候，如果你选择了 A 点下面一个高点，B 点不变，以 C 点作为向下扩展的起点。现有的企稳点也会对应某一斐波那契点位，要比 0.618 更大的点位。

0.618 向下扩展点位比 0.382 出现的频率更高，这或许是更多资金对这一点位重视的缘故吧。我们来看几个具体的例子，第一个例子是中天城投，股价从 A 点下跌，到 B 点反弹。反弹高点见到 C 点之后开始新一轮下跌，一直下跌到 **0.618 点位企稳**（见图 7-4）。

第二个涉及 0.618 向下扩展点位的实例是中钢天源，股价从 **A 点下跌到 B 点**，然后反弹到 C 点。股价从 C 点开始第二轮显著下跌，在 0.618 向下扩展点位处获得支撑（见图 7-5）。

涉及 0.618 向下扩展点位的第三个实例是艾派克，A 点附近出现双顶，然后股价下跌，B 点附近出现小双底后反弹，C 点反弹结束。从 C 点下跌到 0.618 点位附近出现三重底，然后股价开始回升（见图 7-6）。

最后一个 0.618 向下扩展点位的实例是孚日股份，A 点出现乌云盖顶和流星形态之后，股价转跌。下跌到 B 点处出现看涨吞没，股价反弹。反弹到 C 点附近开始新一轮下跌，在 0.618 点位处获得支撑（见图 7-7）。

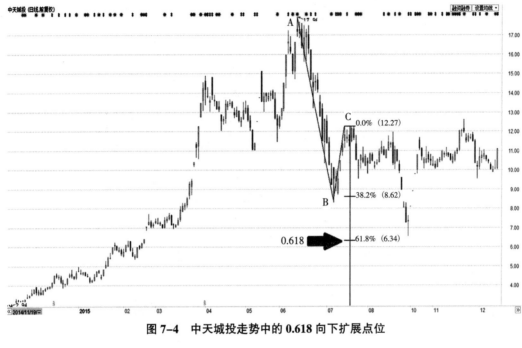

图 7-4　中天城投走势中的 0.618 向下扩展点位

图 7-5　中钢天源走势中的 0.618 向下扩展点位

图 7-6　艾派克走势中的 0.618 向下扩展点位

图 7-7　孚日股份走势中的 0.618 向下扩展点位

1 倍扩展也叫 1 倍延伸，属于较常见的点位。

　　1 倍延伸与 0.618 扩展点位一样，出现频率较高，是我们重点关注的潜在反转点位。曾经有人写了很厚一本书，专门讲这个 1 倍扩展/延伸的，好像**发现了什么惊天大秘密**

似的。其实，1倍延伸并不玄乎，你可以自己动手去计算一下，个股上涨和下跌过程中有多少个1倍延伸。我们来看几个实例，第一个实例是吉恩镍业，A点出现流星，恰好对应前面一个高点，前面也是一个流星，由此可见此处的阻力有多强。A点下跌到B点，然后反弹到C点，C点要比A点矮一些，但是仍处于大致相同的区域。股价受阻再度下跌，在差不多1倍扩展处获得支撑（见图7-8）。

图7-8 吉恩镍业走势中的1倍向下扩展点位

1倍向下扩展第二个实例是神雾环保，A点出现看跌吞没之后，股价反转下跌。B点出现刺透形态，止跌反弹，C**点处出现流星，然后股价重回跌势。下跌到1倍向下扩展**处出现了三重底，股价进入上升走势（见图7-9）。

1倍向下扩展第三个实例是恒宝股份，在A点乌云盖顶形态出现，股价开始下跌。在B点开始反弹，C点出现黄昏之星叠加看跌吞没，开始新一轮跌势。在1倍向下扩展点位处出现了三重底部，止跌回升（见图7-10）。

一般而言，K线形态出现得更早，而诸如双重底和三重底这样的形态需要更长时间来确认。所以，K线形态实际操作中用得更多。

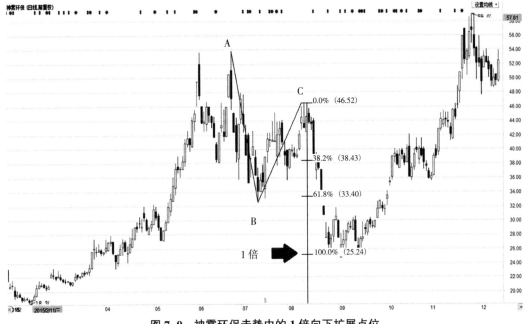

图7-9 神雾环保走势中的1倍向下扩展点位

图7-10 恒宝股份走势中的1倍向下扩展点位

1倍向下扩展第四个实例是创意信息，A点附近出现了锤头、十字星和流星线之后股价下跌。下跌到B点，开始反弹，反弹到C点出现看跌吞没，股价重新下

跌。下跌到 1 倍向下扩展点位处出现了**头肩底形态**，股价进入上涨趋势（见图 7–11）。

无论是头肩底还是三重底，其结构都不规范，理想中的结构基本上只存在于理论模型中。

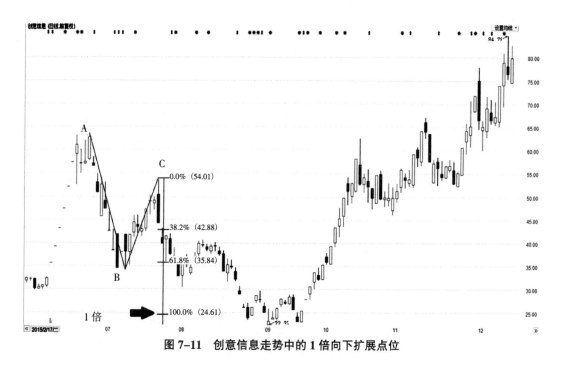

图 7–11 创意信息走势中的 1 倍向下扩展点位

最后一个比较重要的向下扩展点位是 1.618，**这是一个相比 0.618 和 1 倍点位更少见的向下点位。**我们只给一个例子，博林特从高位下跌，然后再度下跌形成 AB 段。B 点反弹到 C 点，出现流星线之后继续下跌，在 1.618 点位处止跌企稳（见图 7–12）。

比 1.618 更大的斐波那契比率有 2.382、2.618、3.618 等，但是没有 1.618 出现的频率高。

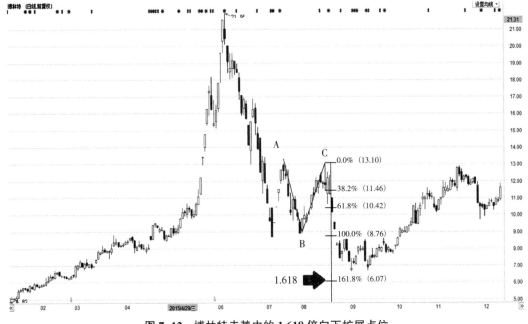

图 7-12　博林特走势中的 1.618 倍向下扩展点位

第三节　维度二：下跌转折买入时机的 K 线分析

关于 N 字结构，分为两类，第一类是向上 N 字结构，第二类是向下 N 字结构。向上 N 字结构意味着向上趋势开始或者持续，向下 N 字结构意味着向下趋势开始或者持续。

下跌转折买入时机的确认不能只看斐波那契向下扩展点位，因为点位并非唯一。斐波那契四度交易法，如果只保留两个维度，那肯定是斐波那契点位和 K 线。当我们绘制出向下扩展线谱之后，就要等待价格发出确认信号，这就是 K 线的作用。当然，除了 K 线之外，其他类型的价格形态也可以作为确认信号，比如美国竹节线的形态信号，比如双底等的形态信号。如果说斐波那契线谱代表了市场运行的"数字规律"，那么这些形态信号则意味着"图形规律"。

下面，我们就要看一下抄底的时候，哪些 K 线形态非常有效。首先要介绍的是看涨孕线确认向下扩展点位的实例。乐普医疗从 A 点开始下跌，在 B 点见十字星等看涨反转形态，反弹到 C 点，然后继续新一轮下跌。在 1 倍向下扩展点位处出现了看涨孕线，然后形成向上 N 字结构，确认了上升趋势（见图 7-13）。

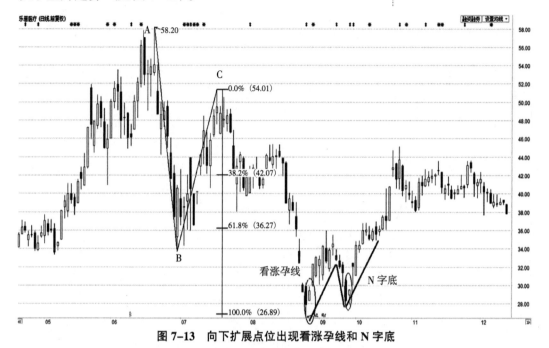

图 7-13　向下扩展点位出现看涨孕线和 N 字底

看涨孕线的反转率没有看涨吞没反转率高，**看涨孕线**往往需要紧接着的一个中阳线或者大阳线来确认反转，而看涨吞没自身就能够确认反转。神州泰岳在 A 点见到看跌吞没之后一路下挫。在 B 点见到锤头和倒锤头后反弹，C 点见到流星和看跌孕线再度下跌。下跌过程中先后出现了看涨孕线和看涨吞没，确认了 0.382 向下扩展点位的有效性（见图 7-14）。

除了看涨孕线和看涨吞没，倒锤头也可以确认向下扩展点位的有效性，请看网缩科技的例子（见图 7-15），该股在 A 点见到双流星线之后下跌，在 B 点反弹，在 C 点重启下跌。加速下跌之后，在 1.618 向下扩展点位处出现了倒锤头，抄底时机初步确认，还需要**看成交量和 KD 指标**。

确认向下扩展点位最有效的 K 线形态是早晨之星和看涨吞没，我们来看几个具体的实例。鸿利光电从 **A 点开始下跌**，B 点反弹，C 点重新开始下跌，早晨之星在 0.618 向下扩展点位处出现，初步确认了反转点（见图 7-16）。

看跌孕线和看涨孕线都属于提醒信号，需要后续的 K 线进一步确认。

在具体的实战中，为了进一步提高胜算率，还需要分析个股题材和大盘走势。

A 点附近其实是一个小双顶，也可以看成是向下 N 字结构。

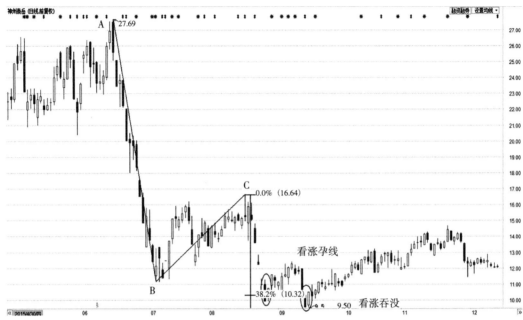

图 7-14　向下扩展点位出现看涨孕线和看涨吞没

图 7-15　向下扩展点位出现倒锤头

218

图 7-16 向下扩展点位出现早晨之星

科融环境 A 点附近见到流星形态，前高的阻力显而易见，此后接连下挫，B 点开始反弹，C 点见到复杂黄昏之星形态后重新下跌。在 1 倍向下扩展点位处见到复杂的早晨之星形态，初步确认了看涨反转点（见图 7-17）。

图 7-17 向下扩展点位出现复杂的早晨之星（1）

科斯伍德A点是一个反弹高点，见到复杂的黄昏之星之后再度下跌。

科斯伍德从 **A 点开始新一轮**下跌，B 点反弹，C 点出现黄昏之星后再度下跌，在向下 1 倍扩展点位处见到复杂的早晨之星形态，初步确认了抄底点位（见图 7-18）。

图 7-18　向下扩展点位出现复杂的早晨之星（2）

前面介绍其他形态对向下扩展点位的确认时，已经出现过看涨吞没，这个形态非常高效，值得我们专门演示一些具体的实例。新宙邦在 A 点形成看跌孕线并经阴线确认后一路下跌，在 B 点开始反弹，在 C 点出现黄昏之星之后，股价再度回归跌势。下跌过程中在 1 倍向下扩展点位处出现了**看涨吞没**，股价企稳，初步确认了抄底机会（见图 7-19）。

看涨吞没是在刺透形态的基础上进一步发展出来的，比刺透形态的看涨意味更加浓厚。

再来看第二个看涨吞没确认向下扩展点位的实例，梅泰诺在 A 点见到黄昏之星之后，股价一路下跌，B 点见到看涨吞没后反弹，在 C 点见到流星后反弹结束，重回跌势。股价跌到 1 倍向下扩展点位的时候，出现了看涨吞没，初步确认了抄底机会（见图 7-20）。

图 7-19 向下扩展点位出现看涨吞没（1）

图 7-20 向下扩展点位出现看涨吞没（2）

大禹节水在 A 点不能破前高，出现滞涨的纺锤线形态，此后股价一路下跌，在 B 点见到早晨之星后反弹，最高涨到 C 点，然后再度下跌，在 1 倍向下扩展点位出现了小双底，而且其间出现了很多看涨 K 线形态，比如看涨吞没和倒锤头（见图 7-21）。

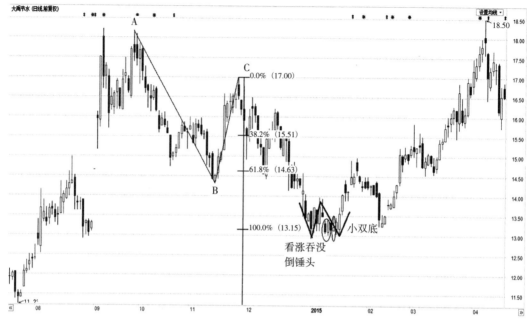

图 7-21　向下扩展点位出现看涨吞没、倒锤头和小双底

探水杆有很多别名，比如长脚十字、定海神针等。

我们再来看一些比较典型的见底确认形态，乐视网在 A 点见到流星之后下跌，B 点见到早晨之星后反弹，反弹到 C 点再度下跌，在 1 倍向下扩展点位处见到锤头。这个锤头如果下影线很长，则被称为**探水杆**（见图 7-22）。

图 7-22　向下扩展点位出现锤头和探水杆

中科电气下跌的反弹中形成高点 A 点，此后继续下跌，B 点开始反弹。反弹见到高点 C 之后再度下跌，在 1 倍向下扩展点位处出现了**小双底**，初步确认了抄底机会（见图 7-23）。

> 双底见得比较多的多 K 线组合，严格来讲属于西方技术分析的经典形态。

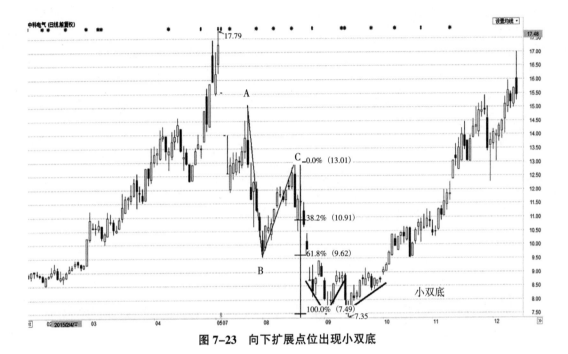

图 7-23　向下扩展点位出现小双底

华测检测高位下跌后不久出现反弹，A 点附近重回跌势，连续跌停后，在 B 点开始新一轮反弹，反弹高点 C 出现之后股价又一次下跌。在 0.618 向下扩展点位处出现了**头肩底**，初步确认了抄底机会（见图 7-24）。

> 头肩底与三重底在实际走势中的区别并不明显，有一种比较特殊的头肩底与三重底区别较大。这种特别的头肩底的左肩和右肩基本上是窄幅水平整理的成交密集区，这种头肩底向上突破后，涨势往往较大。

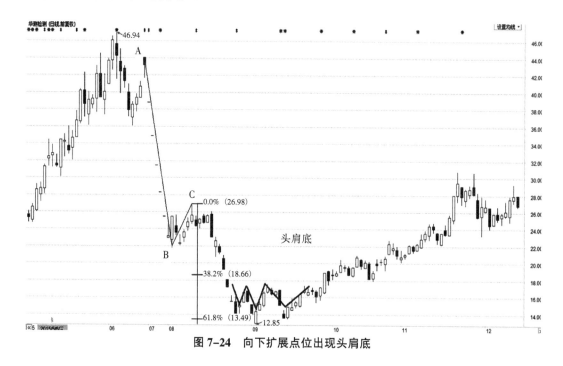

图7-24 向下扩展点位出现头肩底

第四节 维度三：下跌转折买入时机的成交量分析

股票短线交易非常注重"共识预期"和"资金流向"，预期的共识程度越高，则行情越可能到头，而资金流向则表明了目前行情的热度。资金往哪里走，我们就操作什么。但是，资金往哪里走，需要一定的前瞻性，否则亦步亦趋是无法战胜对手盘的。

下跌转折买入时机的第三个分析维度是成交量，做股票没有不看量的，主力也要看量，特别是靠题材运作的主力。**成交量反映了资金的流向，资金往哪里走是短线炒家必须搞清楚的一件事情。**资金往哪里走，主要涉及板块资金流向，对于个股而言，成交量的大小则反映了资金的进出和筹码的分布。为什么小盘股容易得到追捧，因为筹码少，来点资金就会"将盘子打飞"。由此来看，资金相对筹码的多寡往往对股价的走势起着非常关键的作用。

如何从成交量来确认抄底的机会呢？大家可以站在市场交易双方的角度来思考，持有筹码的一方想不想卖出？持有资金的一方想不想买入？持有筹码的一方是想逢高抛售，还是持股待涨，又或者是不计成本地脱手？持有资金

的一方是想逢低买入，还是持币观望，又或者是不计成本地买入？绝大多数情况下，由于题材、大盘和市场氛围的影响，涨的时候，卖家不愿意卖，或者想逢高卖，而买家则不计成本地追入；跌的时候，卖家不计成本地卖，而买家则想逢低买入或者持币观望。情绪最终又反过来影响个股的走势，但是主力要比散户更加理性，所以当抛压减少，缩量企稳之后，主力会择机进入，这个时候就容易放量阳线。简而言之，什么情况下抄底比较容易成功呢？第一，斐波那契向下扩展点位出现了看涨反转形态；第二，相应的成交量出现了缩量后放量的特征。缩量往往对应星体 K 线，比如锤头、探水杆、早晨之星中的星体等，放量则对应后续的确认阳线。

我们来看一些具体的实例，第一个实例是光线传媒，股价一路下跌，A 点是一个反弹高点，然后再度下跌，B 点反弹达到 C 点，然后再度下挫。最终，股价在 1.618 向下扩展点位处出现了企稳迹象，倒锤头和纺锤线出现了，然后阳线放量拉升。在纺锤线之前是缩量的，但是纺锤线本身是放量的，这表明多空在此激战，但是空方并没有像此前一样取胜，这就是转势的前兆（见图 7-25）。

图 7-25 地量后放量阳线确认向下扩展点位（1）

第二个实例是巴安水务，股价从高位下跌后一直宽幅震荡，然后从 A 点下跌到 B 点，之后反弹到 C 点。在 C 点处见到流星线之后，股价开始持续下跌，在 1 倍向下扩展点位处企稳，相应的成交量先缩量再放量阳线，抄底时机确认（见图 7-26）。

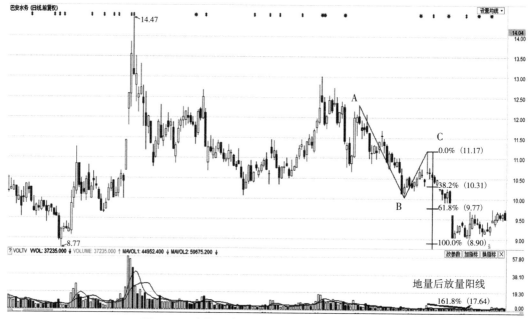

图 7-26 地量后放量阳线确认向下扩展点位（2）

第三个实例是阳光电源，股价在 A 点见到纺锤线叠加看跌吞没之后一路下跌到 B 点。从 B 点反弹到 C 点，然后股价分两段下跌，第一段下跌到 0.382 位置获得暂时支撑，有所反弹，不过 C 点又拐头下跌。这次下跌到 0.618 向下扩展点位处，缩量企稳后放量阳线表明反转（见图 7-27）。

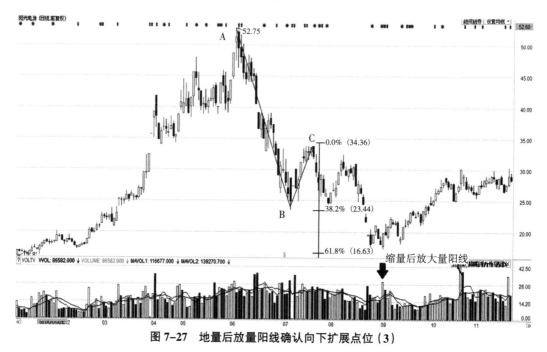

图 7-27 地量后放量阳线确认向下扩展点位（3）

极端缩量或者说地量被我们称为"窒息量"，主力见到这一状态之后，如果前期已经介入，那么此时就是拉升的好时机；如果前期还未介入，那么主力可能会选择介入，这个就跟主力对题材和大盘的考虑有关了。那么，怎么看主力是否介入呢？缩量之后是否显著拉出放量阳线，这个非常关键。所以，抄底的时机当中必然包含成交量的成分，因为这是识别主力是否介入的关键。

第五节 维度四：下跌转折买入时机的 SKDJ 分析

SKDJ 或者说 KD 代表了阶段性的市场情绪，当它处于超买区域的时候，意味着市场非常乐观，如果资金和题材都支持的话，那么就可能意味着**阶段性高点要出现了**。当**它处于超卖区域的时候，意味着市场非常悲观**，如果筹码和题材不支持的话，那么就意味着阶段性低点要出现了。KD 指标与共识预期的关系也比较密切，大家可以去观察一下，当 KD 指标处于超买区域的时候，共识预期趋向于一致看好，当 KD 指标处于超卖区域的时候，共识预期趋向于一致看空。KD 指标本身体现了"物极必反"的规律，但是如果题材的力度非常大，那么钝化就会出现，只要资金和筹码能够继续推进，那么持续超买或者超卖也不是不可能。

如果题材持续利空的话，那么即使短期抛出的筹码减少，也只会引发反弹而已。反弹到一定程度，又会引发新的抛盘，股价随之创出新低。如果题材持续利好的话，即使短期资金流入跟不上，也只会引发阶段性回调，回调到一定程度，此前兑现筹码的资金和新资金就会进场，股价随之突破前高。

就下跌转折买入时机而言，KD 指标应该处于什么状态，胜算率才比较高呢？超卖金叉是最基本的要求，另外由于至少有两段下跌，因此两个低点对应的 KD 只表现可能出现底背离的情况。我们来看一些具体的实例，第一个实例是鸿利光电从 A 点开始下跌，B 点反弹，C 点重回跌势。最终，股价在 0.618 向下扩展点位处获得支撑，标志就是在 0.618 点位处出现了早晨之星。对应的 KD 指标有两个特征，一是底背离，这表明下跌动能不足；二是超卖金叉（见图 7-28）。

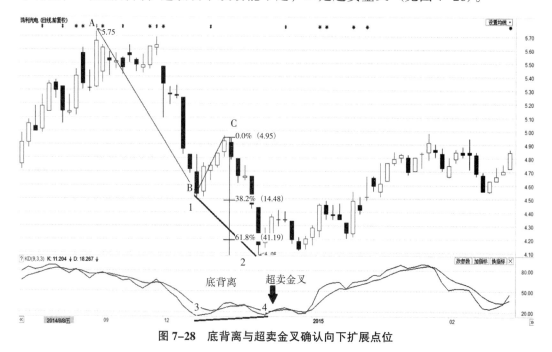

图 7-28　底背离与超卖金叉确认向下扩展点位

第二个实例是冠昊生物，股价跌到 1 倍向下扩展点位处出现了小双底，对应的 KD 指标有底背离迹象，同时也出现了超卖金叉特征（见图 7-29）。

图 7-29　超卖金叉确认向下扩展点位（1）

　　第三个实例是全运激光，股价在 A 点见到乌云盖顶形态之后开始下跌，在 B 点见到刺透形态之后反弹，在 C 点附近形成小双顶之后跌破颈线，此后股价重回跌势。最终，股价在 0.382 向下扩展点位处企稳，出现了小双底，对应的 KD 指标出现了超卖金叉特征（见图 7-30）。

图 7-30　超卖金叉确认向下扩展点位（2）

　　为什么不是 KD 指标线处于超卖区域就行呢？因为要防止钝化的现象出现，当然钝化过程中也会出现金叉，只是相对次数较少而已。真正要杜绝信号无效的情况，一要看成交量，有无主动承接盘；二要看题材，是不是利空出尽了，有无利好出现，利好有无持续性，是否属于重大利好；三要看大盘，大盘是否企稳，最好大盘转为上涨，这样可以封杀个股大幅下跌空间。

第六节　下跌转折买入法综合示范

　　本节，我们将斐波那契向下扩展点位与其他三个维度结合起来做一个综合性的演示。先看第一个实例，蓝盾股份在 **A 点见到看跌吞没之后，股价持续下跌，此后**

股价在 0.382 和 1 倍向下扩展点位都出现了看涨反转 K 线，我们这里解析为什么剔除 0.382 向下扩展点位。从后面的成交量特征可以看到，0.382 虽然出现了看涨吞没，但是相应的成交量却不配合，阴线放的量不仅大，而且比后面阳线放的量还大不少，这就是反弹无力的表现。

股价在 B 点反弹，达到 C 点之后重回跌势。我们以 AB 段作为单位 1，以 C 点作为 0 点，做出向下扩展点位线谱 (见图 7-31)。股价最终在 1 倍向下扩展点位处出现了早晨之星，这就初步确认了一个好的抄底时机。

图 7-31　蓝盾股份做出斐波那契向下扩展点位和 K 线确认

对应于早晨之星的成交量呈现出缩量后放量的特征，缩量对应阴线，放量对应阳线，这就是比较好的价量配合了，这就从成交量的角度进一步确认了抄底的时机（见图7-32）。

对应早晨之星的 KD 指标出现了超卖金叉信号，这就是"悲从喜来"的表现，抄底时机从动量和情绪的角度得到确认（见图7-33）。如果是纯技术面交易者，那么再看下大盘的技术走势，就可以决定是否进场了，如果大盘没有下跌的特征，那么这就是一个抄底良机。

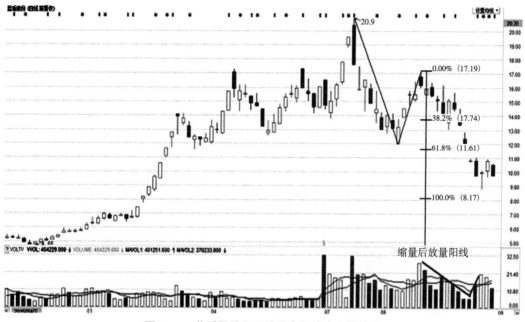

图 7-32　蓝盾股份向下扩展点位的成交量确认

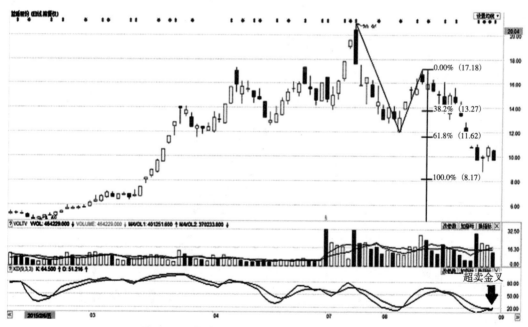

图 7-33　蓝盾股份向下扩展点位的 KD 指标确认

　　再来看第二个实例，德威新材在 A 点见到看跌吞没之后开始下跌，B 点见到早晨之星之后开始反弹，C 点见到看跌吞没之后重回跌势。我们以 AB 段作为单位 1，以 C 点作为起点，向下做出斐波那契扩展点位（见图 7-34）。

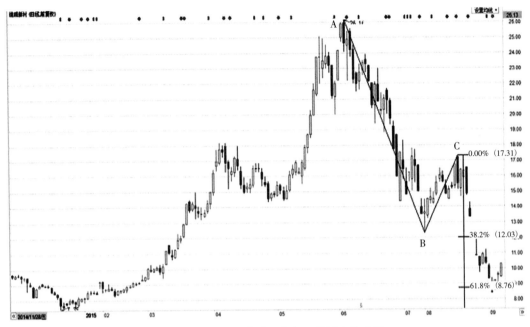

图 7-34　德威新材斐波那契向下扩展点位确认

严格来讲，除非综合考虑其他因素，否则倒锤头和锤头只能作为反转提醒信号，而不能作为确认信号。如果要确认趋势反转，那么就必须有后续 K 线的确认。

德威新材第二波的下跌过程中在 0.618 点位处出现了**倒锤头和锤头**，这就初步确认了该点位的支撑有效（见图 7-35）。

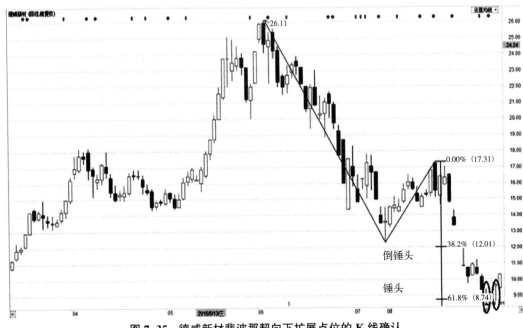

图 7-35　德威新材斐波那契向下扩展点位的 K 线确认

为了进一步检验上述判断的有效性，我们还要看相应的成交量特征，可以看到在该点位附近 K 线对应的成交量出现了缩量后放量阳线的特征（见图 7-36），这就从成交量的角度确认了抄底的时机。

图 7-36　德威新材向下扩展点位的成交量确认

在 0.618 向下扩展点位这个地方出现了反转 K 线形态，对应的 KD 指标则出现了超卖金叉，这就从动量指标的角度确认了抄底的时机（见图 7-37）。

抄底方法的技术层面我们基本上都系统介绍过了，这里简单回顾一下：第一，斐波那契向下扩展点位要大致准确地做出；第二，反转 K 线在哪个点位出现，就初步确认该点位支撑的有效性；第三，成交量要出现缩量后放量收阳的特征，如果成交量并不配合反转 K 线，则表明该支撑可靠性低，自然也就不是抄底良机了；第四，KD 指标出现超卖金叉，同时出现底背离更好。一般而言，下跌后出现阳线自然会引发 KD 指标出现超卖金叉。

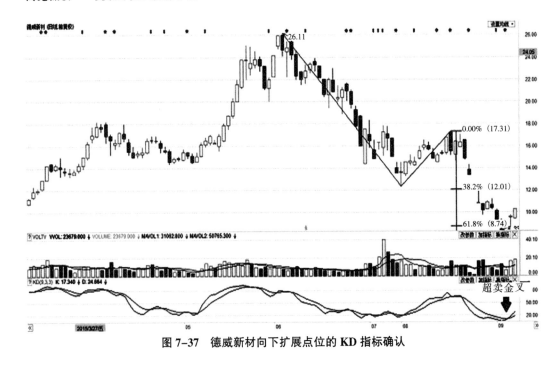

图 7-37　德威新材向下扩展点位的 KD 指标确认

第七节　升华与思考——题材性质与下跌反转买入

　　抢反弹和抄底还是存在区别的。在下跌 N 字结构中（见图 7-38），B 点是抢反弹的买入点位，而 D 点才是抄底的买入点位。

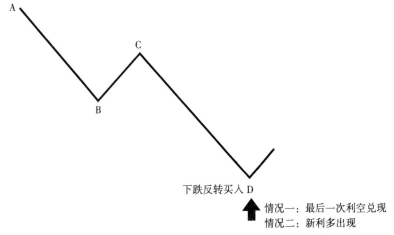

图 7-38　"下跌反转买入"结构与"题材性质"类型

两者的区别有哪些呢？

第一，从风险报酬率来看，D 点的上涨空间要大于 B 点，因此前者的值博率更高。

第二，从技术特征来看，D 点比 B 点更容易出现底背离和地量群。另外，D 点往往在第二波下跌后才会出现，B 点往往出现在第一波下跌中。这一点涉及波浪理论和道氏理论。

第三，D 点的形成往往是因为实质性的重大题材出现，而不是情绪带来的价格回升。

那么，如何确认 D 点呢？

在技术结构上，我们可以从斐波那契延伸/扩展点位的维度确认 D 点，结合 K 线见底反转形态和地量，以及超卖金叉或者底背离等。

在情绪周期上，高度一致看空，利空不下跌等是比较常见的特征。

在驱动逻辑上，则有两种常见情况：第一种情况是利空此前经过消化，股价已经持续显著下跌，现在利空兑现了；第二种情况是新的实质性利多出现了，比如业绩反转或者说业绩大增。

如果股票运行中出现了上述三重特征的重叠，那么就可以大胆入手抄底了。

我们来看两个实例。

第一个实例是宁波水表（见图 7-39），股价经过 AB 段下跌和 BC 段反弹，跌至 D 点，CD 段恰好是 AB 段 0.382 倍的延伸。在这一点位出现了"蜻蜓点水"看涨反转 K 线，对应着一则新的实质性利好消息——宁波水表 2019 年半年度业绩报告发布："营业收入同比增加 27.03%；归属于上市公司股东的净利润同比增加 32.78%。"此后价格一路震荡上行。

第二个实例是晶盛机电（见图 7-40）。该股 AB 段下跌，BC 段回升，CD 段是 AB 的 1.618 倍。1.618 点位附近先后公布的两则利好消息，第一则是签订重大合同："公司与中环领先半导体材料有限公司（以下简称中环领先）就集成电路用 8~12 英寸半导体硅片项目四工段设备采购第一包及第二包签订了设备购销合同，合同金额合计 40285.10 万元，占公司 2017 年度经审计营业收入的 20.67%。"这则利多的公布促成了第一个底部的形成。

第二则是三季报："营收同比增加 50.27%；归属于上市公司股东的净利润同比增加 76.13%。"这则利多消息的公布构建了第二个底部，这样一个小双底就形成了。

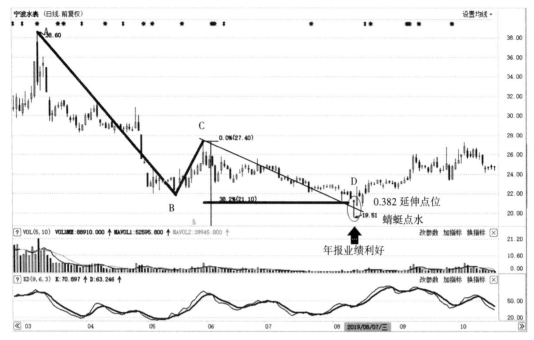

图 7-39 "下跌反转买入"结构和新利多题材发布

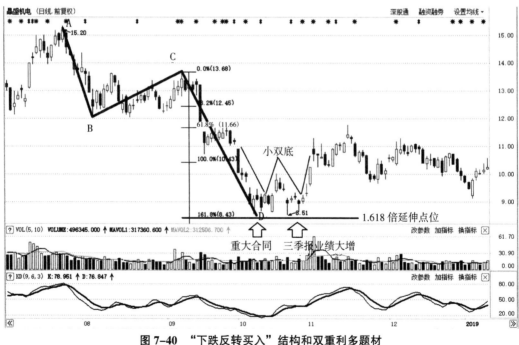

图 7-40 "下跌反转买入"结构和双重利多题材

晶盛机电的小双底形成后，股价显著上涨（见图 7-41）。在这个例子中，双重利多题材在 1.618 延伸点位处驱动了双底的形成。

图 7-41　见底后的大涨走势

　　"下跌反转买入"这种结构，我们可以从技术上去解读和预判，这个并不复杂，很容易上手。不过技术结构始终是一种现象，而非本质。现象可以用统计学的思维去搜索和挖掘，但是真正要找出规律，那么还是需要把握驱动因素，从题材的角度去分析结构的本质。

　　由博返约的前提是你系统地掌握了有影响力的因素，然后根据具体的情况来选择当时和未来会发挥影响力的特定因素。

　　庖丁解牛看起来简单，但实际上需要大量的前期沉淀。如果没有这些沉淀，那么就无法在此基础上建立简洁有效的手法。股票交易也是类似的道理，无论是投机还是投资，看起来简单并不意味着做起来简单。

上涨趋势潜在反转处的卖出点

第一节　逃顶和上涨转折卖出点

谈到卖点，在本书我们此前已经介绍了两类，第一类卖点是反弹卖出，第二类卖点是跌破卖出。现在开始介绍第三类卖出点，这就是上涨转折卖出点。上涨转折点是最高点，我们几乎不可能卖在最高点，我们追求的是尽可能靠近这个点。而且由于行情的复杂性，我们可能卖出后股价回调再度上涨，这就是说你有可能只是阶段性高点兑现了筹码，并非在最高点附近兑现筹码。不过，由于斐波那契四度操作法具有很强的弹性，因此回调中如果符合了相应的四个维度特征，我们又会再度买入，这就是"高抛低吸"的具体含义。当然，为了防止任何可能的失误，我们必须进行分仓和及时止损。

逃顶的"顶"大多数情况下都是阶段性的顶部，因此"高抛"更加符合实际操作。上涨转折卖出点有两种情况，第一种情况是涨势结束，下降趋势开始的这个点，第二种情况是涨势还未结束，但是调整开始了。我们通过斐波那契向上扩展点位来筛选潜在的上涨转折卖出点（见图8-1），我们只观察最近两波上涨即可，股价倒数第二波上涨是AB段，而最近一波上涨处于发展过程中，我们要预判的是最近一波上涨是否结束。设定AB段的价格幅度为单位1，BC段股价出现回调，然后股价再度上涨，C点位起点，D点未知，需要求解。

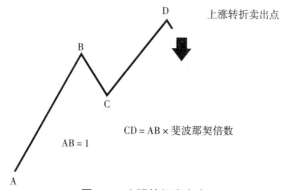

图 8-1　上涨转折卖出点

　　向下扩展点位的作图方法，我们在上一课已经介绍了，向上扩展点位的作图方法是其镜像。AB 段的价格幅度设定为单位 1，将 C 点设定为 0 点，或者说起点，向上投射出单位 1 的斐波那契倍数线，这样就得到了一系列的潜在上涨转折卖出点。

　　向上扩展点位有很多，如何确认其中最有效的一个，也就是说如何确认逃顶点，这是理论向实践落地的关键一步。但就纯技术的角度而言，斐波那契四度模型，引入了看跌 K 线形态、成交量和 KD 指标来完成这一步，这是下面要进一步演示的内容。如果你追求更高的境界，你愿意投入更多的精力，付出更多的努力，那么在确认上涨转折卖出点的时候，最好还能够结合大盘和题材两个维度，以及龙头股动向。

　　斐波那契四度模型只是一个最基础的框架，加上题材之后就成了**斐波那契五度模型**，用 S 代表题材，用 F 代表斐波那契点位，用 K 代表 K 线为主的形态，以 V 代表成交量，以 KD 代表动量指标。当然，大盘本身有自己的斐波那契五度模型，板块也有自己的斐波那契五度模型。但是，饭要一口一口地吃，路要一步一步地走，如果加上 S 和大盘、板块的话，那么一般人根本无法掌握，所以本节从基础的斐波那契四度模型入手。就逃顶而言，或者说就高抛而言，反弹卖出是高抛的一种，上涨高点卖出也是高抛的

　　斐波那契五度模型属于我们送给读者的一个礼物，也是送给那些阅读了本书的读者的一个礼物。如何从四维上升到五维，这里思路讲得很清楚了，关于第五维度的精髓和落地要诀，阅读《题材投机》一书即可。

一种，这里面牵涉了斐波那契点位、看跌反转 K 线、成交量高点和 KD 指标超买死叉/顶背离，这就是斐波那契四度模型。如果你明白了"最后一次利多"或者"持续利空开始"这些题材维度的因素，那么你就能更好地运用本书的基础框架，这就是斐波那契五度模型。千里之行始于足下，我们还是从基础入手吧。

第二节 维度一：上涨转折卖出时机的斐波那契分析

上涨转折点存在多种可能，这些可能通过斐波那契向上扩展法得出。有效率高的向上扩展点位有 0.618 倍、1 倍、1.618 倍三个，强势股当中则容易见到 2.168 这个点位。本节将演示效率最高的这几个点位，下面给出具体的例子。

田中精机从 A 点开始上涨，B 点开始回调，C 点开始再度上涨，我们以 AB 段为单位 1，以 C 点为起点，做出向上扩展点位，最终价格在 0.618 倍这个点位反转向下（见图 8-2）。

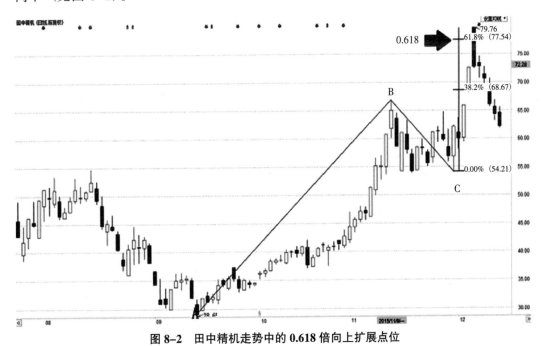

图 8-2 田中精机走势中的 0.618 倍向上扩展点位

先导智能从 A 点开始上涨，B 点见到看跌孕线后开始回调，C 点见到看涨吞没十字线后开始再度上涨，我们以 AB 段为单位 1，以 C 点为起点，做出向上扩展点

位，最终价格在 0.618 倍这个点位反转向下（见图 8-3）。

图 8-3　先导智能走势中的 0.618 倍向上扩展点位

全信股份在 0.618 倍向上扩展点位处出现了纺锤线。

全信股份从 A 点继续上涨，B 点开始回调，C 点见到看涨吞没后开始再度上涨，我们以 AB 段为单位 1，以 C 点为起点，做出向上扩展点位，最终价格在 0.618 倍这个点位反转向下（见图 8-4）。

全志科技在 1 倍向上扩展点位处出现了黄昏之星。

全志科技从 A 点开始上涨，B 点开始回调，C 点见到锤头、倒锤头、纺锤线和十字星后开始再度上涨，我们以 AB 段为单位 1，以 C 点为起点，做出向上扩展点位，**最终价格在 1 倍这个点位反转向下**（见图 8-5）。

苏试试验在 1 倍向上扩展点位处出现了黄昏之星。

苏试试验从 A 点开始上涨，B 点见到看跌孕线开始回调，C 点开始再度上涨，我们以 AB 段为单位 1，以 C 点为起点，做出向上扩展点位，最终**价格在 1 倍这个点位反转向下**（见图 8-6）。

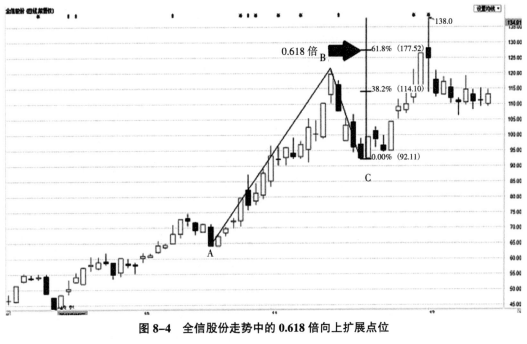

图 8-4　全信股份走势中的 0.618 倍向上扩展点位

图 8-5　全志科技走势中的 1 倍向上扩展点位

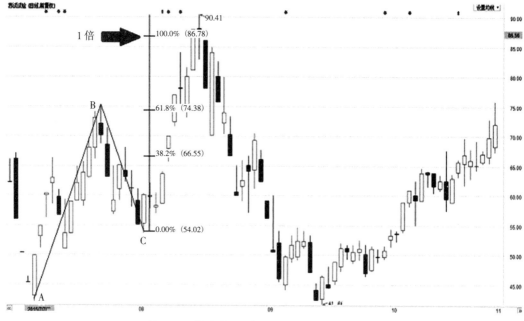

图 8-6　苏试试验走势中的 1 倍向上扩展点位

斯莱克从 A 点开始上涨，B 点见到流星、看跌吞没后开始回调，C 点见到看涨吞没后开始再度上涨，我们以 AB 段为单位 1，以 C 点为起点，做出向上扩展点位，最终价格在 1 倍这个点位反转向下（见图 8-7）。

图 8-7　斯莱克走势中的 1 倍向上扩展点位

恒通科技在 A 点见到看涨吞没后开始上涨，B 点开始回调，C 点见到探水杆后开始再度上涨，我们以 AB 段为单位 1，以 C 点为起点，做出向上扩展点位，最终价格在 1.618 倍这个点位反转向下（见图 8-8）。

恒通科技在 1.618 倍向上扩展点位处出现了纺锤线和复杂的黄昏之星。

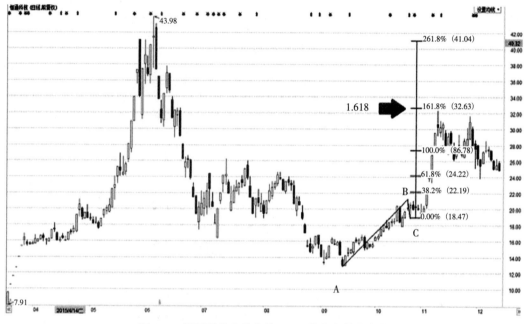

图 8-8　恒通科技走势中的 1.618 倍向上扩展点位

扬杰科技从 A 点开始上涨，B 点开始回调，C 点见到看涨孕线后开始再度上涨，我们以 AB 段为单位 1，以 C 点为起点，做出向上扩展点位，**最终价格在 1.618 倍这个点位反转向下**（见图 8-9）。

扬杰科技在 1.618 倍向上扩展点位处出现了纺锤线和流星。

光一科技在 A 点见到早晨之星开始上涨，B 点见到纺锤线开始回调，C 点见到锤头后开始再度上涨，我们以 AB 段为单位 1，以 C 点为起点，做出向上扩展点位，**最终价格在 1.618 倍这个点位反转向下**（见图 8-10）。

光一科技在 1.618 倍向上扩展点位处出现了纺锤线和看跌孕线。

开能环保从 A 点开始上涨，B 点见到看跌孕线后开始回调，C 点见到锤头、倒锤头后开始再度上涨，我们以 AB 段为单位 1，以 C 点为起点，做出向上扩展点位，最终价格在 1.618 倍这个点位反转向下（见图 8-11）。

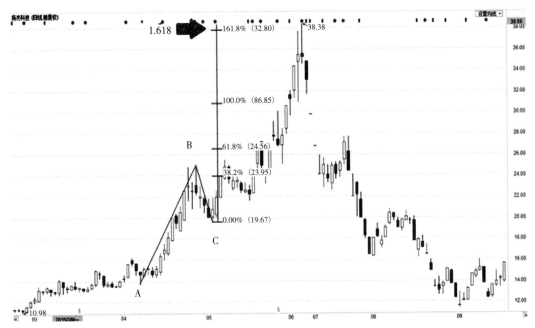

图 8-9　扬杰科技走势中的 1.618 倍向上扩展点位

图 8-10　光一科技走势中的 1.618 倍向上扩展点位

图 8-11 开能环保走势中的 1.618 倍向上扩展点位

神雾环保从 A 点开始上涨，B 点见到看跌孕线后开始回调，C 点见到看涨孕线后开始再度上涨，我们以 AB 段为单位 1，以 C 点为起点，做出向上扩展点位，最终价格在 2.618 倍这个点位反转向下（见图 8-12）。

神雾环保在 1.618 倍向上扩展点位处出现了看跌吞没和丁字线（特殊的吊颈线）。

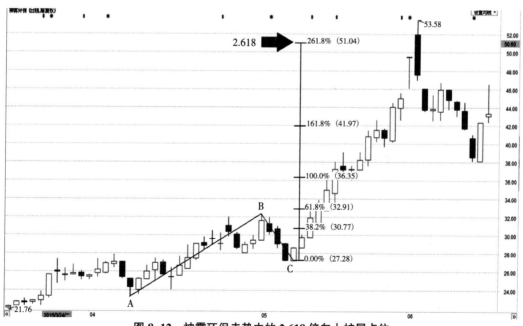

图 8-12 神雾环保走势中的 2.618 倍向上扩展点位

第三节　维度二：上涨转折卖出时机的 K 线分析

做出斐波那契向上扩展线谱只是第一步，因为其中存在多个选择，当价格运行到某一点位时我们并不知道是否就此反转下跌，因此我们还需要 K 线来确认具体的点位是否有效。高抛要求的是能够及时在股价高点附近退出，斐波那契向上扩展点位给了一个提醒，让我们关注某些特定的点位，而 K 线形态则是确认某一点位。下面我们来看一些比较重要的上涨反转点位确认形态。

十字星属于极端的纺锤线。

第一个形态是十字星，维尔利从 A 点开始上涨，反弹到 B 点，见到黄昏之星，然后股价回落到 C 点，之后股价重新回到上涨趋势中，在 1 倍向上扩展附近出现了十字星形态，初步确认了该点位是高抛时机（见图 8-13）。

图 8-13　向上扩展点位出现十字星

　　第二个形态是流星，我们来看几个具体的例子，华峰超纤从 A 点开始上涨，反弹到 B 点，见到流星，然后股价回落到 C 点，之后股价重新回到上涨趋势中，在 1 倍向上扩展附近出现了流星形态，初步确认了该点位是高抛时机（见图 8-14）。

图 8-14　向上扩展点位出现流星（1）

　　聚龙股份从 A 点开始上涨，反弹到 B 点见到看跌孕线，然后股价回落到 C 点，之后股价重新回到上涨趋势中，在 1 倍向上扩展点位附近出现了流星形态，初步确认了该点位是高抛时机（见图 8-15）。

　　晓程科技从 A 点开始上涨，反弹到 B 点，见到流星，然后股价回落到 C 点，之后股价重新回到上涨趋势中，在 0.618 倍向上扩展点位附近出现了流星形态，初步确认了该**点位是高抛时机**（见图 8-16）。

　　事后来看，0.618 倍处是一个大型双顶，存在两次卖出机会。

　　第三个形态是看跌吞没，我们来看几个具体的例子，卫宁软件从 A 点开始上涨，反弹到 B 点，见到流星，然后股价回落到 C 点，完成复杂形态调整之后，股价重新回到

图 8-15　向上扩展点位出现流星（2）

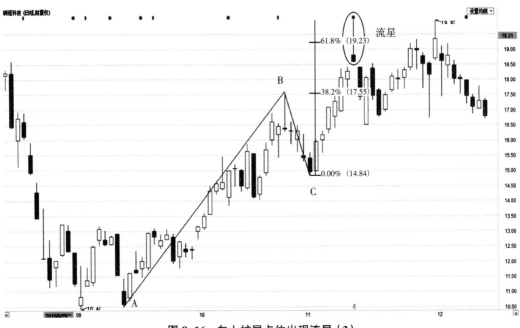

图 8-16　向上扩展点位出现流星（3）

此例中，0.382 点位处就已经存在阻力了，是否是强大阻力，还要结合成交量来分析。

上涨趋势中，在 0.618 倍向上扩展点位附近出现了看跌吞没形态，初步确认了该点位是高抛时机（见图 8-17）。

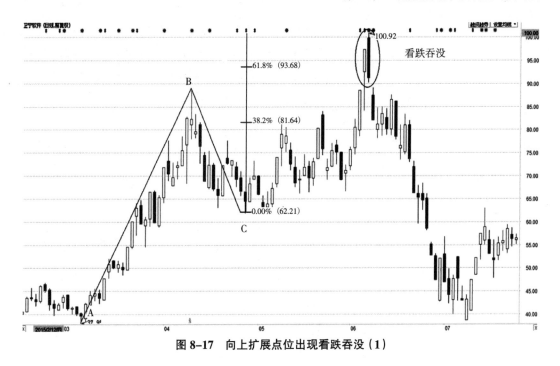

图 8-17　向上扩展点位出现看跌吞没（1）

　　汤臣倍健从 A 点开始上涨，反弹到 B 点，然后股价回落到 C 点，见到十字星之后，股价重新回到上涨趋势中，在 1 倍向上扩展点位附近出现了看跌吞没形态，初步确认了该点位是高抛时机（见图 8-18）。

图 8-18　向上扩展点位出现看跌吞没（2）

青松股份从 A 点开始上涨，反弹到 B 点，见到黄昏之星，然后股价回落到 C 点，见到看涨孕线之后，股价重新回到上涨趋势中，在 1.618 倍向上扩展附近出现了看跌吞没形态，初步确认了该点位是高抛时机（见图 8-19）。

图 8-19 向上扩展点位出现看跌吞没（3）

股价最初在靠近 1 倍向上扩展的时候出现了流星线，这其实预示了区域存在压力。

第四个形态是看跌孕线，我们来看一个具体的例子，启源装备从 A 点开始上涨，反弹到 B 点，然后股价回落到 C 点，之后股价重新回到上涨趋势中，在 1 倍向上扩展点位附近出现了**看跌孕线**，初步确认了该点位是高抛时机（见图 8-20）。

第五个形态是黄昏之星，我们来看两个具体的例子，飞力达从 A 点开始上涨，反弹到 B 点，然后股价回落到 C 点。C 点见到看涨吞没之后，股价重新回到上涨趋势中，在 1 倍向上扩展点位附近出现了**黄昏之星**，初步确认了该点位是高抛时机（见图 8-21）。

这个黄昏之星其实叠加了纺锤线。

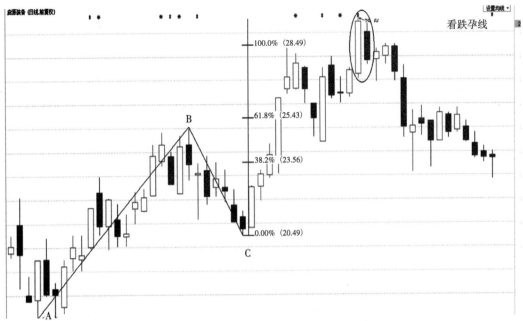

图 8-20　向上扩展点位出现看跌孕线

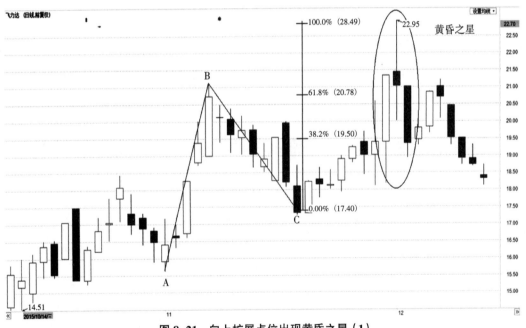

图 8-21　向上扩展点位出现黄昏之星（1）

　　佳讯飞鸿从 A 点开始上涨，反弹到 B 点见到看跌孕线，然后股价回落到 C 点。C 点见到十字星之后，股价重新回到上涨趋势中，在 1 倍向上扩展点位附近出现了黄昏之星，初步确认了该点位是高抛时机（见图 8-22）。

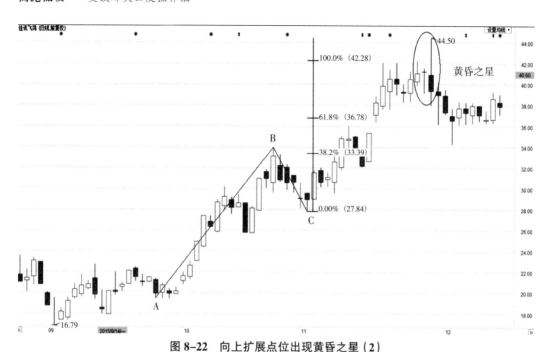

图 8-22　向上扩展点位出现黄昏之星（2）

　　单独的斐波那契点位不具有实战价值，单独的 K 线形态，也只具有局部的意义，因此必须将两者结合起来运用才具有实际意义。在高抛过程中，首先做出斐波那契向上扩展线谱，然后等待价格形态来初步确认其中有效的点位。

第四节　维度三：上涨转折卖出时机的成交量分析

　　第一维度的斐波那契线谱和第二维度的 K 线构成了最初的高抛点位确认，要想进一步提高有效性，还得从成交量维度入手。那些上涨转折点的成交量具有什么样的特征呢？个股的大顶部往往与天量有密切的关系，所谓"天量见天价"，关键在于此天量的价位此后被跌破，如果没有被跌破则反而可能是主力在加仓或者换主力。下面，我们来看几个具体的实例。第一个实例是龙源技术，股价从 A 点上涨到 B 点，然后回调到 C 点，开始一波陡峭的上涨。上涨到 1 倍向上扩展点位处出现了流星线，此后股价几度力图上攻但是无法创出新高，在此点位附近出现了天量，此后股价跌破这一天量区域对应的价位（见图 8-23）。

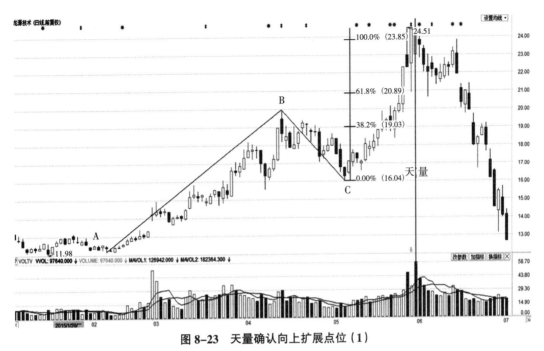

图 8-23　天量确认向上扩展点位（1）

第二个实例是奥克股份，股价从 A 点上涨到 B 点，然后稍微回调到 C 点，此后股价创出新高。在 1.618 向上扩展点位处出现了大阴纺锤线，关键是相应的成交量是放出天量，放出天量却滞涨，这就进一步确认了 1.618 点位阻力的有效性（见图 8-24）。

图 8-24　天量确认向上扩展点位（2）

第三个实例是南都电源，股价从 A 点上涨到 B 点，然后回调到 C 点，此后股价开始新一轮上涨，上涨到 0.618 点位处出现了看跌孕线，其中阴线是一根阴纺锤线。看跌孕线的阳线对应着天量，股价在此点位附近滞涨放量明显，成交量进一步确认了 0.618 点位作为反转点的有效性（见图 8–25）。

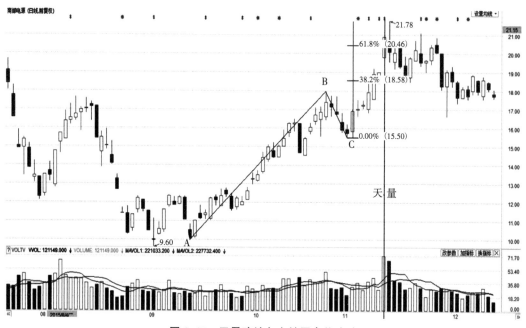

图 8–25 天量确认向上扩展点位（3）

在进行股票买卖的时候，必然是以逐步增加要考虑的因素为目的，如果一上来就考虑所有重要因素，则很多人根本学不会，因为要注意的要点太多。应该循序渐进，逐步增加分析的维度。

并非每一个个股上涨的最高点都对应着成交量的最高点，除了成交量高点之外，大家还应该注意**题材和大盘的因素**。比如，某只个股持续上涨，之所以上涨是因为某一预期的利好，如果今日公布了这一利好，中期内无其他利好，而且今天股价恰好处于某一斐波那契扩展点位处，且出现了黄昏之星走势，那么即使成交量并非天量，今日是顶部的可能性也非常大，应该在次日及时平仓，至少减掉大部分仓位。

第五节 维度四：上涨转折卖出时机的 SKDJ 分析

经过斐波那契向上扩展点位、K 线形态和成交量三个维度的分析，我们对于上涨转折点的判断已经有了六七成了，这个时候最好加上 KD 指标维度的分析。处于上涨转折卖出点的股价往往会呈现出超买死叉的特点，如果同时出现顶背离则更好。下面我们来看一些具体的例子，第一个实例是宝通科技。股价从 A 点上涨到 B 点，然后小幅度回撤到 C 点。此后，股价重新从 C 点上涨，在达到 1.618 点位处出现了黄昏之星，相应的 KD 指标出现了超买死叉。超买死叉是上涨转折卖出点的第四个维度特征（见图 8-26）。

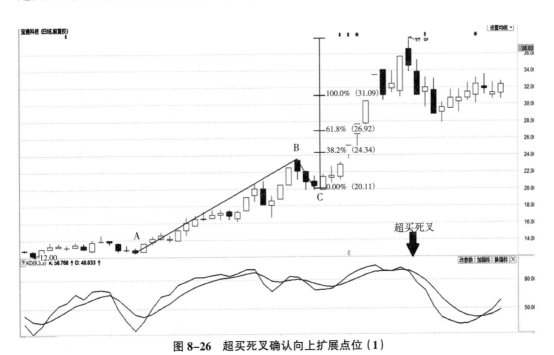

图 8-26 超买死叉确认向上扩展点位（1）

第二个实例是亿纬锂能，股价从 A 点开始上涨，到 B 点回调，在 C 点出现看涨孕线之后重回升势。在 1.618 向

"超买死叉"就是极端乐观后的颓势。

上扩展点位附近出现了流星叠加黄昏之星，相应的 KD 指标出现了**超买死叉**（见图 8-27）。

图 8-27　超买死叉确认向上扩展点位（2）

第三个实例是中青宝，股价在 A 点附近形成我们此前提到过的特殊头肩底，国内有技术派人士定义为"沟壑形态"。股价从 A 点开始上涨，B 点见到看跌孕线叠加纺锤线，股价开始回调。经过类似矩形的复杂调整后，股价从 C 点附近处重回升势。最终，股价在 1 倍向上扩展点位处出现了顶背离，这个是结合股价和 KD 指标来看的。从股价上来看，2 点比 1 点更高，而相应的 KD 指标却是 4 点比 3 点低，这表明了上涨的动能衰竭。在 1 点出现了看跌吞没，在 2 点出现了乌云盖顶形态（见图 8-28）。中青宝这个例子中的向上扩展反转点位体现了 KD 指标的两类特征，第一是超买死叉，第二是顶背离。**顶背离的可靠性比超买死叉更高，但是出现频率要低不少。**

顶背离出现了股价跌不跌，除了看技术面其他因素之外，最好能够结合题材和大盘，还有龙头股来分析。顶背离有多重的情况，好比钝化，也就是说顶背离一次之后，还能有二次、三次等情况。这种情况下，股价不断创新高，动量指标的高点却越来越低。

图 8-28　超买死叉和顶背离确认向上扩展点位

如果 K 线在向上扩展斐波那契点位处出现了看跌反转信号，成交量也体现出了主力出场的特点，市场共识预期也体现出一致看多的情况，那么 KD 指标往往也呈现出超买死叉的特征，这是一个自然而然的结果，因此某些时候 KD 指标显得多余。不过，在复杂的情况下，KD 指标的信号仍旧可以提供较为准确的时机信息。

第六节　上涨转折卖出法综合示范

买入股票后上涨，什么点位卖出，过早卖出就糟蹋了大好的机会，如果卖出的时机过晚，那么可能面对的是失去大部分利润，甚至反倒亏损。上涨转折点的确认非常有用，其意义在于如何让利润最大化。在本课当中，我们介绍了不少上涨转折卖出点的多维度特征，及时识别出这些特征，并且基于模型综合地考虑这些特征。我们来看具体的例子，第一个例子是莱美药业，确定 AB 段作为单位 1，选择 C 点作为起点做出向上扩展点位线谱（见图 8-29）。

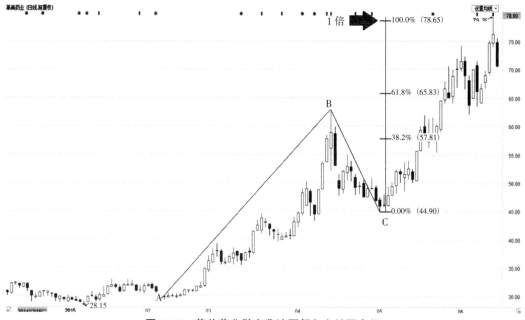

图 8-29　莱美药业做出斐波那契向上扩展点位

由于黄昏之星和早晨之星是组合型 K 线形态，其中间是一个星体，星体就是实体较短。如果上影线长，没有下影线，这个星体就是流星。如果上下影线都很长，而实体非常小，甚至成了一条水平线，那么这个星体就是十字星。如果上下影线很长，而实体部分较短，那么这个星体就是纺锤线。如果下影线很长，几乎没有上影线，那么这个星体就是吊颈。

在 1 倍向上点位处出现了**流星叠加黄昏之星**，这就确认了该点位的阻力有效，初步确定了上涨反转点（见图 8-30）。

查看黄昏之星对应的成交量特征，可以发现成交量并非常见的天量情况，而是阶段性的地量（见图 8-31）。我们此前介绍的成交量是天量见顶，也就是滞涨放出大量，这表明主力出逃的可能性很大。而此处是流星冲高回落，成交量是地量，后面的大阴线却放出了更大的量。上涨的时候缩量，而且冲高回落，这表明追高意愿不足，上涨动量不足。下跌的时候放量，而且是大阴线，这表明卖出的意愿较强。

莱美药业股价在向上扩展 1 倍点位处出现了黄昏之星，同时相应的 KD 指标出现了顶背离，这就进一步确认了上涨动能衰竭，此时除非有新的利好出来，或者大盘强势上涨，否则个股调整或者转势是大概率事件（见图 8-32）。

经过上述四个维度的综合考量，我们确认了卖出时机，此后股价一路下跌，跌势非常迅猛（见图 8-33）。

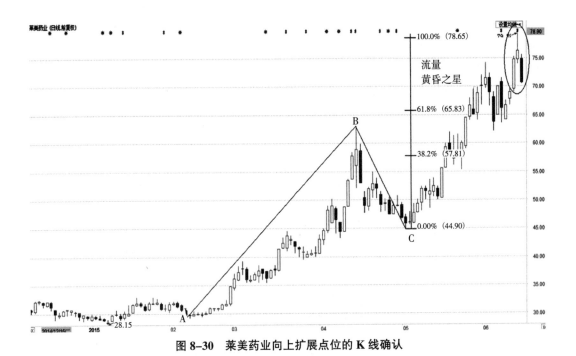

图 8-30 莱美药业向上扩展点位的 K 线确认

图 8-31 莱美药业向上扩展点位的成交量确认

高抛低吸——斐波那契四度操作法

图 8-32　莱美药业向上扩展点位的 KD 指标确认

图 8-33　卖出点位出现之后股价大跌

　　我们来看第二个实例，珠江钢琴出现了两波上涨，我们根据第一波上涨做出第二波上涨可能止步的点位谱系（见图 8-34）。

图 8-34 珠江钢琴做出斐波那契向上扩展点位

看跌吞没在 1 倍点位附近出现，确认了该向上扩展点位作为阻力的有效性（见图 8-35）。

图 8-35 珠江钢琴向上扩展点位的 K 线确认

主力进出必然体现为显著的放量。凡是见到了阶段性天量，或异常放量，都应该想想是不是主力的行为，主力怎么想的，为什么在这个位置进，为什么在这个位置出。技术是死的，对手盘是活的。

成交量方面，珠江钢琴的股价也非常有特点，看涨吞没在最高点出现，相应的成交量是天量，这是主力介入的标志。第二波上涨出现了看跌吞没时，成交量再度出现了显著的放量，放大量滞涨，这是**主力出逃的标志**（见图 8-36）。

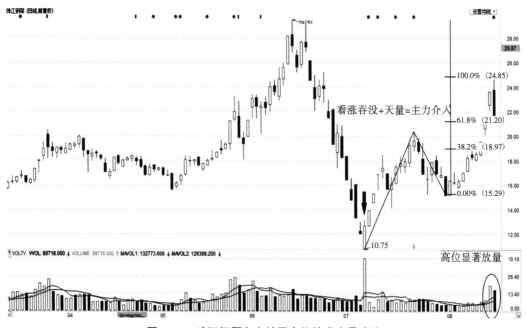

图 8-36 珠江钢琴向上扩展点位的成交量确认

看跌吞没对应的 KD 指标呈现出了超买死叉的特征，表明市场情绪达到极点了，进一步确认了这是卖出的时机（见图 8-37）。

珠江钢琴经过四个维度确认了卖出时机之后，股价反转大跌（见图 8-38）。

这样的实例在 A 股走势上举目皆是，大家下来可以动手自己画画图，推荐东方财富通软件的画图功能，里面的斐波那契回调点位绘制工具和扩展点位绘制工具简单易用，自己动手画两次就会了。

斐波那契四度操作模型是一个基础，我们不要忘了股票投机永远是零和博弈的过程，因此对手盘的预期和动向

图 8-37　珠江钢琴向上扩展点位的 KD 指标确认

图 8-38　卖出点位出现之后股价大跌

是非常关键的，我们这里引用《股票短线交易的 24 堂精品课》前言中的部分段落来作为本书的寄语，让大家站在斐波那契四度模型这个坚实的基础上，迈上更高的台阶：

短线交易的核心并不在于技术分析本身，这与绝大多数市场参与者的想法相悖。为什么技术分析并不是短线交易的核心所在呢？第一个理由源于我们自身的体会以及观察到的大量事实。股票短线操作成功的模式基本上可以归纳为"追击涨停股""题材投机"等几种，这几种成功了的短线模式都不是纯技术分析的，甚至基本上以非技术分析为主。因为这些模式是来源于既有成功案例，而不是源于"理论上的推导"，这就更具说服力了，这表明**股票市场上盈利的模式超越了技术分析为主导的范畴**。第一个理由从事实的角度来证明股票短线交易的核心并不在技术分析本身。有一种错误认识广泛在短线交易者圈子中流传——"短线交易者没有必要关注大局和大势，没有必要关心基本面和政策面，甚至不用关心资金流向。"我们接触过的成功短线交易者都非常注重宏观变量和基本面对行情的影响，在每天盘前和盘后的分析工作中成功的短线交易者都在殚精竭虑地思考各种基本面因素对市场参与者的影响，同时通过价格行为来反推此前和当下的市场参与者心理。简而言之，人是市场的核心，**基本分析和技术分析都是用来帮助我们推断参与者心理的**。

重复一句话：技术是死的，对手盘是活的。

第二个理由则是从博弈论和市场竞争本身的角度来证明。大家随便到证券类书籍的书架前走一圈，可以看到关于股票短线操作的书籍，甚至可以说所有关于股票操作的书籍，其中98%的都是关于纯技术分析的，这些书籍通篇都在讲各种技术指标、技术图形和K线，少部分谈到成交量，有时候也大而化之地介绍下所谓的"心态"和"风险控制"。**当市场上绝大多数参与者都将焦点放在技术分析上的时候，技术分析能够带来的"超额收益"就消失了，谁也别想用大多数人已经掌握的东西来获得超越大多数人的绩效水平**。而在股票市场上，所谓的"平均收益"其实是负的，也就是说这个市场上的绝大多数参与者是亏损的。

为什么这个市场上绝大多数人是亏损的，其实即使没有股价的波动，交易者也需要为每次交易缴纳佣金等费用，这就使得参与者平进平出也必然亏损。**股票市场就是一个达尔文机制主导的场所，资源是有限的，要生存下来就必须超过其他竞争者。**人无我有，你才能成功，别人忽视的环节就是他们的软肋，**避实击虚才能战胜对手盘。**从这个角度来讲，今天的股票短线操作要想取胜就必须超越技术分析本身，纯技术分析的角度不可能在这个市场上长久取胜。

只有超越股价图才能战胜对手盘，超越的方式有两条路径，第一条路径是定量交易，以定量高频交易最为著名，第二条路径是将**技术分析整合进其他手段，比如心理分析和基本分析等。**定量交易的名家主要是西蒙斯，他的大奖章基金就是通过数学模型来把握市场中的微小机会，集小胜为大胜，这是技术分析从"经验"到"科学"的一条康庄大道。对于绝大多数参与者而言，这条路非常艰难，因为无论是自身的学术造诣还是硬件设备都无法达到要求。

第三个理由与科学的思维有关，**现有的技术分析诸多工具和理论都是建立在经验的基础上，并未经过有效的统计。**你去市面上看到的绝大多数所谓技术分析其实都是非统计性的结论，很多都是"看图说话"。当然，肯定存在不少在某一时期有效的"图形"和"指标"，比如在横盘整理行情中，诸如 RSI 等震荡指标就非常有效，而在强势单边上扬中，均线等趋势指标就非常有效。但是，整体而言我们缺乏对技术分析有效性的统计。这一工作有不少"宽客"在做，但是结果并不乐观，也不稳定。

从上述三个理由出发，我们立足于超越单纯的技术分析。那么什么是我们这套方法的核心呢？讲了三个理由之后，是时候引出我们这套方法的独特之处了。在短线交易中，除了必要的技术分析辅助之外，我们认为**"预期""资金流向"和"仓位"是最为核心的三个要素**，是我们从事短线交易时要重点关注的三个要素。之所以选择这三个要素作为短线操作的核心，不仅是逻辑推导的结论，更是身

斐波那契四度模型是一个纯技术的策略，整合进题材，那么功力就倍增。

预期、资金流向和仓位最终都要落实到点位上，所以斐波那契四度模型提供了坚实的基础。

边众多短线高手证明了的事实。

下面，我们就对这三个短线操作的核心要素进行一个高度概括的介绍。在短线交易中，**股价的走势最为直接的触发因素是市场参与者们的"预期"，以及由此而来的"资金流向"。**资金流向与股价变动基本上是同时发生的，对于短线交易者而言，如果仅仅依靠"跟随"的策略往往容易掉进游资布下的"陷阱"中。市场上很多资金量不是很大的私募基金和大户往往都善于揣摩其他市场参与主体的心理状况和预期。

既然"预期"先于"资金流向"发生，那么我们就先从"预期"谈起。市场上有很多参与者，但是可以归纳为几类，比如散户、私募资金、公募基金、社保基金、汇金公司、产业资本、QFII 等。这些参与者都有一些偏好，比如散户的特点是"浮萍"，等行情走出来甚至快要结束的时候才敢参与，在行情的两头基本上都会判断错误，对市场主题和题材的研判，往往是后知后觉，喜欢"炒剩饭"。**散户的预期往往是直线的，**所以在行情见顶的时候，他们还预测会往上走，在行情见底的时候，他们还预测会往下走。

私募资金的特征则是喜欢抓题材，而不是做主题。**题材是短期行情中"预期"把握的对象，主题则是中长线行情中"预期"所把握的对象。**以社保资金、汇金公司为代表的"国家队"以及产业资本则是善于把握"主题"行情。这些资金的思维特征是善于抓住一波牛市的主要驱动因素，善于做大布局，对趋势的感知能力强，先知先觉。公募基金这么多年来其实基本上仍旧是"散户思维"，除了少数公募基金之外，基本上操作方式与散户没有太大差异，所以这也使得公募基金的仓位成了股市牛熊分界点的反向指标。公募基金仓位见顶的时候，指数也已经或者快要见顶，公募基金仓位见底的时候，指数也已经或者快要见顶了。关于基金仓位的问题其实也涉及了资金流向范畴了，在本教程中都会有详细的介绍和运用指南。总而言之，"预期"是市场各个参与主体对大盘、板块和个股未来走势的看法，这个看法往往受制于一个"题材"或者"主题"，我们从事短线交易需要把握住这一"题材"或者"主题"。**每一段行情都有一个核心的"预期"在起作用，如果你能够尽早发现这一"预期"，那么就能够无往不利。**这个"预期"的概念绝不是纸上谈兵，或者是想当然的概念，这是一个 A 股市场成功者们每回交易都离不开的核心要素之一。

明白了"预期"就能够先发制人，这是短线高手的不传之秘。但是，这还不够，我们还需要足够的保障，我们还需要"交叉验证"。"资金流向"能够帮助我们做到这点，因为**市场各个参与主体的"预期"只有体现为"资金的流动"才能对大**

盘和个股造成影响。那么，如何判断资金的流向呢？可以通过开户数变动趋势，银行间市场资金的紧张程度，大类别资产的相对收益差别，居民家庭资产负债表变化，央行资产负债表变动情况，股票成交量等指标来研究资金的流向。还有一些高明的技术指标使用者，他们懂得从**"心理"的角度来看待股价指标的含义。**比如"双顶"这个形态的具体心理含义，这个形态背后体现出来的市场心理和资金流动，然后结合其他因素进行"交叉检验"，这样才能避免知其然，不知其所以然，避免见到"双顶"就断定指数或者股价见顶了。资金的流动是短线操作中非常关键的要素，但是市面上绝大多数书籍对此触及甚少。我们这本股票教程就要对此进行充分的展开，不仅让你明白原理，更为重要的是让你知道如何运用一些具体的工具。

当你通过解读市场"预期"和剖析"资金流向"做出判断之后，你需要根据这一判断进行操作。股票的操作并不是简单地买入，其中涉及仓位管理问题，简而言之就是"进出加减"的问题，如果是期货操作还要涉及"对冲"的仓位管理问题，由于本书是股票短线操作的专门教程，所以我们围绕"买入"（进场）、"卖出"（出场），以及"加仓"和"减仓"来阐述仓位管理的基本原理和指导思想。要落实"进出加减"的具体问题，就不得不涉及技术分析的工具，所以**技术分析其实是仓位管理的基础之一。彻底地来讲，技术分析的度量价值远远超过其预测价值，而度量则是股票操作中仓位管理的核心。**

通过深入地观察和剖析"预期"以及"资金流向"，我们其实是在选择进场和出场的时机。关于市场择时有非常多的对立意见，巴菲特虽然反对市场择时，但其实他是最明智的市场择时交易者之一。他的妻子曾经详细披露了巴菲特多年来的股票购买清单，然后她对这一清单背后的思想进行了分析和总结，称之为"选择性反向"，具体而言就是在市场和公司出现极端悲观情绪时选择进场，这其实也

如何预判"预期"呢？题材是行情的灵魂，主力是剧情的导演。

是通过对"预期"的研判来选择较安全的进场时机。而巴菲特反对的市场择时，其实是根据宏观经济数据和技术面走势来选择进场时机。由于巴菲特自己的交易哲学在不断进步，所以他现在其实也并不反对根据宏观经济和行业发展周期来择时。以前他对科技股和新兴产业敬而远之，现在却大举介入比亚迪和IBM，这其实表明他的交易思想和策略并不是一成不变的，而是随着自己对投资的理解在逐步深化和提高。

讲到市场择时，不得不提美林公司。美林公司对于市场择时的态度和观点在短短几年内发生了重大的转变，从这一转变也可以看出一个趋势，那就是随着交易者和机构对市场的了解越来越深入，一些曾经被认为是不可能的做法重新被认识和发展完善。早在1998年11月10日，美林公司在《华尔街日报》上刊发了一篇名为 *Timing is nothing* 的文章，这篇文章占据了1/3版的篇幅。这篇文章认为市场择时对于交易者而言毫无帮助，它直截了当地给出了自己的观点："只要还有金融市场存在，交易者们就会煞费苦心地进行所谓的市场择时，他们试图预测股票市场什么时候开始上涨，接下来又会在什么时候开始下跌。交易者进行市场择时要么是因为盲目自信，要么是因为亏损套牢后的恐惧不安……其实，市场择时根本没有任何作用。"这篇文章的发表代表了整个美林公司对市场择时的主流看法。

但是几年之后，美林公司却来了一个180度的大转弯，他们提出"Investment Clock"，也就是现在通常的"美林投资时钟"。这个理论为股票市场的择时提供了坚实的基本面基础，在本教程中我们会涉及这一模型。这其实是最近十年来经济学界朝向**资产宏观定价**努力的成果之一。经济学不能够给出未来资产的涨跌预测，这是百年来令经济学家颇为难堪的事情。就连宏观经济学奠基人约翰·梅纳德·凯恩斯在股票交易的时候，都是利用社会心理学，而不是宏观经济学的理论在操作。但是，随着以"美林投资时钟"为代表的一系列"资产宏观定价模型"的提出，宏观经济学开始为金融交易提供有效的指引。本教程主要围绕"预期"和"资金流向"展开，其实这两个因素都会受到经济周期的制约。**经济周期会影响不同资产的收益率水平**，比如在经济复苏阶段上市公司的每股收益上升，股权投资的收益率上升，这样就会改变整个交易界的预期，从而引发资金流向股票市场。随着经济过热，对于原材料的需求增加，这会使得大宗商品的预期价格上涨，这就提高了商品期货的预期收益率，进而引发资金流向商品期货市场。当然，**经济周期除了会引发大资产之间的预期收益差变化之外，还能够改变整个投资交易群体的风险偏好变化**。比如，从2005~2007年，由于外汇占款增加，使得中国大陆的流动性大幅增加，社会

资金宽裕就使得投资群体更加愿意追求高收益和高风险的资产标的，这就使得股票、收藏品、房地产和普洱茶等高风险的资产价格大幅上涨。接着，由于美国次贷危机和中国大陆央行持续紧缩，使得社会的流动性变得紧张，这就降低了大众的风险偏好，因此大量资金从高风险的资产撤出。此后，由于 4 万亿投资计划的提出，以及央行超历史纪录地供给货币，社会大众的风险偏好再度上升，中小板和房地产再度飙升，创出新高……在《黄金高胜算交易》一书的再版前言中我们提到过"**风险偏好、收益率差和资产负债表变化**"，其实这三个要素都是随着经济周期发生有规律的变化的，而这三者的有规律变化会引发大众预期和资金流向的有规律变化，进而引发股票、商品和债券等金融市场有规律的中期涨跌。不要被上面这些有些理论化的陈述吓坏了，更不要因此认为这些东西跟主流经济学一样是"马后炮"和"事后解释工具"。第一印象往往是错误的，这是金融市场的一个普遍规律，所以不要轻易否认上面这些东西，如果你能够深入其中，自然获益颇丰。

第七节　升华与思考——题材性质与上涨反转卖出

阶段性减仓和逃顶离场是存在区别的。

在上涨 N 字结构中（见图 8-39），B 点是阶段性减仓的卖出点位，而 D 点才是逃顶离场的卖出点位。

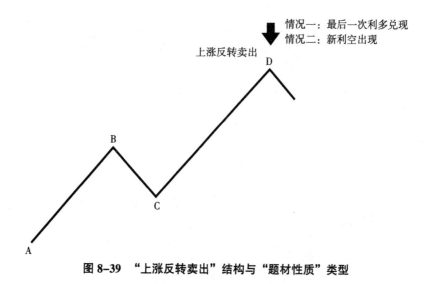

图8-39　"上涨反转卖出"结构与"题材性质"类型

两者的区别有哪些呢？

第一，从风险报酬率来看，D点的下跌空间要大于B点，因此前者离场的必要性很低；

第二，从技术特征来看，D点比B点更容易出现顶背离和天量阴线。

另外，D点往往在第二波上涨后才会出现，B点往往出现在第一波上涨中。这一点涉及波浪理论和道氏理论的形态特征。

第三，D点的形成往往是因为实质性的重大利空题材出现，而不是情绪退潮的价格回调。

那么，如何确认D点呢？

在技术结构上，我们可以从斐波那契延伸/扩展点位的维度确认D点，结合K线见顶反转形态和天量，以及超买死叉或者顶背离等。

在情绪周期上，高度一致看多，利多滞涨等是比较普遍的见顶特征。

在驱动逻辑上则存在两种常见情况：第一种情况是利多此前经过消化，股价已经持续显著上涨，高位兑现了利多，可以结合估值和对标来把握；第二种情况是新的实质性利空出现了，比如业绩反转等。

如果股票运行中出现了上述三重特征的重叠，那么就可以果断卖出离场了。

我们来看两个实例。

第一个实例是乐普医疗（见图8-40）。股价从A点上涨到B点，然后从B点回

图8-40　"上涨反转卖出"结构与减持公告

调到 C 点，企稳后继续上涨。涨到 D 点出现流星和看跌吞没等看跌形态，顶背离也出现了，同时恰好 CD 段是 AB 段的 1 倍延伸点位。更为重要的是流星线是放量阴线，当日这家上市公司发布了减持公告。还有一个细节，CD 段的成交量显著小于 AB 段，这说明什么呢？

简而言之，结构和逻辑都支持逃顶操作。

第二个实例是中昌数据（见图 8-41）。股价从 A 点涨到 B 点，回调到 C 点后继续第二波上涨。天量高开低走大阴线在 1.618 倍点位处出现，同时中昌数据发布股票交易异常波动及风险提示性公告，指出并购失败。另外，还公布了为控股子公司新增担保额度的补充公告："为了公司控股子公司 2019 年度业务的顺利开展，配合控股子公司做好融资安排，预计 2019 年度公司对控股公司融资（包括银行融资、发行债券、融资租赁等）新增提供担保（包括银行转贷，各控股子公司之间的互保、子公司对公司担保）总额为 15 亿元。"

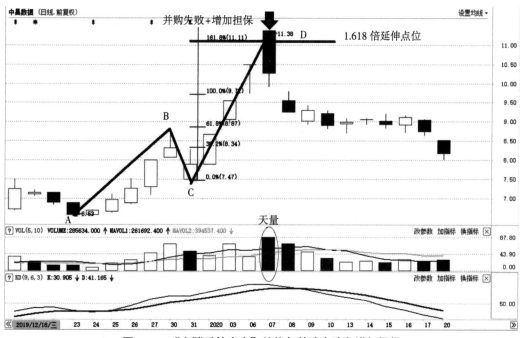

图 8-41　"上涨反转卖出"结构与并购失败和增加担保

上涨反转卖出结构经常出现在利好兑现时。什么叫兑现？兑现就是市场此前已经广泛知道某则传言，而且股价已经按照这个预期行进了一段时间和幅度，等待事情完全落地的时候，股价会显著反转或者调整。在兑现之前，市场已经再走这个预

期了，正式宣布就是兑现。

什么情况下利好兑现后是回调而非见顶呢？这个问题大家自己思考，如果你认真阅读和思考过，答案其实很明显。

最后的模型——激励以未来的交易为生者

永远不要放弃！永远不要放弃！永远不要放弃！

——温斯顿·丘吉尔

小赌注是他们用来发现的工具和手段，借此行动产生那些可以分析的见解。小赌注是用来发现、测试和发展那些可行又承担得起的想法和思路，从而采取具体行动。使用试验的方法和途径达到创新并实现创意成果已经被人们长期忽略。

——彼得·西姆斯

如果你能够每天取得一点小小进步的话，那最终巨大的胜利一定会出现。

——奇普·希斯

当一次失败之后，不要沿着同一路线或者采用同一形式再发动攻击。心里永远记着你的目标，选择一条期待性最少的路线，扩张一条抵抗力最弱的路线，计划和布署必须具有弹性，以适应实际的环境。

——利德·哈特

太多的投机者听凭冲动买入或者卖出，几乎把所有的头寸都堆积在同一价位上，而不是分仓进出，这种做法是错误而危险的。

——杰西·利弗莫尔

如果用一句话概括我们这群交易者的人生哲学，那就是"试探—加码"，无论是格斗，还是战争，无论是交易，还是生意，你在学习和实践的道路上都需要遵循"试探—加码"的法则，否则你还没有迎来成功就已经倒下了。

为什么选择交易为生？这个问题其实非常不平常，这个问题其实与另外一个问题密切相关，那就是为什么通常情况下成绩好的学生不太容易做出一番事业来，往

往成了高级打工者而已。这里面蕴含的机制如果大家搞懂，那么对于以交易为生就更加具有信心了。道路已经选择，如果对此深具信心，那么成功绝对是指日可待的。选择交易为生其实就是选择自己创业，选择自己做一门生意，只不过这门生意不是那么有形而已。正因为这样，我们就从选择上班和创业的角度来看有什么是出乎我们常识之外的。

除非你家境殷实，对于绝大多数高等学院毕业的人而言，都存在零起点创业还是零起点上班的选择。对于学校中的佼佼者而言（也可以包括父母关系资源的佼佼者），获得一个好工作的期望值要大于学校中经常垫底的那些人，好工作的前景非常确定，风险很小，起点显著高于创业（除非你家里能给你一笔丰厚的启动资金，这对于绝大多数人而言是不可能的）。创业的近期前景不确定性更高，起点也低（试想有几个可以找到好工作的人会选择从摆摊之类的生意起家）。因此，对于绝大多数学校佼佼者而言，选择创业的近期机会成本更高，这意味着放弃一个高的起点而选择一个较低的起点。因此，由于普遍的短视效应和风险厌恶，学校中的佼佼者们往往会选择工作，因为他们有能力也有意愿来选择工作。为什么有能力呢？因为他们自己有资源获得一个好工作，同时工作相对于就业的近期前景更加乐观和确定使得他们有动机选择工作。当然，这是一般的分析框架，针对绝大多数人，要知道学校中的佼佼者也有可能摆脱短视，看到更加长远的前景，通过延长观察的时段从而改变自己对创业和就业的期望值。但是绝大部分学校中的佼佼者都会选择就业，特别是家庭背景为一般白领和工薪阶层的毕业生更是如此。

那么，哪些人会选择创业呢？很可能是那些没有机会进入高等院校或者是在高等院校中不起眼的人，为什么会这样呢？答案是他们找不到好工作，自身没有资源而家庭又无背景的人属于这类人。既然找不到工作，那就只有自己做生意了。这就是动机上的不对称使得他们不得不选择创业这种起点较低的方式，这使得在起跑线上来看创业的人好像是输家。因为创业的人开始的时候收入往往都低于找到好工作的人，而且风险极不确定，通常不是一次创业就能成功的。如果这类创业者违背了"试探—加码"策略就会导致创业失败，从而退回到就业的路径，而这种退回往往导致长期的低水平收入。关于创业过程中的"试探—加码"策略，我们后面会详细谈到，这里就搁置一下，继续讲"学校优秀者"（准确地讲应该是"就业资源丰厚者"，包括那些在大学中掌握了有利于就业技能的人以及家世背景可以提供就业资源的人）和"学校后进者"（准确地讲应该是"就业资源贫乏者"，就业上缺乏禀赋和关系渠道的人）在择业上的动机不对称。"就业资源丰富者"要么是学校中的红人，要么是可以"拼爹"的人，这类人有找到高薪职位的能力也有动机这样做，原因前面已经分析了。而"就业资源贫乏者"要么是学校中的落后者，要么是"无爹可拼"的人，这类人即使有高薪就业的动机，也有高薪就业的能力，所以要么选择一个薪水低的工作，要么自己创业。当然，这是一个除去例外因素的模型，肯定有"就业资源丰富者"选择零起点创业的，但是这是少数，风险偏好分布在正态曲线以外的"极少数另类"，这类人要么眼光长远，看到了下面我们所说的增长模式差异，要么是风险偏好异于常人，能够容忍很大的风险和不确定性（见图9-1）。

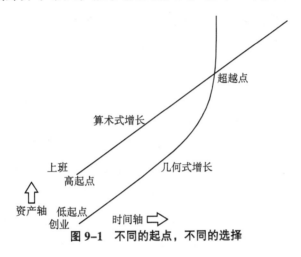

图 9-1　不同的起点，不同的选择

"就业资源丰厚者"和"就业资源贫乏者"如果仅仅是选择不同，那么故事也就太平淡了，一个不经意的选择其实注定了这两类人此后命运的巨大差异。在就业和创业的初期，整体而言，就业的收入水平高于创业，但是一旦创业步入可盈利轨道，那么创业的收入水平将在某个时点超越就业者，为什么会这样呢？因为就业是算术式增长，而创业是几何式增长。算术式增长可以用一根斜率为常数的射线来表示，这是绝大多数"上班族"收入的真实写照，虽然理想化了一点，但是与此差不多。而几何式增长则是斜率越来越大，步入了盈利轨道的创业者则是如此。为什么就业者是算术式增长呢？除非你是高分红式的合伙企业，比如律师行业和风投行业等（这类行业其实相当于创业），否则你单位时间内的产出其实是有一个明确上限，而且这个上限相对于创业者收入水平而言是较低的。比如，假如你是一位翻译，那么你单位时间内能够翻译的信息量是有一个确定上限，而你能够用来翻译的时间也是有一个确定上限，而翻译费也是有确定的上限。因此，随着你的技能成熟，你只能通过追加工作量来提高收入，而工作量不可能持续增加下去。所以，上班的人其资产只是沿着一条近似斜线在增长。创业人一旦步入盈利模式，那么伴随着利润再

投入，那么相当于是"复利模式"，其资产的增长必然是几何式（指数化），这就近似一条曲线。在某个时间点，当这条曲线向上穿越斜线的时候，创业者就开始快速拉开与就业者的资产水平了，这个点往往戏剧化地出现在毕业后 10 年的同学会召开之前。这时候典型的场景就是那些当年在学校里呼风唤雨的风头人士，以及毕业时靠关系找到一份不错工作的"拼爹"人士忽然发现当年在学校里混得不怎么样，或者是出校门找不到工作的同门，现在却风头正劲，资产水平拉得很开。

金融交易也是一项类似于创业的过程，一旦你成功就会沿着几何增长的模式上升，这是一般就业根本无法比拟的。但是，金融交易比起一份好的工作，风险更高，前景更不确定，你如何把握呢？这里就涉及一个现实：不是所有的创业者都成功了。那么，如何在选择了创业模式（金融交易也算是创业）之后能够顺利步入盈利状态呢？这就需要区分两种策略，第一种是"试探—加仓"策略，在创业之初在自己可承担范围之内进行尝试；另外一种策略则是"重仓"策略，也就是以自己不能承担的风险进行创业。上面这种区分可能比较抽象，我们举两个身边的例子进行说明。第一位创业者是最后一批高分读中专学生中的一员，毕业后恰好遇到中专生就业市场不景气，因为不得不转而寻找其他谋生的途径。因为他自有资本非常有限，因此不得不从摆地摊开始。他从某个服装批发市场买进一批廉价的时装，花费也就 2000 元不到，当时的国有企业月均收入大致在 500 元左右。即使这笔买卖全亏了，也就 2000 元，最多半年就能通过其他工作挣回来，所以这种失败对于他而言是能够承担的。为了试探市场最喜欢什么样的服装，他每种品种都只进几件。根据连续几天的城郊夜市摆摊实践，他大致了解了什么样式好卖，然后通过换货和利润再投入的方式增加在这类服装上的采购量。经过两年多的发展，他很快积累了充足的资金，然后开始租铺面。现在，半条街都是这位仁兄的铺面和生意了。另外一位创业者是笔者当年读高中时身边的一个真实例子，这个创业者是高中学校一位老师的老公，当兵退役后一心想做大生意。当时似乎流行各种饮料生意，于是他东拼西凑，并且从银行贷了 150 多万元，一共 200 万元的资本其中就有 90% 是借来的。这位创业者花了 200 万元建了一个饮料厂，其实此前他对此既没有经验，而且也无法承担亏损 100 多万元的能力。退伍后他的家庭年收入也就不到 5 万元，假如这次投资失败，那么这个家庭需要超过 10 年的时间才能还清本金。况且这些资金有一部分还是高利贷，即使是银行贷款也要计算利息。最后，由于缺乏必要的渠道和管理经验，饮料厂成了死摊子，然后这家人就陷入了无休止的被讨债生活中，艰难度日（见图 9-2）。

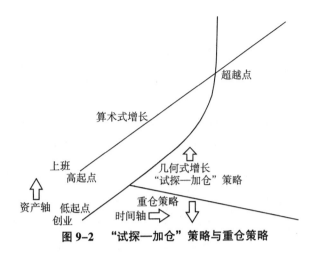

图 9-2　"试探—加仓"策略与重仓策略

　　做生意与做交易是一个道理，如果一下子采用重仓策略，可能因为无法控制亏损和承担亏损额而"破产"。相反，如果采用"试探—加仓"策略则能很好地提高胜算率和报酬率。说到这里，不得不提一个非常著名的例子，这就是德隆系创始人唐万新的股市，这个人的崛起是因为"试探—加仓"策略，而这个人的陨落则是因为重仓策略。1986 年，唐万新与六名中学和大学同学合伙承包了一家名为"朋友"的彩扩部，从此开始了商人的生涯。由于创业之初采取了合伙制，而且彩扩部需要的资金总额也不算很大，因此唐万新创业时投入的资金较小，因此承担的风险也不大。随着彩扩生意逐步兴隆，唐万新经营业务扩到了服装，并且成立了天山商贸发展公司。彩扩生意给唐万新带来了 60 万元的利润，这在 20 世纪 80 年代是一个不小的数目。随后，唐万新开始了一系列新的创业以便扩大经营规模，增加利润额度，在这些尝试中他基本上采用了"试探"策略，并没有在某一笔生意中重仓。这些生意包括了自行车锁、宾馆、人造毛、电脑打字、名片复印、贸易、小化工厂、服装店等。虽然连续失败，但是唐万新并没有一蹶不振，因为他即使在最困难的时候，手头上还是会有几万元的现金。1990 年，唐万新前往海口市建立出国留学咨询中心，不到一年就挣了 30 多万元。此后由于经营执照问题，被迫返回乌鲁木齐经销电脑，一口气挣了 150 万元。从中可以发现，唐万新并没有在"单笔交易"中承担无法接受的风险，在多次"试探"后终于找到了可以"加仓的方向"。从电脑开始，唐万新逐步进入了"一段上升趋势的不断加码过程中"。多年以后，德隆系的失败却恰恰是因为"重仓"的原因。

　　重仓策略不是一定会失败，但是只要你持续采用重仓策略必然破产；"试探—加仓"策略也不是一定成功，但是只要你持续采用"试探—加仓"策略，那么必然

成功。在《外汇短线交易的 24 堂精品课》一书中，我们详细地介绍了所谓"市场的随机强化"问题。你做错的时候，不一定亏钱，你做对的时候，不一定赚钱，市场在短期内对交易者呈现出了随机强化的特征，这使得交易者不能快速地形成正确的应对能力。这样讲或许有些抽象，那我们就用一个孩子的成长过程来比喻。假如一个孩子有时候在做对了事情的时候没有得到家长的表扬，反而受到了批评，同时有些时候在做错了事情的时候没有受到家长的批评，反而受到了表扬，那么这个孩子就会迷惑，不知道怎样做才是正确的，怎样做是错误的。在金融市场中，我们也面临了相同的困境，而这种困境我们称之为随机强化。与此相对的是"一致强化"，所谓的"一致强化"就是你做对了一定得到表扬，做错了一定得到惩罚，也就是说反馈是前后一致的，这样主体学习起来就非常快，因为反馈一致而明确，毫不含糊。但是金融市场上的反馈却不是这样的，所以绝大多数人在金融市场中不知道到底什么策略可以持续赚钱，什么策略不能持续赚钱。但是，中长期而言是市场会告诉我们什么样的做法和行情能够赚钱，什么样的做法和行情不能赚钱。之所以采用"试探"作为先导是因为我们需要逐步确认做法和行情的持续有效性和可靠性，只有在先前的做法被证明是有效之后才投入后面的资金。而重仓策略则完全忽视了市场的复杂性，这种策略假定市场是简单的，市场接下来的行为一定符合自己的预期。

现在让我们重新回到这篇文章的主题，这就是以交易为生与一般工作相比而言最大的优势是什么？交易是一种特殊的创业形式，如果大家遵循正确的策略，那么就能步入几何式的财富增长路径，这样就会远远地将上班族（包括所谓的职业经理人）甩在后面。但是为什么这么多的交易者并没有成功呢？其实，他们往往在交易之初就投入过多的资金，在交易中也往往采取重仓策略。除非你因为意外的原因见好就收，并且永远退出这个市场，否则重仓策略最终都会导致破产（亏掉个人或者家庭大部分的资产），而这对交易者的心灵将形成巨大的创伤。在培养出盈利能力之前，已经铩羽而归了。那些成功的交易者可能在最初也会破产，但是他们还有继续交易的资金，而最为聪明的成功者则会在学习阶段用数份小资金来积累"经验值"，在找到了可持续盈利的模式后再投入资金的主体部分进行正式的操作。同时，在具体的操作过程中，这类交易者也会采取"试探—加仓"的策略（见图 9-3）。

最初，由于就业资源的多寡造成了等待就业者的动机差异，就业资源丰富者往往选择上班，因为起点高，风险小，而就业资源贫乏者则往往会选择创业，因为门槛低，但是风险大。上班这条路对应的财富增长模式往往是算数式增长，而创业这条路对应的潜在财富增长模式则是呈几何式增长。不过，创业能够成功还取决于创

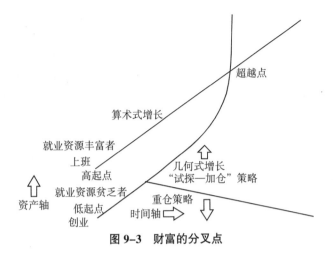

图9-3 财富的分叉点

业者是否采取了恰当的策略，这就是所谓的"试探—加仓"策略，如果创业者在发掘盈利模式的过程中谨慎行事，那么往往就能迈上真正的财富呈几何式增长之路。但是，如果相反地采用了重仓策略，孤注一掷，那么很可能就会迈向财富的几何减少之路。从这个模型中，我们可以发现，选择交易往往选择了看似门槛低但实际上风险极大的一条路，这条路往往不容易走下去。为什么呢？主要是很多交易者一来就采取重仓的做法，将全部钱一下子都用来交易，还没有等到"经验值"充足就已经没有了本金。所以，我们这里要告诫本教程的学习者们，交易可以让你的财富呈几何式增长，这是一个美好的未来，你可以抱有最大的希望。但同时，也希望你能够尽最大的努力去度过最初的漫长学习阶段，此时你需要作最坏的打算。为了能够度过让绝大多数人放弃的征途，你需要将资金划分为两份，第一份应该尽量小，然后再将第一份分作数份，每一小份作为一段"市场课程"的"学费"。无论是股票市场，还是其他金融市场，要真正成功都必然有一段"交学费"的过程。我们唯一能够做到的就是尽量减少所交学费的数额，但是却很难减少所交学费的次数。

希望大家在股票交易的道路上谨慎自勉，不断进步！要想做挣钱的极少数，就必须学会与绝大多数人的思维保持差异。同时，大家需要记住的是：再微弱的积极情绪也能够带来重要的竞争优势！正如肖恩·埃克尔所说："如今我们牺牲快乐来换取成功，结果却降低了成功的概率。快乐在先，成功在后，快乐是成功的先锋，而不仅仅是结果。地球绕着太阳转，成功围绕着快乐转。快乐不仅是一种良好的感觉，它也是成功不可分割的一部分。"成功追随着快乐，要从交易中找到除金钱之外的乐趣你才能真正成功地交易。

附注：我们只是社会财富的分配器，并不创造财富本身，最终还是应该取之于民，用之于民，我们不仅要战胜人性，更要超越人性本身，这才是登顶者的心量和智慧。